MÉMOIRES

ALEC GUINNESS

MÉMOIRES

Traduit de l'anglais par
Jean BOURDIER

JULLIARD
8, rue Garancière
PARIS

Titre original :

BLESSINGS IN DISGUISE

CRÉDITS PHOTOGRAPHIQUES

Collection de l'auteur : Pages 1 a, 1 b, 5, 7 a, 9 a, 9 b, 16 a, 16 b.
Collection The Mander and Mitchenson Theatre : Pages 2 a, 2 b, 2 c, 3 a, 6 a.
BBC Hulton Picture Library : Pages 3 c, 4 b, 7 b, 15 b, 15 c.
Walter Curtin RCA : Page 6 b.
Documents Christophe L. : Pages 10, 11, 12, 13.

ISBN 0-241-11681-3

ISBN 2-260-00446-6

Pour Merula.

En guise d'introduction…

INDICATIONS SCÉNIQUES

Ego sort des coulisses, poursuivi par ses démons. Exit Ego. Jeune et inexpérimenté, Ego pense que sa place est naturellement au centre de la scène, mais il va apprendre rapidement que, pendant longtemps encore, il devra se tenir au fond, très loin sur le côté, le dos à demi tourné au public. Les années passant, il apprendra à apprécier cette situation et, plus tard, lorsqu'il aura son modeste avis à donner dans certains théâtres, il souhaitera souvent s'insinuer dans la pièce plutôt qu'y faire une entrée fracassante. Les proclamations catégoriques ne seront jamais son fait : il est parfaitement conscient de ne pas se situer dans la même catégorie qu'un Laurence Olivier, qu'un Ralph Richardson, qu'un John Gielgud ou autres grands. Son plaisir, analogue à celui d'un amateur de puzzles, sera d'assembler patiemment de petits morceaux de vie pour aboutir à une création.

Les démons qui le pourchassent et le tourmentent s'appellent Impatience, Irritabilité, Susceptibilité, Frivolité, Paresse, Impulsivité, Peur-du-lendemain et, non loin derrière, Irréalisme. Il connaît fort bien leur caractère maléfique et s'en méfie, mais ils le prennent constamment par surprise. Dans sa jeunesse, la mèche qui allumait la bombe était désespérément courte. Peut-être, avec l'âge, s'est-elle allongée et brûle-t-elle plus lentement. Il n'est absolument pas fier de lui ni de ce qu'il a pu faire. Les feux de la rampe l'attirent et lui font peur en même temps, comme s'il n'était jamais tout à fait sûr de son rôle.

Au plus profond de son cœur, il brûle d'être une sorte

d'artiste, mais il n'est qu'un acteur. Etre un acteur a été son rêve d'adolescent, puis son moyen d'existence pendant cinquante années et plus. Mais, bien qu'il ne s'en plaigne pas — ce serait ingratitude de sa part que de se plaindre — il sait qu'un acteur est rarement plus qu'un assemblage d'éléments hétéroclites dont le total fait à peine un homme. Un acteur est avant tout l'interprète des paroles d'autres hommes, une âme qui voudrait se révéler mais ne peut pas ou n'ose pas, un artisan un peu bricoleur, un prestidigitateur aux multiples tours et aux multiples trucs, une outre de vanité, un froid observateur de la nature humaine, un enfant, et, dans le meilleur des cas, une sorte de prêtre défroqué capable, pendant une heure ou deux, de convoquer le Ciel et l'Enfer afin d'hypnotiser un troupeau d'innocents.

Quand les éditions Hamish Hamilton m'ont suggéré d'écrire mon autobiographie, Ego a été démesurément flatté, mais, quant à moi, j'ai été épouvanté. Ma principale objection à cette entreprise résidait dans le fait que trop d'autobiographies suent l'impudeur à chaque page ou presque, et que, dans mon propre cas, l'inexpérience aidant, ce phénomène risquait de prendre des proportions alarmantes.

De plus, les autobiographies d'hommes de théâtre tendent trop souvent à ressembler à ces discours pour répétitions générales, où l'on remercie abondamment l'auteur, la direction, le metteur en scène, les autres acteurs, les électriciens, les machinistes et la chef habilleuse, sans laquelle la pièce n'aurait jamais été ce qu'elle est.

Finalement, Ego et moi sommes parvenus à une sorte de compromis : j'essaierais de raconter par écrit certains des événements et des personnages ayant marqué mon existence, ou me restant à tout le moins en mémoire, et Ego serait, de son côté, libre d'opérer ses entrées et ses sorties aussi souvent qu'il le voudrait — c'est-à-dire presque constamment, dois-je reconnaître à ma courte honte — dans la mesure où celles-ci auraient trait au sujet. Le résultat tient sans doute plus du méli-mélo que du savant patchwork littéraire.

Il me serait impossible de préciser dans quelle mesure réelle, des hommes comme John Gielgud, par exemple, Guthrie, Komisarjevsky, Basil Dean, Michel St-Denis et tant d'autres m'ont influencé, mais je sais qu'ils m'ont tous marqué de façon indélébile. De toute façon, je bénis le Ciel que ma route ait pu croiser la leur. Edith Evans, Leo Quartermain, Ernest Milton et Ralph Richardson sont peut-être les comédiens qui ont le plus profondément retenu mon attention sur le plan professionnel. J'ai également eu la chance de bien connaître Eileen Atkins, Anthony Quayle et, à un moindre degré, Cyril Cusack — l'un de mes trois acteurs favoris avec Pierre Fresnay et Charles Laughton — ainsi qu'Albert Finney, Tom Courtenay et d'autres, trop nombreux pour que je puisse les nommer. Ils ont, de toute manière, droit à toute ma gratitude, non seulement pour les plaisirs intenses qu'ils m'ont procurés, mais surtout pour avoir été, tout simplement, eux-mêmes. Bien sûr, cette gratitude ne se limite aucunement aux acteurs ; elle peut s'adresser de la même façon à des poètes, à des auteurs, et à bien d'autres, exerçant bien d'autres activités.

Ego semble avoir disparu. Mais pas pour longtemps. J'entends son pas, encore très léger.

Le moment est venu pour Ego, déguisé en un petit garçon rouquin, couvert de taches de son, de faire son entrée. Une entrée propre à terrifier tout comédien : au centre de la scène, poursuivi par ses démons infantiles mais quand même entouré par ses bons anges.

I

LA DAME DU REZ-DE-CHAUSSÉE

Bien des acteurs, lorsqu'ils ont eu la chance de se faire un nom, entretiennent inlassablement le public de leur frénétique quête d'identité ; ils ne savent, à les en croire, ni qui ils sont, ni pourquoi ils sont ce qu'ils sont, ni même où ils se situent. Le pauvre Peter Sellers, riche et exceptionnellement brillant, n'est jamais parvenu à sortir de ce type de problèmes, alors que, si l'on laisse de côté ses quelques mariages manqués, la confusion ne semblait guère être son fait.

Moi, en revanche, je suis né dans la confusion et m'y suis trouvé totalement plongé pendant plusieurs années, arborant trois patronymes différents avant l'âge de quatorze ans et habitant, enfant, dans une bonne trentaine d'hôtels, meublés et appartements divers, dont chacun était qualifié de « foyer » jusqu'au moment où, ma mère et moi, nous nous esquivions, laissant derrière nous, comme dans une bizarre chasse au trésor, une longue suite de factures impayées.

Mon acte de naissance me donne comme Alec Guinness de Cuffe, né le 2 avril 1914 à Marylebone, Londres. Ma mère, à l'époque, s'appelait Miss Agnes Cuffe. Quant au nom de mon père, il était laissé en blanc sur ce document officiel. Lorsque j'eus cinq ans, ma mère épousa un capitaine d'active, un Ecossais nommé David Stiven, et, à partir de ce moment jusqu'à la fin de mes classes primaires, je fus connu sous le nom d'Alec Stiven. Bien que détestant et redoutant mon beau-père, j'aimais assez ce patronyme. A quatorze ans, on m'informa très tranquillement que mon vrai nom était Guinness, et que de

Cuffe et Stiven étaient à rayer. Mais ce fut sous les traits d'un tout petit Alec Stiven que, peu après le mariage de ma mère — qui fut extrêmement malheureux et ne dura que trois ans — j'arrivai dans un « foyer » de plus : un appartement de trois pièces parfaitement déprimant au dernier étage d'une maison sinistre de St John's Wood.

Le sous-sol de la maison était occupé par un concierge et sa femme, dont je n'ai conservé aucun souvenir, et la pièce en façade, au rez-de-chaussée, par une mystérieuse vieille dame que je ne devais pas rencontrer avant plusieurs semaines. Un escalier de pierre où chaque bruit faisait écho serpentait jusqu'en haut de la maison, traversant trois étages totalement déserts. L'endroit était glacial et lugubre et, même si quelqu'un me tenait la main, je trouvais toujours terrifiant de passer devant ces appartements vides, avec leurs portes verrouillées dont la peinture noire s'écaillait. Maintenant encore, il m'arrive de ressentir quelque appréhension en passant, par un jour de grisaille, devant la porte fermée d'une pièce que je sais vide ; je pense toujours que cette pièce peut receler une présence inconnue — un serpent, un cadavre ou le fantôme d'une vieille dame, prêt à flotter dans la chambre pour disparaître ensuite à travers le mur.

Peu après notre emménagement, je m'éveillai au milieu de la nuit et hurlai : « Il y a un homme dans ma chambre ! » C'était vrai : il s'agissait du capitaine Stiven qui, accroupi, fouillait dans le tiroir inférieur d'une vieille penderie habituellement fermée à clé, à la recherche de son revolver d'ordonnance. Il gardait les cartouches dans un petit sac de cuir souple accroché à une poignée de porte. « C'est seulement moi », murmura-t-il avant de se glisser hors de la pièce, dans son pyjama rayé, dûment armé et prêt à entrer en action. Pour une fois, sa voix avait été rassurante et, aucun autre bruit ne se faisant entendre, je me rendormis.

Le lendemain matin, j'entendis ma mère parler à voix basse à la femme du concierge, venue faire un peu de ménage.

— Le capitaine, disait-elle — comme elle eût pu dire « le général en chef » — a entendu quelqu'un ici la nuit dernière, et il m'a semblé voir une ombre debout au pied du lit. Quoi qu'il en soit, la chose a disparu en vitesse quand le capitaine a dit : « Où est mon revolver ? » Il a toujours son arme avec lui, pour le cas où le Sinn Fein tenterait quelque chose.

— Ah ! fit l'autre voix.

— Cela a réveillé le petit, poursuivit ma mère. A mon avis, il a pensé que c'était un rêve. Mais ce n'était pas un rêve. Cette maison est hantée. Nous allons peut-être devoir déménager.

Dans la journée, je demandai :

— Que veut dire « hanté » ?

— Si tu ne poses pas de questions, tu n'entendras pas de bêtises.

Je ne fus pas entièrement satisfait de la réponse, mais que faire ?

Le lendemain après-midi, le capitaine étant absent, ma mère, son chapeau cloche sur la tête, me dit qu'elle sortait « quelques minutes à peine ». Je devais prendre, plus tard, l'habitude de traduire « quelques minutes à peine » par deux ou trois heures.

— Tu restes là et tu me fais un joli dessin. Tu verras que je serai de retour avant même que tu n'aies eu le temps de le commencer...

Je m'installai tranquillement dans le salon et commençai à dessiner une immense flotte de cuirassés. Fumée et obus sortaient de chaque canon, avec le « boum » approprié. Mais, à un moment, je me rendis compte que le jour baissait, que j'avais besoin de lumière et que la maison était exceptionnellement calme. Mais n'était-ce pas un bruit de respiration que j'entendais ? La panique commença à m'envahir. « Cette maison est hantée. » Je ne savais toujours pas ce que cela pouvait bien vouloir dire, mais je sentais que quelque chose d'horrible était en train d'arriver. Je gagnai le palier et me penchai sur la cage de l'escalier, me demandant si je pourrais arriver sain et sauf jusqu'au sous-sol pour me mettre sous l'indifférente protection des concierges. Aucun bruit nulle part. Je descendis sur la pointe des pieds la première volée de marches, retenant de mon mieux ma respiration, et fis halte devant la porte noire de l'appartement d'en dessous afin de voir si elle bougeait. Rien. Je descendis l'étage suivant beaucoup plus vite encore, m'arrêtant, terrifié, devant la deuxième porte, puis je me précipitai pour dévaler quatre à quatre le dernier étage, tremblant de tous mes membres, et me retrouvai, pantelant, dans le vestibule où, horreur, je vis que la porte du rez-de-chaussée était entrebâillée.

— Qu'est-ce que c'est ? demanda une voix âgée, qui eût pu être aussi bien masculine que féminine.

Je commençai à battre en retraite vers l'escalier.

— Qui est là ? insista la voix, sur un ton impérieux.

— Moi, dis-je.

Il y eut un bref silence, puis :

— Et qui est « moi » ?

Dans mon angoisse, j'oubliai mon propre nom.

— Moi.

— Viens ici, Moi ! N'aie pas peur, Moi ! Entre.

J'allai timidement vers la porte et lui donnai une petite poussée qui l'ouvrit de quelques centimètres de plus.

Après réflexion, je décidai que la voix n'était pas hostile, et j'entrai. Je me retrouvai dans un vaste studio, encombré, sale et malodorant, mais qui me paraissait plus sûr que l'escalier, plus intéressant que le sous-sol et moins triste que l'appartement du haut. La pièce était étrange, comme son occupante, mais pas sinistre.

Ladite occupante était vieille, ratatinée, très pâle, avec un énorme nez, et elle était installée sur des oreillers dans un lit de cuivre, sous un couvre-pieds effrangé. Elle me faisait face, le bras tendu vers moi, un demi-sourire aux lèvres.

— Alors, tu es le petit garçon du haut de la tour. Je t'entends dans l'escalier. Pourquoi cours-tu toujours ? Un jeune gentleman doit *marcher*, et non courir.

Elle se redressa un peu dans son lit avant de poursuivre :

— Du maintien ! Du main-tien ! Marche avec un livre sur la tête, redresse le cou, redresse, redresse, baisse les épaules, rentre le derrière. C'est cela, le maintien.

Je m'intéressais plus à l'une des boules de cuivre de son lit qui remuait quand elle parlait, qu'à ce qu'elle pouvait me raconter. Elle s'appelait Miss Havisham, et elle se retrouvait dans la misère après avoir vécu dans un milieu très différent. Au bout d'un moment, elle me demanda d'aller pêcher sous son lit un reste de gâteau de riz.

— Sous le lit, Moi, tu trouveras mon gâteau.

Je trouvai un petit plat émaillé tout cabossé, verdâtre avec des traces de brûlures.

— Vous avez plein de poussière sous votre lit, lui dis-je en lui tendant son gâteau et une cuiller tordue.

— Tu dois m'excuser, Moi. Je suis une vieille femme, maintenant, mon chéri, et ce n'est pas souvent que je balaie. Il y a eu un temps... Ah ! Les lumières ! Les fleurs ! Les admirateurs ! Tout était plus beau, en ce temps-là.

Elle tenta de redresser la cuiller, me jeta un regard et, baissant la voix :

— J'ai dû brader l'argenterie, mon chéri. Tu sais ce que cela veut dire.

J'en revins aux « moutons » sous le lit.

— Nous, dis-je, nous avons un balai mécanique.

— Vous avez de la chance. Il est vraiment à vous ?

— C'est maman qui l'a acheté. Dans un magasin. Et nous, nous n'avons jamais de « moutons » sous les lits.

— Vraiment une chance, dit-elle en abandonnant son gâteau de riz. Fais-tu du sport ? Cricket ? Football ?

— Non, pas encore. J'en ferai quand j'aurai six ans. Je les ai presque. Mon nouveau papa veut que je commence à six ans.

Elle approcha son visage du mien et ses yeux s'agrandirent de façon extraordinaire.

— Nous allons être de grands amis, n'est-ce pas ?

J'approuvai de la tête.

— Tu ne trouves pas ma chambre trop sombre ?

Il faisait en fait assez sombre et je parcourus la pièce du regard : la lampe de chevet avec son abat-jour à franges, les châles drapés sur les chaises, les photographies décorées de fleurs artificielles, les porcelaines sur la cheminée de marbre noir et le radiateur à gaz éteint. Puis je tentai de compter les rides sur son visage. Mais c'était une tâche démesurée et je me rendis vite compte que je ne savais pas encore assez bien compter pour la mener à bien.

— Pas *trop* sombre, dis-je courageusement.

— L'obscurité est confortable, dit-elle. On peut se chuchoter des secrets. Tu reviendras me voir demain ? Et, rappelle-toi, ne descends pas les escaliers en courant ; descends en marchant, comme un vrai gentleman. Et quand tu arriveras devant ma porte, tu frapperas fort et tu diras, très fort aussi : « En scène, s'il vous plaît. » Je saurai que c'est toi. Maintenant, avant que tu partes, je vais te faire un petit cadeau.

Elle ouvrit le tiroir de sa table de nuit, en tira une petite bougie et l'alluma. La pièce se trouva soudain animée par une centaine d'ombres bondissant sur les murs.

— C'est pour t'éclairer dans l'escalier. Il faut que tu partes, maintenant. Bonsoir, Moi.

Tenant la bougie loin devant moi, je gagnai le vestibule.

— Ferme la porte ! lança-t-elle.

Comme je m'exécutais, la bougie se mit à couler de façon alarmante. J'en oubliai d'aller au sous-sol et, me concentrant sur la flamme de ma bougie, je montai en m'efforçant de ne pas remarquer mon ombre déformée derrière moi ni, devant, l'obscurité menaçante. Arrivé à destination, je ne savais plus que faire de la bougie. Je restai un long moment dans la cuisine avant de me décider à la jeter dans l'évier, où elle s'éteignit en crachotant. Puis je me couchai sur le sol, trop effrayé pour bouger. Quand ma mère revint, je fis semblant d'être mort.

Dans le courant de la matinée suivante, je me glissai hors de l'appartement avec le balai mécanique, que je transportai tant bien que mal jusqu'au vestibule. Je frappai à la porte de la vieille dame, mais sans parvenir à me rappeler le mot de passe, si mot de passe il y avait. En réponse à la question qui me vint de l'intérieur, je proclamai, en tentant de prendre une grosse voix :

— C'est l'homme au balai mécanique.

— Oh, entrez, monsieur ! dit-elle.

Ouvrant toute grande la porte, je me précipitai dans la chambre en passant d'emblée le balai. Je faisais le tour des meubles en jouant au train, mais je parvins quand même à ôter la poussière sous le lit. Après quoi, je pris l'attitude du repos, appuyé sur le manche du balai mécanique, très content de moi.

— Combien vous dois-je ? demanda, de son lit, la vieille dame.

— Cent livres, miss.

— Je ne pourrai vous payer que demain, car je ne pense pas avoir cent livres sur moi pour le moment.

— Très bien, miss, fis-je, avant de traîner le balai mécanique jusqu'à l'appartement du haut.

Le lendemain après-midi, je trouvai une autre occasion de me glisser au rez-de-chaussée. Quand ma mère me demanda où j'allais, je lui dis que je voulais entendre les farfadets qui barbotaient dans le réservoir d'eau du sous-sol — légende horrifique entretenue par la femme du concierge. Pour une raison ou pour une autre, je voulais garder secrète mon amitié avec la dame du rez-de-chaussée.

Cette fois, lorsque je frappai, la porte s'ouvrit immédiatement de l'intérieur. Elle était là, debout, dans une robe de chambre à fleurs, un grand châle brodé sur les épaules. Elle frappa dans ses mains en signe de bienvenue.

— Assieds-toi, je vais danser pour toi.

Je me pelotonnai sur les coussins poussiéreux du vieux divan.

— Il faut que tu imagines la musique. Nous sommes dans un grand théâtre, Drury Lane.

Elle saisit une corbeille à papiers, se la posa sur la tête, leva haut les bras et se mit à fredonner. Ses bras commencèrent à onduler lentement.

— Entends-tu les violons ?

— Non.

— Fais marcher ton imagination, mon garçon ! Cymbales ! Clochettes ! Et voici les tambours ! Tu dois applaudir. Allez, claque dans tes mains !

J'applaudis docilement et vigoureusement. Elle fit quelques pas pleins de majesté, levant un pied puis l'autre, et tourna sur elle-même.

— Je suis une princesse persane, expliqua-t-elle, dansant au harem pour le bon plaisir de mon époux, le prince. C'est toi. Je porte une corbeille de grenades.

Elle ôta la corbeille de sa tête et fit mine de lancer des fruits alentour en faisant la révérence. Puis elle s'arrêta net, un peu essoufflée.

— Je ne suis plus aussi jeune qu'avant, dit-elle. Il aurait fallu que tu me voies à ma grande époque. A Drury Lane. Quand tu seras grand, tu pourras dire à tes enfants que tu as vu la Grande Deva danser la princesse persane. Tu as aimé ?

— Oui, répondis-je, mais j'aurais aimé encore plus avec de la musique.

Toutefois je pensai à applaudir de nouveau, ce qui lui plut.

Revenu à l'appartement du haut, je m'emparai d'une corbeille à papiers et me mis à tourner dans le salon. Le capitaine fronça le sourcil.

— Qu'est-ce que tu fais là ? demanda ma mère.

— Je suis une princesse persane et je danse dans un grand théâtre. C'est ma belle époque.

— Ce garçon ne va pas bien, fit le capitaine.

— Oh, c'est un petit garçon ! dit ma mère.

— Alors, pourquoi diable prétend-il être une fille ? hurla l'autre. Arrête-moi cela tout de suite !

Je reposai ma corbeille de grenades et me repliai vers la table où se trouvait mon papier à dessin. Je dessinai un énorme canon, figurai une violente explosion et pointai l'ensemble vers le capitaine.

— Bang, bang, bang ! murmurai-je avant de fondre en larmes.

Je ne revis la vieille dame que le jour où nous quittâmes la maison pour de bon. Un taxi nous attendait dehors pour nous conduire à la gare. De là, nous allions prendre le train pour Bexhill, où je devais entrer comme pensionnaire dans une petite école préparatoire nommée Normandale, dirigée par un ami de mon beau-père. Je venais juste d'avoir six ans, mais j'étais très content à l'idée d'entrer à l'école. Comme nous nous trouvions dans le vestibule, la vieille dame ouvrit sa porte.

— On me dit que tu t'en vas, Moi, et je ne crois pas que nous nous reverrons. Je voudrais t'offrir ceci : c'est un petit ours russe.

Elle me tendit un ours en bois, haut de quelques centimètres et peint de couleurs brillantes, mais le capitaine me l'arracha des mains et le lui rendit.

— C'est très aimable à vous, dit-il, mais le garçon n'accepte pas de cadeaux. Et il n'aura pas besoin d'un jouet à l'école. Il va apprendre à jouer au cricket convenablement, pas à jouer avec des poupées de bois. Il se pourrait qu'il devienne un nouveau Jack Hobbs.

David Stiven était un ami du célèbre cricketeur Jack Hobbs, et, durant l'été, il m'avait traîné jusqu'au terrain de Lord pour serrer la main du grand homme. Je me souviens qu'il était très aimable, mais qu'il sentait la vieille flanelle humide.

— Je suis désolée, dit la vieille dame avant de rentrer dans sa chambre.

Comme le taxi démarrait, je m'attendais à ce qu'elle se mette à sa fenêtre pour me faire un signe, mais il n'en fut rien.

— Pauvre vieille, fit ma mère. Je crois que c'est une ancienne actrice.

— Avez-vous pensé à payer la note du buraliste ? demanda le capitaine.

— Oh, je suis sûre de l'avoir fait, répondit ma mère.

Ce qui ne semblait guère avoir d'importance : dans quelques heures nous serions loin.

II

LES BOTTINES A BOUTONS

En fait, mon deuxième trimestre de pensionnaire à Normandale devait être le dernier. J'étais pourtant très heureux dans cette école, étant, à six ans, le plus jeune élève et donc très entouré. Mais, à la fin du trimestre d'été, je dus passer un mois d'août solitaire et sinistre, enfermé dans un peu réjouissant hôtel de Cromwell Road, à Londres. Un hôtel aux couloirs sombres garnis de tapis turcs, aux toilettes où de vastes cuvettes à fleurs étaient encastrées dans d'immenses sièges d'acajou, avec des manettes de cuivre massif pour actionner la chasse d'eau, aux vitraux à dessins floraux et aux rideaux de brocart vert poussiéreux.

Très peu d'air y entrait, et les fougères, dans leurs vases de cuivre, répandaient une odeur fétide de jungle en décomposition. De temps à autre, quelqu'un m'emmenait faire une promenade assommante dans Kensington Gardens, et, une fois, on me fit la grâce d'une visite au muséum d'Histoire naturelle. Mais, la plupart du temps, j'étais laissé à moi-même et à mes propres distractions : remplir une baignoire pour y faire flotter un petit bateau à voile, dessiner de sauvages scènes de bataille, persécuter une vieille femme de chambre fourbue ou construire des châteaux de cartes sur le plancher du salon.

La seule véritable joie qu'on m'accordait parfois était de me laisser faire marcher l'ascenseur hydraulique de l'hôtel, une lente et majestueuse machine qui montait et descendait en gargouillant quand on tirait un cordon graisseux. Un matin où j'étais à l'œuvre, une très forte dame étrangère d'âge avancé, vêtue d'une robe noire élimée, pénétra dans l'ascenseur d'un pas étonnamment léger.

Je me demandai aussitôt si la force hydraulique de la machine pourrait avoir raison de cette énorme masse. Je la regardai avec l'œil d'un bourreau tentant d'évaluer le poids de l'homme à pendre, puis me mis à tirer sur le cordon avec ardeur et succès. Quand, après quelques à-coups dans l'ascension, nous finîmes par gagner son étage, elle me complimenta pour mon habileté, et nous devînmes immédiatement amis.

Elle me dit, entre autres choses bien intéressantes, qu'elle avait été championne de canotage à la perche en Russie — oh, bien avant la révolution ! —, qu'elle avait fait un jour une démonstration de gymnastique devant le tsar et que, petite fille, elle marchait sur une corde raide. J'eus instantanément la vision de cette nouvelle amie, en costume de bain bariolé, évoluant sur une corde, une perche en main, tandis qu'en bas, des têtes couronnées se levaient en applaudissant frénétiquement. Elle me demanda si j'étais allé au cirque. La réponse était « non ». M'avait-on, peut-être, emmené au théâtre ? Eh bien, j'avais vu *Chin-Chin-Chow,* qui m'avait beaucoup plu ; je lui récitai un demi-vers de la chanson du Cordonnier. J'avais également vu *le Chat Botté,* mais j'avais détesté.

— Il faut remédier à cela, décréta-t-elle.

Et elle me proposa d'emblée de m'emmener la semaine suivante à une matinée au Coliseum qui donnait un spectacle de variétés. Elle tint parole, et prit des places pour nous deux à l'orchestre. Je préfère ne pas penser, maintenant, aux acrobaties financières qu'elle dut faire, fouillant son grand sac noir pour voir si elle disposait des fonds suffisants, et se demandant, peut-être, si elle n'allait pas devoir entamer ses maigres économies.

Le Coliseum présentait des jongleurs, des clowns, de jeunes personnes en tuniques vaporeuses dansant au milieu de lumières tremblotantes qui s'efforçaient de ressembler à des flammes, un homme, pieds et poings enchaînés, s'échappant d'un réservoir d'eau en verre dans une floraison de bulles, quelques comiques aux chapeaux aplatis et aux pantalons en sac, des acrobates, bien sûr, soumis aux sévères critiques de ma bienfaitrice, quelques chanteurs assommants, et puis... et puis la Grande Vedette, Nellie Wallace.

Je ne crois pas que Miss Wallace m'ait fait rire à sa première apparition. A vrai dire, j'avais un peu peur, tant elle ressemblait à une sorcière, avec son nez en bec d'aigle et ses cheveux noirs brillants serrés en un petit chignon compact. Elle portait une veste et une jupe de tweed criard, un chapeau tyrolien avec une énorme plume de faisan recourbée, et des bas de laine sombre se perdant dans des bottines à boutons étincelantes. Sa voix était rauque et éraillée, sa démarche brusque et agressive, elle avait le buste toujours penché en avant, comme si elle cherchait quelqu'un à boxer. Elle était toute petite. Ayant atteint le centre de la scène, elle se lança dans un flot de paroles dont je ne comprenais pas un seul mot, mais qui, j'en suis sûr, était plein de sous-entendus outrageants. Le public croula sous les rires, mais je ne pris aucune part à cette hilarité. J'étais tombé amoureux de Nellie Wallace.

Un peu plus tard, elle revint en scène dans une robe du soir vert brillant, beaucoup trop étroite. Elle passait son temps à laisser tomber les objets les plus divers — son sac, un éventail, un mouchoir, une brosse à cheveux — et, chaque fois qu'elle se baissait pour les ramasser, l'orchestre faisait entendre des bruits incongrus avec ses instruments à vent, comme si elle avait déchiré sa robe ou pis encore. L'air d'indignation glacée qu'elle affectait alors me plut beaucoup, mais ma voisine considéra de toute évidence l'ensemble de ce numéro comme très vulgaire et intolérable aux yeux des têtes couronnées de Russie. Je ris beaucoup mais ne tombai pas de mon fauteuil avant le numéro suivant de Nellie, dans lequel elle apparaissait en costume d'infirmière, prête à assister un chirurgien dans une opération.

Le patient, recouvert d'un drap, fut véhiculé sur la scène et le chirurgien se mit aussitôt à l'œuvre avec un gigantesque couteau à découper. Nellie se tenait à côté, impassible, et plongeait de temps à autre sous le drap pour en extraire avec un cri d'allégresse et de triomphe les objets les plus invraisemblables : une bouillotte, un poulet vivant, un fer à cheval et ainsi de suite. Finalement, elle insérait sous le drap, avec des regards pleins de malignité, un long tube de caoutchouc dans lequel elle soufflait. Le corps s'enflait rapidement pour atteindre des proportions phénoménales, puis, toujours recouvert de son drap, il s'élevait lentement dans l'air. Nellie faisait des tentatives désespérées pour l'attraper, ses bottines semblant briller encore plus tandis qu'elle bondissait à des hauteurs surprenantes, mais toujours en vain. L'orchestre salua son dernier saut d'un beuglement effarant. C'est alors que je tombai de mon fauteuil en peluche et ressentis une vague nausée.

Je quittai le théâtre dans une sorte de brume hallucinée, tentant de marcher comme elle, attrapant des corps imaginaires dans l'espace, dardant des regards violemment choqués sur des passants innocents et, d'une façon générale, me tenant fort mal. Ma gentille amie ne s'en offusqua sans doute guère puisqu'elle m'offrit un ice-cream soda au Lyons. L'idée me plut, mais je m'enquis du prix. Elle me dit que cela coûterait environ deux shillings, mais que tout allait bien, car elle n'avait, quant à elle, envie que d'une bonne tasse de thé. Je lui demandai si je pourrais dépenser ces deux shillings à autre chose. « A quoi ? » Sans hésitation, je lui dis que j'aimerais offrir quelques fleurs à Nellie Wallace. En ces temps-là, on pouvait trouver des marchandes de fleurs à peu près partout dans Londres. Quelque part près de Trafalgar Square, nous achetâmes un petit bouquet de roses jaunes que j'apportai fièrement à l'entrée des artistes du Coliseum. Là, mon amie écrivit un petit mot, au bas duquel je griffonnai une signature. Les fleurs furent montées immédiatement — je restai là pour m'en assurer — à ma nouvelle héroïne.

— Tu peux avoir ton ice-cream quand même, me dit-elle alors.

La sortie, je le crains, se révélait beaucoup plus onéreuse que prévu. Au Lyons, je dégustai lentement une énorme glace, m'esclaffant quand me revenaient les heureux souvenirs de cet après-midi au théâtre, puis pensant, avec une respectueuse adoration, à ces bottines à boutons et à l'impertinente plume ornant le chapeau de Nellie.

L'ice-cream était peut-être une erreur ; en tout cas, l'expérience dans son ensemble avait été trop pour moi. Lorsque nous revînmes à Cromwell Road, j'avais de la fièvre et l'on m'expédia directement au lit. A la tombée de la nuit, j'avais une température de près de 40° — ce qui m'impressionna considérablement — et ma mère, affolée, appela un médecin. Je dus rester au lit un mois entier dans cet hôtel sinistre, et fus passablement malade pendant toute une année.

C'eût pu être la conclusion de cet après-midi d'excitation extrême, mais ce n'était pas tout à fait ça. J'étais au lit depuis une semaine lorsque je reçus une grande gerbe de roses jaunes avec un mot disant : « J'espère que le petit garçon qui m'a envoyé des fleurs ira mieux très vite. Baisers. Nellie Wallace. »

La gentille dame russe s'était rendue au théâtre, avait expliqué à Miss Wallace la passion qui m'avait envahi et lui avait demandé de m'envoyer une carte postale. Elle avait préféré m'expédier des fleurs. Je me rappelle avoir protesté violemment lorsqu'on changea l'eau du vase : j'avais l'impression que Nellie avait fourni non seulement les roses mais aussi le vase et l'eau. Peut-être m'avait-elle également insufflé une ambition : j'avais décidé qu'un jour, j'aurais moi aussi un chapeau avec une plume recourbée.

Je ne lui ai jamais parlé. Plus tard, je l'ai revue sur scène, mais la magie n'était plus celle de mes sept ans. Sa vitalité n'avait sans doute pas résisté au passage du temps, sa voix rauque n'avait plus le même mordant et sa vulgarité était devenue difficilement supportable. Cependant, les bottines étaient là. J'aimerais pouvoir penser qu'elles existent toujours, amoureusement entretenues dans quelque musée baroque, et que, le soir venu, elles s'animent, se dandinent comme autrefois, au rythme d'une vieille rengaine de music-hall.

III

LA MACHINE A FAIRE LA PLUIE

Ce doit être durant l'hiver 1930 que je vis pour la première fois Sybil Thorndike au petit théâtre vieillot de Bournemouth. Elle était là pour une semaine, avec Lewis Casson, jouant un mélodrame intitulé *l'Orage*, ainsi que *les Revenants* d'Ibsen. L'orage en question était en fait une tempête en bonne et due forme, avec cadre espagnol et relents de sexualité sournoise. Lewis Casson portait un chapeau andalou et un grand fouet avec lequel il frappait d'un air menaçant ses bottes bien cirées. Sybil arborait une gigantesque perruque noire surmontée d'un non moins gigantesque peigne espagnol. Ce qui ne l'empêchait pas de respirer la bonté et la gentillesse.

Je serais incapable de raconter la pièce, mais je me souviens de l'avoir trouvée passablement excitante. On y jouait des castagnettes, on y faisait reluire les cuivres et, à un moment, l'ingénue, malgré ses airs boudeurs et hautains, relevait lentement sa jupe pour découvrir un genou bien galbé. Mais, en fait, c'étaient les effets scéniques que je voulais voir, plus attiré par le titre de la pièce que par la réputation de Sybil, supposant à bon droit que tonnerre et éclairs seraient au programme.

En fin de semaine, la compagnie changeait à la fois de ton et de décor, substituant un salon norvégien à la ferme andalouse. Sybil — perruque grise, cette fois — jouait Mme Alving, tandis que Lewis, continuant à se ressembler de façon saisissante malgré ses favoris, était le pasteur Manders.

J'entamais la dernière semaine de mes vacances scolaires et les fonds étaient bas ; je ne pouvais m'offrir qu'une des deux pièces.

Celle d'Ibsen fut donc éliminée au profit de *l'Orage*, que je vis en matinée au milieu de la semaine. A moins d'un énorme succès, ce genre de séances ne faisait guère plus recette à l'époque que maintenant, et la salle était presque vide.

J'ignorais, en ce temps-là, combien il est déprimant de jouer dans ces conditions : après tout, la troupe avait mes deux shillings à se partager et l'affaire me paraissait en règle. J'appréciai beaucoup le tonnerre, les éclairs et la pluie torrentielle du dernier acte. Je voulais absolument savoir comment on arrivait à faire tout cela, avec l'arrière-pensée d'utiliser ces techniques pour monter une pièce à mon école lorsque je retournerais à Eastbourne. Je savais très bien qu'il n'y avait rien de ce genre à faire dans *les Pirates de Penzance* ou dans *Silas Marner* que j'avais déjà mis en scène, mais un bon orage ne serait peut-être pas de trop dans le *Shall we join the ladies* de Barrie, qui figurait au nombre de mes projets.

Le soir même, je décidai d'écrire à Sybil, à peu près en ces termes :

« Chère Miss Thorndike. (Cela se passait un an environ avant qu'elle ne fût faite " Dame (1) ".)

« Je vous ai vue cet après-midi et j'ai bien aimé votre jeu. J'ai bien aimé aussi la scène de l'orage. Pourriez-vous me dire comment vous faites la pluie ? Et avez-vous une tôle à tonnerre ? C'est très important pour moi, car je veux être acteur. J'ai seize ans et demi.

« Bien à vous.

« Alec Guinness. »

Je mis immédiatement la lettre à la poste, et, deux jours plus tard, je reçus un mot griffonné à la hâte disant :

« Venez à la matinée des *Revenants* samedi, et mon mari vous montrera comment faire l'orage. Demandez-moi dans les coulisses après la représentation. Aimez-vous la poésie ? Je l'espère.

« B.A.V. Sbl Thorndike. »

Avant tout il me fallait demander un peu plus d'argent de poche. Je dis en avoir un besoin urgent, car Miss Thorndike m'avait invité à aller voir *les Revenants*. On souleva de timides objections : Sybil était notoirement socialiste, amie de ce trublion ayant nom Bernard Shaw, et pacifiste, et, de façon tout

(1) Titre honorifique équivalant à « chevalier ». (NDT)

aussi notoire, *les Revenants* était une pièce répugnante, traitant d'une maladie innommable. De plus, on la disait sinistre et je ne manquerais pas de m'y ennuyer profondément. Mais rien n'eut raison de mon obstination ; je proclamai hautement qu'il était impossible de faire faux bond à une grande actrice comme Miss Thorndike et qu'il serait honteux de ne pas répondre à ce qui équivalait pratiquement à une invitation royale. Finalement, on me donna quelques shillings.

Il me restait à rafraîchir un peu mes notions de poésie, au cas où les Casson m'inviteraient à quelque récitation. Je savais un peu d'Ella Wheeler Wilcox, que je trouvais irrésistiblement drôle, un peu de Keats, de Tennyson, de Chesterton et quelques mètres de Shakespeare. Après de mûres réflexions et de multiples interrogations, je décidai de réapprendre un monologue musical intitulé *le Redoutable Dan McGrew*. Qui commençait, si ma mémoire est bonne, par :

Les hommes faisaient la fête
Dans le saloon de Malmut...

J'avais fait un malheur avec cela à l'école, un an environ auparavant, avec une fine moustache noire peinte au-dessus des lèvres et un chapeau mou emprunté à l'un de mes professeurs. Et cela me semblait tout à fait approprié en lever de rideau d'une pièce comme *les Revenants*. Je n'ai certainement pas pu penser qu'on allait m'engager sur place comme acteur. Mais il est quand même possible que j'en aie vaguement rêvé.

J'assistai à la pièce d'Ibsen sans trop bien comprendre les dialogues mais en détestant allégrement le pasteur Manders. En revanche, j'appréciai beaucoup le bel Oswald.

Le décor des *Revenants* était de nature à engendrer une crise de claustrophobie galopante : meubles pesants, table ronde recouverte d'un tapis de velours vert sombre, lourds rideaux rouges aux fenêtres. Ce n'était pas sans me rappeler quelques endroits sinistres fréquentés par moi à Bournemouth, Brighton ou St John's Wood. J'admirai les lampes à pétrole — électriques, évidemment — qu'on utilisait en scène et la façon dont les acteurs faisaient mine de les allumer et d'en régler la flamme. Mais la pièce elle-même me laissa perplexe, et quand, après la représentation, je me trouvai en présence de Sybil, je n'arrivai plus à articuler un mot. Elle portait un peignoir à fleurs bleu et blanc, affichait la plus grande gentillesse et ne mettait pas la moindre condescendance dans ses propos. Mais, devant son vibrant éloge du génie d'Ibsen — il purifiait l'atmosphère, dépoussiérait notre vieux monde, donnait aux femmes ce qui leur revenait légitimement, etc. — je ne pouvais que hocher la tête d'une façon que j'espérais intelligente.

— Vous avez préféré cela à *l'Orage*, n'est-ce pas ? demanda-t-elle d'un air passablement suspicieux.

De nouveau, je hochai vigoureusement la tête, mais le geste était parfaitement mensonger, encore qu'aujourd'hui je garde un souvenir beaucoup plus vif des *Revenants* que du piètre mélodrame andalou. En exceptant, bien sûr, la scène de l'orage.

Lewis Casson, en pantalon de flanelle grise avachi et veste de sport fripée, entra dans la loge. Ses petits yeux bleus de Gallois se braquèrent sur moi :

— Ah, le jeune homme qui veut tout savoir sur la tôle à tonnerre...

Ils m'emmenèrent sur la scène. Deux choses me laissèrent confondu : la chaleur qui régnait encore bien que les feux de la rampe fussent éteints et la réalité matérielle des éléments de décor. Ils me permirent de faire le tour de la scène en touchant à tout : aux tringles à rideaux, aux livres et aux lampes à pétrole. J'ouvris et fermai les portes, je m'assis sur les chaises, arborant un sourire idiot, simple manifestation de mon effarement.

Sybil et Lewis me regardaient, amusés sans doute, mais se demandant probablement combien de temps ils devraient supporter ce phénomène aux grandes oreilles. Ils avaient une autre représentation deux heures plus tard. Etait-ce le moment de suggérer, très modestement : *Dangerous Dan McGrew ?* Fort heureusement, Lewis interrompit ma rêvasserie.

— Maintenant, le tonnerre, proclama-t-il.

Il me conduisit à l'arrière de la scène, où il commença à martyriser une vaste plaque de tôle suspendue aux cintres.

— Mais c'est la pluie qu'il veut ! hurla Sybil au milieu du vacarme.

Tous deux allèrent s'installer sur une sorte d'auge de bois et tournèrent vigoureusement d'énormes poignées, mettant en mouvement une grande passoire métallique en forme de saucisse suspendue très haut au-dessus de nous. Celle-ci pivota sur elle-même et libéra des rafales de petits plombs gris pour carabine à air comprimé, qui, même dans cette lumière diffuse, ressemblaient à s'y méprendre à de grosses gouttes de pluie. Avec l'éclairage scénique habituel, l'effet était magique, comme j'avais pu le constater. Lewis et Sybil travaillèrent très dur à « faire la pluie » pendant quelques minutes. Impitoyable, je ne leur demandai pas d'arrêter. Finalement, ils se redressèrent et Lewis, tout essoufflé, fit soudain :

— C'est tout ce que nous pouvons vous montrer.

Sybil m'emmena dans sa loge, et Lewis suivit le mouvement, sans doute pour le cas où elle aurait besoin de protection.

— Dites-moi, demanda-t-elle, aimez-vous la poésie ? Connaissez-vous *Les Cenci* ?

Je hochai la tête de façon peu compromettante.

— Il faut, continua-t-elle, que vous lisiez des tas et des tas de poésie. Moi, j'apprends un sonnet tous les jours. Quelle sorte de poésie aimez-vous ?

La grande occasion était-elle venue ? L'inquiétant Dan McGrew me revint à l'esprit, mais je le chassai : le climat ne semblait guère propice à l'évocation d'un saloon du Far West. En pleine panique je balbutiai :

— *O toi, épouse encore vierge de la sérénité...*

Personne ne me demandant de continuer, je m'interrompis aussi brusquement que j'avais commencé.

— Eh bien, voilà un ravissant poème. Ravissant ! Et maintenant, nous devons prendre notre thé. Ooh, des œufs à la coque ! Merci d'être venu nous voir. Il faudra que vous reveniez un de ces jours.

Et l'on me montra la porte avec la plus grande amabilité.

Je restai devant le théâtre, abasourdi, sans même remarquer la pluie qui tombait en rafales, prêt à arrêter tout passant pouvant survenir pour lui dire : « J'ai parlé à Sybil Thorndike ! » Mais personne ne survenait dans cette petite rue détrempée. Il n'y eut que l'interprète d'Oswald, émergeant de l'entrée des artistes en pardessus poil de chameau et maquillage complet : crayons de Leichner numéros 5 et 9, un point rouge au coin de chaque œil, et mascara en grande quantité. Mon côté puritain aidant, j'en fus plutôt choqué et peut-être un peu effrayé. Il y avait chez lui un caractère équivoque que je saisissais mal. Je ne lui demandai pas d'autographe, malgré le regard insistant qu'il me jeta. Sans le mascara, je l'aurais sûrement fait.

Les Casson, eux, n'avaient rien d'équivoque, à aucun point de vue. Pour eux, « oui » était « oui », et « non » était « non ». Ils étaient plus nets et plus naturels que la plupart des gens extérieurs au monde fabriqué du théâtre.

Je revis Sybil au cours du printemps 1931, dans une reprise de *Sainte Jeanne*. J'en ressentis une certaine déception, car je dus reconnaître qu'elle était un petit peu trop âgée pour le rôle. De plus, sa voix affectait une sorte de vibrato trop intense, manie qu'elle abandonna quelques années plus tard. La scène d'ouverture de *Sainte Jeanne* est déjà difficile en soi, et l'impulsivité de Sybil n'arrangeait rien. La seule comédienne que j'aie vue se tirer de cette scène avec succès fut Eileen Atkins, en 1977.

Il y avait toutefois des instants mémorables dans cette version de 1931, et particulièrement l'interprétation par Sybil de la grande tirade : « La France est seule, et Dieu est seul ; et que pèse ma solitude devant la solitude de mon pays et de mon Dieu ? » Ernest Thesinger était un superbe Dauphin, et Robert Donat un Dunois follement romantique, mais je pense que c'était H. R. Hignet qui se montrait le plus fascinant dans la tirade, apparemment interminable, de l'Inquisiteur.

Je n'allai pas voir Sybil cette fois, mais, l'hiver suivant, alors que Lewis et elle jouaient avec Ralph Richardson à l'Old Vic, j'investis neuf pence dans un fauteuil en matinée. Puis je me présentai dans les coulisses en me faisant annoncer comme un ami de Miss Thorndike. Je ne doutais de rien à l'époque, jouant de ma casquette de collégien comme d'un huit-reflets. Sybil m'accueillit chaleureusement, mais je suis sûr que, pendant une minute ou deux, elle ne me reconnut pas et se posa quelques questions. Puis, la lumière se fit. Elle pointa un doigt vers moi et demanda :

— Toi, épouse toujours vierge de la sérénité, as-tu enfin lu *les Cenci* ?

La réponse était malheureusement négative. Elle l'est encore à ce jour.

En fait, il était exceptionnel que Sybil m'eût momentanément oublié, car sa mémoire était phénoménale. Noms, visages, dialogues, tout était immédiatement enregistré par elle. Elle n'avait rencontré ma femme qu'une fois, et brièvement, en 1939 je pense, mais ensuite elle me demanda toujours de ses nouvelles, en ne se contentant pas de dire : « Comment va votre femme ? », mais : « Comment va Merula ? Et Matthew ? » Matthew étant notre fils, qu'elle n'avait jamais vu.

J'eus l'occasion de parler à Sybil pour la dernière fois lors d'un déjeuner privé au Garrick Club. Elle était devenue une vieille dame, souffrant cruellement d'arthrite, mais toujours remarquablement courageuse et joyeuse. Je lui demandai si elle continuait, comme par le passé, à apprendre quelques vers chaque jour.

— Oui, me dit-elle, mais seulement quelques-uns. J'ai renoncé aux Grecs. Ce qui me rend triste, ce sont mes vieilles mains qui ne me permettent plus de jouer du Bach. Parfois, j'arrive à tapoter quelque chose avec une seule main, mais le résultat n'est pas très satisfaisant.

Elle portait un ensemble de laine blanche. Elle s'était vouée au blanc, en public au moins, depuis la mort de Lewis : une sorte de deuil inversé. Sa religion — un anglicanisme « Haute-Eglise » très libre, je suppose — était d'une importance capitale pour elle.

Quand elle pouvait encore se déplacer assez facilement, elle pratiquait tous les jours, se rendant tôt le matin à l'église et revenant pour préparer le breakfast familial et expédier les corvées domestiques avant de se mettre au travail. Il y avait les lettres auxquelles il fallait répondre, le piano, un texte à étudier et, souvent, une répétition ou un ami malade à aller voir à l'hôpital. Un jour, je lui dis :

— Aldous Huxley a écrit quelque part qu'un acteur ne peut être un homme bon, car il ne lui est pas permis de cultiver sa propre personnalité et d'accéder à la réalité. Qu'en pensez-vous ?

Elle émit une onomatopée méprisante et ajouta d'un ton indigné :

— Sottises ! Les acteurs sont des êtres *bons*. Je sais qu'il y en a d'un peu stupides. Peut-être y en a-t-il de méchants, mais je n'en connais pas. Nos camarades sont *bons* !

Chez elle, en tout cas, la bonté était une seconde nature, sinon la première.

Tyrone et Judy Guthrie, qui étaient des amis très proches des Casson, avaient la plus grande considération pour eux. Ils partageaient leurs goûts simples et leur totale indifférence envers les vanités de ce monde, mais il y avait quand même une lueur d'amusement dans l'œil de Tyrone lorsqu'il décrivait un « souper fin chez Casson » après une répétition en nocturne particulièrement épuisante : « chocolat chaud avec saucisses et purée de pommes de terre ». Il racontait aussi comment, venu un matin voir Sybil pour discuter d'une pièce, il avait trouvé la « Grande Dame » à quatre pattes sous un vieux lit majestueux, ôtant la poussière à la brosse et déclamant : « Jolis, jolis moutons ! »

Lewis se montra presque toujours aimable envers moi, bien que désapprouvant, j'en étais conscient, ma façon de jouer et détestant profondément ma diction. Il croyait fermement en ce qu'il appelait « la chansonnette ». Quant à moi, je ne pouvais croire qu'en ce que je considérais comme compatible avec mon élocution normale.

En 1938, je fus engagé, pour douze livres par semaine, à l'Old Vic, alors dirigé par Guthrie, afin de jouer, entre autres rôles, celui du jeune homme dans *Man and Superman*. Lewis devait diriger la pièce avec Anthony Quayle en vedette. Je n'assistai qu'à une seule répétition. Elle avait lieu le matin suivant la première de la version de *Hamlet,* costumes modernes de Guthrie, version intégrale durant plus de quatre heures. Peut-être cherchais-je éloges, encouragements, ou, à tout le moins, les égards dus à ma fatigue, mais, dès que j'ouvris la bouche pour interpréter mon nouveau rôle, Lewis tapa du poing et hurla :

— Non ! Non ! Et non ! Vous devez *chanter* ce texte ! Tra-la-la-lala ! D'ailleurs, c'est ce qui ne va pas avec votre Hamlet. Vous ne chantez pas.

Jouer *Hamlet* six soirées par semaine, avec en plus, le samedi, une matinée qui commençait à l'heure du déjeuner, me semblait tout ce que je pouvais raisonnablement demander à mes pauvres cordes vocales. Je ne pouvais en même temps me plier aux « tra-la-la-lala » demandés. En conséquence, vers le milieu de la matinée, je demandai à être déchargé immédiatement de mon rôle dans *Man and Superman.* Guthrie approuva, et Lewis fut certainement soulagé par ma décision. Avec le recul, je regrette pourtant celle-ci, car j'aurais pu apprendre bien des choses utiles avec Lewis.

En janvier 1939, la troupe de l'Old Vic, partiellement

remaniée et comprenant une vingtaine de comédiens, partit pour une tournée parrainée par le British Council en Egypte et en Europe. Lewis devait être, en quelque sorte, le patriarche menant le troupeau, avec l'admirable Esme Church comme homologue féminin. Parmi les pièces figurant à notre répertoire se trouvaient *Hamlet,* où Lewis remplaçait O. B. Clarence dans le rôle de Polonius, et Cathleen Nesbitt incarnait Gertrude à la suite de Veronica Turleigh ; *Henry V,* avec Tony Quayle dans le rôle du Roi et moi-même à la place de Marius Goring ; *The Rivals,* avec Tony et Lewis, et *Man and Superman.* Andrew Cruickshank et sa femme Currigan Lewis, Hermione Hannen, la première femme de Tony, André Morell et le mari de Cathleen, Cecil Ramage, étaient les membres les plus expérimentés de la troupe.

Nous embarquâmes, avec décors et costumes, sur l'*Alcantara,* un joli paquebot de 24 000 tonnes — qui ne l'empêchèrent pas d'être ballotté comme un bouchon dans le golfe de Gascogne.

Lewis occupait une cabine située peu au-dessus de la ligne de flottaison. Lors de notre première soirée en mer, voulant un peu plus d'air, il dévissa sans hésiter son hublot. Une énorme vague envahit la cabine, l'inondant, vêtements compris, de la tête aux pieds et le chassant dans la coursive. Il affecta d'en rire le lendemain matin, mais resta silencieux et méditatif pendant le reste du voyage.

Nous abordâmes à Lisbonne le 23 au matin, et vîmes avec horreur, lors du déchargement, nos décors plonger majestueusement dans les eaux du Tage. Ils y disparurent, puis émergèrent, détrempés, abîmés et à peu près hors d'usage. C'était probablement là une erreur de bonne foi des grutiers, mais il ne faut pas oublier qu'à l'époque, les Britanniques étaient loin d'être populaires au Portugal. La guerre d'Espagne touchait à sa fin, et la prise de Barcelone par les troupes franquistes était imminente. Quand elle eut lieu, trois jours plus tard, ce fut une explosion de joie dans Lisbonne. Nous trouvâmes cela très déprimant. Et encore plus déprimante, pour nous, était la vue de luxueuses voitures britanniques arborant l'Union Jack flanqué du drapeau à croix gammée, du Soleil Levant japonais et des couleurs nationalistes espagnoles et portugaises. La plupart d'entre nous, je pense, se sentaient tout petits, étrangers, isolés, menacés — et pleins de suspicion à l'égard de nos compatriotes de Lisbonne. Septembre 1939 n'était plus si loin.

Dès notre premier soir dans la capitale portugaise, je me rendis au théâtre, un charmant édifice dont la scène comportait encore les planches foulées par McReady un siècle auparavant. En tenue légère, Esme Church et Lewis aidaient les machinistes et les menuisiers à repeindre et à remettre en état les admirables décors de Roger Furse. Les deux anciens — c'est du moins ainsi qu'ils nous apparaissaient, à nous, jeunes débutants — étaient affreusement sales, échevelés mais épanouis. Hypocritement, je m'offris à les aider, mais Lewis m'écarta, d'un grand geste du pinceau :

— Fichez le camp, dit-il. Il faut que vous soyez tout frais et reposé pour *Hamlet.*

Je ne discernai aucun sarcasme dans sa voix, mais j'eus quand même un peu honte. Je n'avais nul besoin de repos, mais, comme Merula, à laquelle j'étais marié depuis à peine plus de sept mois, m'accompagnait, Lewis considérait sans doute — tout comme nous, à vrai dire — cette tournée comme notre véritable voyage de noces.

En fait, sauf pour régler quelques détails, Lewis et moi n'avions pas grand-chose à nous dire. Avec l'indifférence de la jeunesse, je ne faisais aucun effort pour le comprendre ou pour recueillir ce qu'il aurait pu m'apporter. A mes yeux, son jeu était compassé et ses manières un peu trop péremptoires. Lui, de son côté, pensait sûrement que j'étais indiscipliné, insolent et égocentrique. Il avait, bien sûr, raison. Pourtant, un soir où nous jouions à Rome, au Théâtre Valle, il lui arriva de me féliciter de façon tout à fait inattendue.

C'était à la fin de notre première représentation de *Hamlet* dans la Ville éternelle. Le pape Pie XI était mort quelques jours plus tôt, alors que nous nous trouvions encore à Florence, et Rome tout entière était en deuil. Mussolini, qui m'avait invité à venir prendre le thé dans sa loge à l'occasion d'une matinée, avait annulé sa visite. Cela faisait un effet curieux de jouer *Hamlet* en costumes modernes mais traditionnellement sombres devant un public entièrement vêtu de noir. Quand le rideau tomba, il y eut des applaudissements dans la salle et quelques roses rouges furent lancées sur la scène. Je n'y prêtai pas attention, ignorant à qui elles étaient destinées : quelqu'un dans la troupe avait peut-être un admirateur frénétique dans l'assistance. Lewis me murmura :

— Ramassez-les. C'est votre soir.

Je m'exécutai, et j'espère aujourd'hui que j'ai eu l'élémentaire courtoisie de répartir les fleurs entre Hermione Hannen, qui jouait Ophélie, et Cathleen, au lieu de me borner à les serrer sur mon cœur. Quand tout fut fini, Lewis me prit la main en me disant :

— Bien joué ! Continuez comme cela.

Je n'avais aucunement conscience d'avoir été différent des autres fois, mais peut-être ce public tout en noir avait-il fait naître chez moi quelque émotion nouvelle ou, au moins, créé un climat propice.

La troupe de l'Old Vic devait reprendre *Richard II* pendant deux saisons consécutives après la guerre. J'ai encore honte de cette minable imitation de la géniale version de la pièce donnée par Gielgud en 1937.

Beverley Baxter, le critique dramatique de l'*Evening Standard*, avait intitulé un article ravageur : « Open the door, Richard (1). » Un critique se plaignait qu'il n'y eût aucune musique dans ma diction (cher Lewis !), tandis qu'un autre proclamait que m'écouter revenait à écouter du Bach (chère Sybil !). Depuis, je lis rarement les critiques, si ce n'est pour m'amuser.

Ralph Richardson dirigeait la pièce à sa manière, c'est-à-dire avec une rare économie de moyens. La seule indication qu'il consentit à me donner avant les répétitions consista à brandir un crayon superbement affûté en me disant :

— Joue comme ce crayon, vieille branche.

Ce qui ne me parut pas spécialement lumineux. Lui-même interprétait John de Gaunt, en se refusant à porter relevé, comme l'avait conçu Michael Warre, le col de son costume XIVe siècle. Il avait résolu de le porter tout plat sur les épaules, ce qui, évidemment, le différenciait du reste de la troupe mais le faisait ressembler à un énorme Peter Pan barbu.

(1) « Ouvre la porte, Richard. » Titre d'une rengaine universellement fredonnée dans les années cinquante. (NDT)

— Ne m'approche jamais à moins de six pieds sur scène, vieille branche, disait-il aussi.

Ce qui faisait que moi, le Roi, je me retrouvais assez souvent serré entre Bushy, Bagot et Green de façon fort peu majestueuse, tandis que Ralph pouvait évoluer tout à son aise dans les vastes espaces. Ayant travaillé tout jeune avec Charles Doran, il connaissait tous les vieux trucs de comédiens et se montrait délicieusement jaloux de sa science scénique. C'était un grand homme, profondément bon, un ami attentionné et probablement l'acteur anglais le plus imaginatif et le plus intéressant de notre époque, mais il était prudent de connaître ses astuces, presque toujours imparables. Ceux qui s'intéressent à ce genre de choses devraient revoir le brillant duel de comédiens qui se déroule entre Ralph et Noël Coward dans la dernière scène du film *Notre agent de La Havane*.

Lorsque nous répétâmes *Richard II* dans sa version 1949, Lewis Casson remplaça le superbe George Ralph dans le rôle du duc d'York. Un matin, répétant la scène de la déposition du Roi, je trouvai Lewis, qui n'avait pas grand-chose à y faire que de se tordre les mains, occupant, magnifique, le centre du plateau. Ma scène devenait impossible à jouer dans ces conditions. Je trouvai très gênant de dire à Lewis qu'il se tenait là où, moi, je devais être. Je regardai donc du côté de Ralph Richardson pour implorer secours. Ralph était dans les premiers rangs de la salle, tirant sur son énorme pipe, apparemment inconscient de mes difficultés.

Finalement, après une collision avec Lewis, je m'arrêtai et dis :

— Ralph, il y a quelque chose qui ne va pas.

— Quoi donc ? demanda-t-il entre deux paisibles bouffées de pipe.

— Eh bien… c'est difficile à dire, en fait.

Je lançai un grand clin d'œil dans sa direction, mais la seule réponse fut un peu plus de fumée montant de la salle. C'est alors que Lewis proclama :

— Je crois que je vois le problème.

Je me mis à le bénir mentalement. Mais il poursuivit :

— Ce qui ne va pas, si je puis me permettre, c'est que tu dis « la-la-la », « la-la-la », alors que ce devrait être « lala-la-la », « lala-la-la ». C'est cela, l'air. Essaie de le chanter.

Naturellement, je le remerciai avec effusion. Il resta à la place qu'il occupait, et j'attendis un autre jour pour résoudre le problème.

Lorsqu'on en vint aux répétitions en costume, Lewis apparut avec un maquillage très personnel. En fait, ce n'était pas vraiment un maquillage, car il n'avait pas mis de fond de teint. Il s'était borné à se tracer un grand triangle équilatéral carmin sur chaque joue. Je ne sais pas quel effet particulier il recherchait, mais nous pensâmes unanimement qu'il ressemblait à une poupée russe.

— Peut-être tes joues sont-elles un peu trop rouges, insinua Ralph.

Mais Lewis ignora l'objection et continua à arborer ses triangles. Il portait toujours ses chaussettes — clairement visibles de l'orchestre — sous ses collants, mais, Dieu merci, sans fixe-chaussettes. Garder ses chaussettes en jouant costumé était une habitude très répandue chez les acteurs de la génération précédente : cela leur permettait de partir plus vite après la représentation pour attraper leur dernier bus ou leur dernier métro. Lewis devait surtout se déplacer en taxi, mais je ne puis m'empêcher de toujours l'imaginer en métro ou en bus.

L'église Saint-Paul, à Covent Garden, est surnommée l'église des comédiens. On pouvait y voir Sybil à presque tous les offices à la mémoire des acteurs défunts. Depuis quelques années, on a pris l'irritante habitude d'appeler ces messes des « célébrations » — tout comme on surnomme « action syndicale » un arrêt de travail. Ceux d'entre nous qui assistent parfois à ces services louchent les uns sur les autres, avec, je le suppose, cette interrogation non formulée : « Qui sera le prochain à faire l'objet de cette cérémonie ? »

Pourtant, Sybil réussissait par sa seule présence à apporter un certain souffle de confiance et d'espoir. Souvent, dans son vieil âge, il lui arrivait de lire un sonnet d'une voix déchirante de limpidité. Elle arrivait toujours, vêtue de laine blanche, avec une ponctualité d'horloge et l'officiant la conduisait vers l'un des premiers bancs. Elle était la dernière à arriver et la première à partir, sorte d'épitomé de la croyance, attendant sincèrement la résurrection des morts. En dépit des douleurs que lui occasionnaient ses rhumatismes, elle était vraiment persuadée que le corps revivrait.

Quand, finalement, elle ne fut plus en mesure de se rendre à Covent Garden, sa place fut souvent occupée par Dame Flora Robson, également habillée de blanc de la tête aux pieds. Malheureusement, la seule fois que je vis Dame Flora à Saint-Paul, une fâcheuse aventure lui était arrivée. Elle était survenue avec vingt minutes de retard, en assez piteux état. Son chapeau blanc était affreusement défoncé et sa démarche, lorsqu'elle remonta la nef, fut quelque peu hésitante. A la fin du service, je lui demandai si elle se sentait bien et si elle n'avait pas besoin d'aide. Elle déclina fort gracieusement mon offre, et, de sa voix merveilleuse, expliqua :

— Désolée d'être arrivée en retard. J'ai pris mon train à Brighton, et, à la gare de Victoria, une planche m'est tombée sur la tête. Mon chapeau a-t-il encore une forme ?

Je répondis par l'affirmative, mais sans préciser quelle forme.

Maintenant que Sybil et Lewis sont morts, j'aimerais bien qu'on ré-adopte le noir comme couleur de deuil, tout comme j'aimerais ne plus entendre de guitares électriques dans les églises. Peut-être pourrions-nous revenir aux cantiques d'antan, bien vigoureux et bien sonores. Là, Lewis reconnaîtrait certainement la « chansonnette », et la voix de Sybil s'élèverait, toujours forte et pure, au-dessus de toutes les autres.

IV

POUSSIÈRE...

A l'âge de seize ans, par un beau jour d'été, je sortis des blanches mains de l'évêque de Lewes athée et confirmé. L'église de la Sainte-Trinité, à Eastbourne, était bondée de candidats à la confirmation, escortés de leurs parents, amis, professeurs et parrains. Les filles, en uniforme gris pour la plupart, défilaient pour aller s'agenouiller à la gauche de l'évêque, tandis que les garçons, en serge bleue, faisaient de même à sa droite. Il était assez curieux de voir qui, de cette façon, se retrouvait avec qui.

L'acte accompli, je regagnai sagement mon banc. Une pâle lumière verdâtre filtrait à travers les vitraux, donnant aux fidèles transpirants un vague air de noyés, et mon esprit se détourna d'un Dieu d'Amour pour s'en aller vagabonder vers d'autres pensées — et, en particulier, pour l'horreur qu'incarnait à mes yeux l'ichneumon.

Nul n'avait été en mesure de me convaincre de l'utilité de l'ichneumon dans la création — et nul, non plus, n'y est parvenu depuis. Pour qui l'ignorerait, l'ichneumon est un fort déplaisant petit insecte qui a la faculté de pénétrer le corps d'une autre créature — une chenille, par exemple — pour aller y déposer ses œufs, dont le produit, après éclosion, dévorera son abri vivant. Je dois dire que j'ai rencontré, dans ma vie, un ou deux humains cultivant des mœurs semblables.

De retour à ma place sans, de toute évidence, avoir été embrasé par le Saint-Esprit, je me mis à fixer du regard un vilain petit bouton sur la nuque du garçon qui se trouvait devant moi, me rappelant quel séduisant petit animal il avait été avant de commencer à se raser. Maintenant, il était majestueusement abîmé dans ses prières. Je portai un regard circulaire sur mes autres condisciples en me demandant si certains d'entre eux étaient aussi déçus, en ce moment, que je l'étais moi-même. Ils semblaient tous extrêmement sérieux et méditatifs. Je devais, hélas, être une exception, ce qui provoqua chez moi un léger désarroi. En un éclair, je me rendis compte que je n'avais jamais vraiment cru, de toute manière, à ce qui m'avait été enseigné.

Le chanoine Warner, de la Sainte-Trinité, un valeureux personnage à cheveux blancs transportant vers la Résurrection des Corps une belle charge de robuste chair, était un fondamentaliste convaincu. Il croyait, entre autres fables bibliques, que le serpent qui avait tenté Eve était toujours vivant dans notre monde, se dépouillant très régulièrement de sa peau, et attendant, sans doute avec quelque anxiété, qu'une dame vienne lui écraser la tête à coups de talon. De l'identité de la dame ou de la date probable de l'opération, le chanoine Warner ne nous informait point. En veine d'insolence, quelques-uns d'entre nous avaient proposé qu'une expédition zoologique fût montée pour chercher la bête et mettre fin à sa méprisable existence. Chaque lundi soir, durant les semaines précédentes, le chanoine Warner avait invité quelques candidats à la confirmation à son presbytère pour une « conversation », soutenue par du chocolat très léger et des sandwiches à la banane. C'était un homme ennuyeux mais bienveillant, et nos quelques questions hésitantes se heurtaient rapidement à un mur de brique. Devions-nous croire que le soleil s'était arrêté pour Josué ?

— Oh, oui. C'est dans la Bible.

Pensait-il réellement que Jonas avait pu vivre à l'intérieur d'une baleine ?

— Eh bien, Notre-Seigneur Jésus le pensait.

A mon banc, solitaire, désemparé et confirmé, je repensais à ces incroyables soirées au presbytère et à l'invraisemblance de tant d'écrits saints. Il me semblait que la Bible, ou tout au moins l'Ancien Testament, dont ils faisaient tous tellement de cas, se résumait à l'improbable histoire d'une tribu de l'âge du bronze cultivant une passion malsaine pour la collecte des scalps de Philistins.

Une année ou deux d'hypocrisie nécessaire encore qu'intermittente m'attendait. Certains passages du Nouveau Testament me ramenaient de temps à autre à quelque chose ressemblant à la croyance, et j'avais conservé un intérêt permanent pour les problèmes religieux, bien qu'ignorant tout de la théologie. Mais, la plupart du temps, le cynisme adolescent l'emportait. Les hommes d'Eglise que je pouvais connaître étaient soit d'amusants prêtres à l'air égaré, soit des missionnaires assez sinistres, rapportant de la brousse africaine des plaques photographiques tout aussi tristes qui les montraient en casque colonial, assis sur des chaises pliantes avec des troupeaux de pauvres païens parfaitement hideux accroupis autour d'eux.

Nous chantions avec vigueur des hymnes tels que « Demeure avec moi » ou « Des montagnes glacées du Groenland » et même avec encore plus de force des chants exaltant le militantisme chrétien. Cet enthousiasme était suspect. Peut-être le chanoine Warner avait-il un plus grand succès en profondeur avec d'autres candidats.

Le presbytérianisme était toléré, et deux ou trois élèves de l'école fréquentaient l'église presbytérienne d'Eastbourne, desservie par un pasteur presque aveugle, le révérend Reid, qui prêchait fort brillamment. A l'âge de dix-sept ans, je fus autorisé, avec quelques autres, à y assister aux offices du soir au lieu de me rendre à la Sainte-Trinité. Cela rendait perplexe le directeur de notre école, homme bienveillant, libéral et compréhensif :

— Mais, Guinness, la *langue* de notre missel ! Comment pouvez-vous sacrifier cela en faveur d'un flot de bavardage *ex cathedra* et de prières *ex tempore* ?

Il est vrai que le *Magnificat*, le *Nunc Dimittis* et la prière de saint Chrysostome me manquaient, mais tel n'était pas le cas des précisions généalogiques contenues dans les méticuleux sermons du chanoine Warner. Ceux du révérend Reid étaient plus stimulants et ouvraient, bien involontairement, des voies d'évasion. Je ne pense pas avoir eu connaissance des romans d'Aldous Huxley avant de les avoir entendu dénoncer comme des œuvres du démon dans cette église presbytérienne aux murs de brique rouge. Bien que cherchant — inconsciemment — à m'évader de la Religion Etablie (1) les jours où je ne brandissais pas la bannière de l'athéisme ou de l'agnosticisme, il ne me serait

(1) Il s'agit, bien sûr, de l'Eglise anglicane. (NDT.)

jamais venu à l'esprit de franchir le seuil d'une église catholique romaine. Chez nous, la tolérance à l'égard des catholiques, sauf pour les gens en connaissant personnellement, se limitait aux pages sympathiques mais condescendantes de *Barnaby Rudge*. Un jour, j'avais visité par hasard un lieu de culte anglican « Haute-Eglise » dans la ville, j'avais été sidéré par le caractère pompeux du décor, et, pensant me trouver dans une église catholique romaine, je m'étais retiré en toute hâte.

A mon école préparatoire, près de Bournemouth, l'horreur avait été à son comble lorsqu'on avait entendu dire qu'une charmante dame qui enseignait le dessin et la botanique dans les petites classes avait quitté l'établissement pour se faire nonne. Il y eut un soulagement partiel quand on apprit qu'elle n'était pas entrée dans les ordres catholiques, mais avait simplement rejoint une communauté anglicane. Soulagement, mais pas plus.

De la triste lecture des psaumes à l'heure du coucher, en présence du petit personnel réuni, je n'avais pas retiré le moindre sens religieux, mais seulement la vague peur d'une existence future. Mourir de la coqueluche ou de l'appendicite semblait préférable à vivre pour toujours dans un monde obscur et inconnu. Le christianisme recelait plus de frayeurs immédiates que l'éternité.

A l'école secondaire, j'avais toujours redouté les « classes de Bible » organisées par le directeur, qui consistaient habituellement en la très vivante reconstitution de combats entre Israélites, Ammonites et Amalécites, avec Mr Meakin rugissant, toutes grandes dents jaunes dehors :

— Ecrase-les, écrase-les, Israël !

Jusqu'à l'âge de dix ans, j'ai eu une certaine difficulté à prononcer correctement le « th », que, souvent, par paresse ou par peur, je transformais en un « f ». Un jour où je me laissai aller à cette fâcheuse tendance en lisant à haute voix un texte sacré, Mr Meakin émit un couinement d'horreur, m'expédia une formidable claque sur l'oreille et, me saisissant par les cheveux, me secoua jusqu'à ce que la tête me tourne. Puis, la vengeance du Seigneur, offensé par moi, ayant été accomplie, il balaya avec dégoût les quelques cheveux de ma tête qui étaient restés entre ses mains osseuses. A sa manière, Mr Meakin n'était pas un homme dépourvu de bienveillance — il se montra généreux envers moi après que j'eus quitté l'école et m'écrivit même de temps à autre — mais il était horriblement irascible, sauf avec les garçons de belle prestance jouant bien au cricket.

Les dimanches, jours de détente, étaient gâchés par l'obligation de réciter la Prière du Jour, plus une demi-douzaine de versets de l'Ancien Testament appris la veille au soir. Une seule erreur nous valait habituellement une autre série de versets à apprendre dans la journée. Les samedis soir d'été, nous grimpions avec nos livres de prières dans les arbres pour réciter de branche en branche. Des arbres entiers résonnaient ainsi de paroles pieuses, des rameaux inférieurs jusqu'au sommet. L'hiver, nous procédions de même à l'intérieur des salles de classe, le derrière collé au radiateur, jusqu'au moment où une flèche en papier ou une boulette venait semer un désordre impie.

La plupart de nos bibles étaient abondamment tachées d'encre, avec certaines pages usées d'avoir été feuilletées à la recherche de quelque mot cru, mais elles n'en étaient pas moins traitées comme des choses quasi sacrées, en grande partie parce qu'une formule comme « Avec l'affection de Maman » ou autre évocation familiale était portée sur la page de garde. Un de mes camarades reçut une sévère correction pour avoir, dans la bible d'un autre de nos condisciples, ajouté à l'inscription « De la part de Père et de Mère » les mots : « et du Saint-Esprit ».

— En fait, je m'en contrefiche, me dit ensuite le propriétaire de la bible en question. Mon père est un mécréant et ma mère n'est pas si portée que cela sur le Livre Saint. Pendant les vacances, nous n'allons *jamais* à la messe. Mon père a sa partie de golf et ma mère a toujours la migraine.

C'était un charmant garçon, fort astucieux et cultivant des attitudes sophistiquées assez peu fréquentes chez des collégiens de notre âge. Il avait notamment l'outrageante habitude d'appeler tout le monde « mon cher » d'un air profondément blasé. Il m'avait invité à prendre le thé avec ses parents, venus lui rendre visite lors de courtes vacances, et j'avais été encore plus impressionné par leur élégance que par l'Hispano-Suiza étincelante qui nous avait conduits dans un hôtel de luxe. Ensuite, il m'avait dit :

— Tu n'as pas trouvé le paternel trop sinistre ? Franchement, mon cher, je me demande si nous n'allons pas avoir un divorce sur les bras.

« Divorce » était un mot presque tabou, qu'on ne prononçait qu'en chuchotant, comme si la réalité qu'il recouvrait était par trop pénible à envisager, mais mon ami ne semblait, quant à lui, nullement troublé par cette perspective. Les quelques garçons dont on savait les parents séparés étaient traités comme s'ils relevaient de quelque maladie. Connu pour avoir une mère mais aucun père en vue, je demeurais un mystère pour tous. Ma mère vint me rendre visite une fois, dans un vieux taxi cahotant et ayant mystérieusement oublié son sac à main quelque part. Le prêt d'un billet de cinq livres par le professeur de mathématiques sauva la situation, mais je me demandais comment mes chers camarades, très sensibles au prestige automobile, allaient considérer les choses. Les garçons dont les parents arrivaient en Daimler ou en Bentley étaient traités avec des égards particuliers, surtout par les professeurs. Nul, toutefois, ne mentionna le taxi et aucune allusion ne fut jamais faite à l'emprunt des cinq livres. Les gens peuvent être remarquablement polis, parfois, et, des années plus tard, le cher Jack Hawkins fut lui aussi beaucoup trop poli pour raconter comment la rencontre avec ma mère, ayant encore oublié son sac, lui avait coûté dix livres dans un pub de Brighton.

Il me semblait, en ces années de prime jeunesse, que le hasard représentait l'anarchique loi de l'univers ; rien n'était certain et les promesses n'étaient faites que pour être rompues. La vie scolaire, si l'on en exceptait la religion, apportait une certaine sécurité et une certaine stabilité et me libérait heureusement quant à moi des drames financiers ou passionnels surgissant régulièrement au moment des vacances. A l'âge de douze ans, une véritable appréhension de la religion eût pu me donner une base sûre dans la vie, mais, pour une raison ou pour une autre, je n'arrivais pas à saisir vraiment ce qu'on pouvait m'enseigner. Je n'en retenais qu'une série d'interdits annonçant, si on les enfreignait, un châtiment brutal, et aussi, comme la plupart des enfants, la conscience aiguë de l'hypocrisie des adultes. Des impératifs moraux tels que l'honnêteté, le courage, la loyauté et la propreté passaient pour purement anglais plutôt que simplement chrétiens : ils allaient de pair avec d'autres commandements concernant la bonne façon de porter la chemise de cricket, le choix des adjectifs dans la conversation et la manière de s'adresser aux professeurs lorsqu'on se considérait comme fils de gentleman. On ne devait en aucun cas « faire de la lèche » aux puissants, on devait tendre la main de l'amitié à des ennemis jurés et, avant tout, on ne devait pas fuir ni ramper. Pleurer était fort mal vu, mais admissible en cas de perte d'une mère ou d'une grand-mère. Les choses du sexe, dont nous étions parfaitement ignorants — le bruit courait que nous en serions informés, avant notre départ de l'école, par quelques graves propos sur les activités des papillons — n'étaient évidemment jamais mentionnées, sauf à l'occasion de propos furtifs après extinction des feux dans les dortoirs.

Parfois, après une visite occasionnelle du directeur dans les chambres aux fins de chatouiller le capitaine de l'équipe première, dans le silence et l'obscurité propices, se posait la grave question de cette « semence » dont nous devions être si économes. D'un air fort compétent, l'un de mes camarades m'assura qu'il s'agissait d'une sorte de pépin tout noir jaillissant du pénis de façon tout à fait inattendue et qu'on devait se trouver prêt à attraper chaque fois qu'on se soulageait. Il avait lui-même perdu ce précieux pépin quelques mois auparavant et craignait fort de ne pouvoir plus jamais être père.

— Mais que fait-on avec le pépin quand on a pu le rattraper ?

— On le range soigneusement dans son placard et, un jour, on le donne à la femme qu'on veut épouser.

Restant dubitatif devant cette procédure, je demandai à l'élégant ami dont j'ai parlé plus haut ce qu'il en pensait.

— Mon cher, répondit-il, ma mère dit que tout cela est trop répugnant pour qu'on en parle, ou même qu'on y pense. De plus, il n'y a que les filles pour parler de choses sales.

Ce fameux pépin n'en occupa pas moins mes pensées pendant quelque temps. Et je me rappelai soudain que, lorsque j'avais sept ans, je conservais dans une boîte une petite noisette à laquelle je prêtais des propriétés magiques et dont la possession était mon grand secret. Chaque jour, j'allais voir si elle avait grossi et, parfois, je lui chantais l'hymne national. Dans mon esprit, elle était destinée à grossir jusqu'au jour où elle s'ouvrirait et un petit bonhomme habillé de bleu en sortirait. Il aurait environ trente centimètres de haut, porterait un justaucorps et des chausses de velours bleu et une ceinture de cuir avec un petit coutelas. Ses cheveux seraient châtain clair, il aurait un visage viril et souriant, et il serait à jamais mon meilleur ami...

Du haut de mes douze ans, je pouvais me permettre de sourire de ce rêve vieux de cinq années et de me dire sagement que la noisette magique n'était sans doute plus, dans le cas où elle n'aurait pas engendré un noisetier, qu'un petit tas de poussière. Pourtant, une noisette devait revenir me hanter quelque quarante ans plus tard.

J'avais en effet passé la quarantaine lorsque je lus pour la première fois les *Révélations de l'Amour divin* de Julian de Norwich. Dans ce livre prodigieux, je trouvai un passage qui me frappa, m'enchanta et me troubla tout à la fois en rappelant à mon souvenir ma petite noisette :

« Notre-Seigneur me montra une petite chose, de la taille d'une noisette, dans la paume de ma main. Elle était ronde comme une balle. La contemplant avec les yeux de l'esprit, je me demandai : qu'est-ce ? Et l'on me répondit : c'est toute la création. Je m'étonnai qu'elle puisse durer, car sa petitesse eût pu la faire se réduire soudain à néant. Et on me répondit : elle a duré et elle durera toujours, car Dieu l'aime. Dieu l'a faite, Dieu l'aime, Dieu la garde. Mais ce qu'est pour moi Celui qui crée, Celui qui garde, Celui qui aime, je ne le puis dire. »

Il me sembla y avoir une vague relation entre mon secret de jeunesse, mon désir d'un ami éternellement fidèle, que je pourrais invoquer quand je le voudrais, dont je pourrais user à volonté mais que j'écouterais, et l'anachorète de Norwich.

Parlant du catholicisme avec la regrettée Honor Svedjar quelques années après ma conversion, je lui montrai ce passage. Et, un ou deux ans plus tard, lorsqu'elle se fut elle-même convertie, elle m'offrit une noisette, mais celle-ci, commandée chez Wartzki, était en or fin et se présentait sous la forme d'une épingle de cravate. Elle n'était guère susceptible de tomber en poussière : bien que je ne l'aie en aucun cas créée, je l'aime et la garde. Comme cela s'est produit souvent dans ma vie, une boucle a été bouclée, démentant mes conceptions anciennes de hasard et de chaos.

Lorsque j'eus dix-huit ans, mes années d'école terminées, mon dernier directeur, Douglas Gilbert, me procura un travail de rédacteur dans une agence de publicité de Lincoln'Inn Fields, à Londres, Ark's Publicity. Je me trouvai là dans un milieu très différent de tous ceux que j'avais connus. Pendant des semaines, je m'y sentis perdu, mais, peu à peu, je m'y fis des amis qui surent m'aider de façon merveilleuse. Avec eux, on ne parlait guère de la religion, péremptoirement considérée comme l'opium du peuple, mais on se passait de main en main la revue *l'URSS aujourd'hui*, fort admirée pour ses photographies de cheminées d'usines. Circulait également au bureau un exemplaire interdit de *l'Amant de Lady Chatterley*, non pour sa qualité littéraire mais pour quelques passages bien précis, aussi lus et relus que certaines pages d'une bible d'école primaire. Je me demande maintenant combien de ces employés de bureau conservent encore l'image de violettes amoureusement tressées dans les poils entourant un sexe mâle...

Je me liai d'amitié avec une jeune dessinatrice dont la sœur étudiait l'art dramatique, ce qui m'excitait plus que les œuvres complètes de D. H. Lawrence. J'étais payé une livre — et plus tard trente shillings (1) — par semaine pour expédier un travail que je trouvais fastidieux, mais mon temps de loisir me semblait assez bien employé.

Une fois par semaine, j'allais au théâtre — généralement à l'Old Vic, où l'on pouvait avoir une place pour six pence — et je passais la plupart de mes week-ends dans le petit appartement d'un charmant collègue, Adolf Deys, et de sa femme Daisy, qui, non contents de me nourrir, me permettaient de leur lire à haute voix presque toutes les pièces de Shakespeare et une bonne dose de Bernard Shaw. Il m'arrivait aussi d'aider un ami communiste à distribuer, la nuit tombée, de la littérature marxiste-léniniste, convaincu de faire là quelque chose de redoutablement clandestin. Je me rendis à plusieurs reprises à des offices de Quakers, mais j'en retirai vite l'impression que l'Esprit-Saint inspirait généralement la personne la plus assommante de l'assemblée (2), et cela me découragea quelque peu. Avant l'office, j'avais déjà commencé à repérer les personnes les plus susceptibles d'intervenir — ce sur quoi l'Esprit-Saint et moi-même n'étions guère d'accord. En fait, je commençais ainsi à exercer mes dons d'observation, emmagasinant, pour un éventuel usage futur, toute une série de traits et d'expressions divers.

(1) La livre équivalait alors à vingt shillings. (NDT)
(2) Dans les offices quakers, tout assistant sentant venir l'inspiration divine peut prendre la parole et prêcher. (NDT)

Ma chance à ce moment fut d'être présenté, toujours par les Gilbert, à un groupe d'une douzaine de jeunes gens qui s'étaient appelés le « Club Trente-neuf » et se réunissaient chaque mardi soir pour des séances de récitation, de lecture et de discussion, et, parfois, pour une modeste sortie dans un pub.

La plupart avaient quelques années de plus que moi : il y avait là un ou deux étudiants en médecine, un avoué, un violoncelliste, un décorateur-ensemblier, une institutrice, un comptable, ainsi que les femmes, petites amies et maris correspondants. Presque tous avaient fait des études universitaires et c'est dans ce groupe que commença ma véritable et tardive éducation. En politique, leurs positions étaient en majeure partie libérales, et je commençai ainsi à rejeter mon marxisme mal digéré, auquel les infâmes procès de Moscou portèrent le coup de grâce, comme la répression du soulèvement de Budapest, en 1956, devait le faire pour tant de communistes britanniques. Nous étions en majorité agnostiques, et notre seule escapade dans le domaine religieux consista à nous laisser entraîner, dans une luxueuse maison, à une réunion du Réarmement Moral au cours de laquelle une femme visiblement hystérique racontait un viol qu'elle était censée avoir subi, alors que ledit viol était, pour elle, de toute évidence, plus un espoir qu'une réalité.

Plus tard, je rencontrai quelques bouddhistes cingalais. Le bouddhisme semblait une admirable philosophie, mais je fus assez effaré par les airs supérieurs que réussissait à prendre, en dépit d'un rhume et d'un nez coulant abondamment, un impérieux moine bouddhiste.

Puis, un dimanche soir, alors que je poursuivais ma longue quête du sens de la vie, je remarquai, sur un immeuble de Regent Street, une pancarte annonçant : « Mazdéens. Tous les bienvenus. » J'entrai, montai un étage et me retrouvai dans une salle emplie de chaises dorées, avec une petite estrade au bout, un piano à queue et quelques palmiers en pots. L'assistance, assez clairsemée, comportait surtout des dames âgées et bien habillées. Un vaste soleil métallique était accroché au mur derrière l'estrade et, devant ce symbole, se tenait un jeune et grand Canadien à moustache noire portant une robe blanche d'allure ecclésiastique. Assise au piano, une dame opulente chantait une sorte d'hymne où il était question d'un navire arrivant au port. Quand elle eut fini, le Canadien parla longuement de San Francisco, des Portes d'Or, des Sages de Perse, de ses prouesses sexuelles depuis qu'il s'était rallié au mazdéisme et de la chaleureuse sympathie que ce merveilleux M. Hitler portait à la cause. Comme je commençais à me lever pour m'esquiver, il plongea sur moi et, avec un sourire radieux, me demanda une pièce d'argent. A regret, je me séparai d'un shilling, en échange duquel il me remit une petite fiole en me disant :

— Très peu de gens connaissent les vertus de l'huile d'Eucalyptus. Puisse le Dieu Soleil toujours vous guider !

Du coup, je renonçai à ma quête spirituelle pendant plusieurs années.

Toutefois, une nouvelle tentative en direction de Bouddha me conduisit, au début de la guerre, à une maison décrépite, non loin de Regent's Park. Après plusieurs coups de sonnette, la porte fut déverrouillée et prudemment entrouverte par un jeune Indien emmitouflé dans de multiples écharpes de laine.

— Je voudrais parler au gourou ou à toute autre personne responsable, demandai-je.

— Gourou pas ici. Parti.

— Et quand reviendra-t-il ?

— Gourou revenir quand plus guerre et plus bombes.

Et la porte se referma hermétiquement. Aucune bombe, dois-je préciser, n'était encore tombée. Je rentrai chez moi en me disant que ce type de pacifisme n'était pas mon affaire. Et, assez curieusement, ce furent les bombes, quand elles tombèrent, qui réveillèrent mon intérêt pour la chrétienté.

A l'époque où je jouais *Hamlet* à l'Old Vic, en 1938, un petit homme à cheveux blancs vint me voir dans ma loge après une représentation. Il était habillé en mufti mais se révéla être un prêtre anglican, Cyril Tomkinson, curé de All Saints, dans Margaret Street, centre d'élection de l'anglo-catholicisme (1) dans le West End. Je crois que le père de Laurence Olivier a été un moment vicaire de All Saints, ce qui explique sans doute le sens du rituel que possède Larry. Le révérend Tomkinson me dévisagea sévèrement et me dit :

(1) Tendance dite « Haute-Eglise » de l'anglicanisme dont les rites et le décorum sont proches de ceux du catholicisme. (NDT)

— Je suis simplement venu vous signaler que, dans la pièce, votre signe de croix est incorrect. Vous devez vous signer comme ceci : du front à la poitrine, puis de la gauche à la droite.

Il m'en fit lui-même la démonstration et partit. Deux semaines plus tard, il revenait, me disant :

— Vous continuez à mal vous signer. Cela me choque. Et cela gâche une interprétation admirable d'autre part. Je vous conjure de faire un effort.

Plus tard, apprenant que la troupe partait pour le Portugal, l'Italie, l'Egypte et la Grèce, il m'envoya une sélection de guides Baedeker, en même temps qu'une invitation à déjeuner au Club d'Oxford et Cambridge. Je le trouvai intéressant, spirituel, excentrique, avec quelques traits de caractère dignes d'une vieille fille un peu méchante et une passion dévorante pour Jane Austen et pour le Dr Johnson. Je ne devais pas le revoir avant la nuit du grand bombardement de Bristol, où les bombes et moi arrivâmes en même temps.

La ville était dévastée, avec des incendies éclatant partout, les conduites d'eau rompues, des rues bloquées. Je venais à pied de la gare, traînant ma valise et ne sachant où aller pour trouver un abri et de quoi me restaurer. J'avais déjà fait plusieurs kilomètres, me réfugiant sous les portes pour échapper aux éclats, tâchant de dénicher un lit dans des pensions de famille déjà pleines, quand je finis par repérer un agent de police. Je lui demandai s'il connaissait un endroit où je pourrais passer la nuit.

— Non, camarade, me répondit-il. De toute façon, vous ne pourrez sans doute pas beaucoup dormir cette nuit. Mais vous devriez toujours essayer le presbytère, au bout de la rue, juste à côté de l'église.

C'était une vaste maison en brique rouge, avec des vitraux néogothiques. Je sonnai.

— Entrez, lança une voix. Entrez vous mettre à l'abri. Quel bruit épouvantable !

Cyril Tomkinson et moi-même fûmes aussi surpris l'un que l'autre de nous trouver face à face. Il avait quitté Margaret Street un an auparavant pour prendre cette paroisse à Bristol. Il se montra fort accueillant, me dit que je pouvais rester aussi longtemps que je le voudrais, mais émit l'espoir que j'eusse ma carte d'alimentation sur moi. Je restai quatre jours au presbytère, sans pouvoir entrer en contact avec Merula et Matthew, qui se trouvaient dans un cottage de location à Stratford-upon-Avon. Bristol était coupée du monde. On devait aller chercher l'eau dans des seaux au coin de la rue, mais le vin coulait à flots au presbytère, car le révérend Tomkinson avait conservé une bonne cave.

— Nous aurons ce soir un bordeaux splendide, annonçait-il. Je pense donc que vous ne verrez pas d'objections à boire du vin d'Algérie pour le déjeuner. J'estime pour ma part qu'une bouteille de vin d'Algérie à laquelle on a mélangé un verre de porto peut passer raisonnablement pour un honnête bourgogne. Avec une omelette aux œufs en poudre, cela ferait presque impression...

Il me fit visiter son église, m'aspergea d'autorité d'eau bénite, me donna un ouvrage de saint François de Sales, m'entretint avec une feinte horreur des tendances au lesbianisme de bon nombre de ses paroissiennes, exprima l'espoir que j'assisterais à tous les offices et me demanda de toujours faire une génuflexion en direction de l'autel.

— Voyez-vous, je crois à la Présence Réelle, précisa-t-il.

Je ne savais pas de quoi il parlait.

Un matin, alors que nous sirotions nos premiers sherries dans son bureau, il me dit brusquement :

— Ne pensez-vous pas qu'avec toutes ces bombes qui tombent, vous devriez vous confesser ?

Je pataugeai un peu, disant que je n'étais pas du tout sûr de ce que je croyais, que je ne comprenais pas tout à fait bien sa forme d'anglicanisme, que je n'avais aucune idée de la manière de me confesser, que je serais très gêné...

— C'est très simple, me dit-il en jouant avec son verre. Vous n'avez qu'à vous agenouiller à mes pieds et me dire tout ce que vous avez sur la conscience. Je puis vous assurer que j'aurai déjà entendu tout cela auparavant. Vous n'avez guère de chances de me surprendre.

— Non ! fis-je fermement.

Il y eut un silence, puis il posa son verre de sherry sur la cheminée.

— Triste ! reprit-il. Je vous présente mes excuses. Mais je vais vous bénir.

Il fit un signe de croix dans ma direction et reprit son verre de sherry. Nous restâmes à peu près silencieux en mangeant nos pilchards en boîte, mais, après une visite de dix minutes à son église, le révérend Tomkinson retrouva sa belle humeur. Le soir, il bavardait joyeusement et brillamment de Jane Austen, du Dr Johnson et des lettres de sainte Thérèse d'Avila.

C'était un esprit brillant et un ami solide, très intuitif et délicieusement snob, se délectant de la gloire, de la richesse, de la beauté ou du talent, et très intolérant à l'égard des mauvaises manières et des solécismes de tous genres. Il se montrait fort absolu et autoritaire en matière religieuse, mais ma gratitude envers lui est infinie, en dépit de tout cela, car il m'a fait découvrir un monde nouveau : le monde de Hooker, de William Law, de l'évêque Gore, de l'archevêque Temple, et celui, plus vaste encore, de saint Augustin et de Newman. Lorsque, des années après, je devins catholique, il se montra poli encore qu'attristé.

— Ils vont vous enseigner à me considérer comme un hérétique, me dit-il.

— Sûrement pas, répondis-je. Seulement schismatique.

— Schismatique ! Cela sonne comme un accessoire d'automobile.

Les dernières années de sa vie, il les passa à Cambridge, solitaire, infirme de corps et mélancolique d'esprit. Quand il mourut, il me légua par testament une magnifique édition de Jane Austen, dont il était justement fier. Un an plus tard, son frère m'écrivit pour me demander si la famille pouvait récupérer l'ouvrage. Je m'exécutai promptement, avec beaucoup de regrets et un peu de colère. Mais j'ai encore le vieux saint François de Sales qu'il m'avait donné à Bristol.

Il y eut une courte période, au début de la guerre, au cours de laquelle je me levais avant l'aube, les matins d'hiver, pour aller, à bicyclette dans l'obscurité, chercher la Sainte Communion dans une église de campagne. Mais ma paresse habituelle l'emporta et mon enthousiasme pour l'anglo-catholicisme déclina. Tout était redevenu à peu près comme avant, mais, au tout début des années cinquante, je connus, particulièrement quand j'étais fatigué et aussi au moment où je préparais mon désastreux *Hamlet* de 1951, des expériences quasi psychiques étranges, presque folles. Deux d'entre elles valent peut-être la peine d'être racontées.

Merula et moi avions acheté une peinture de Mininsky que nous aimions beaucoup et qui était accrochée dans notre chambre à coucher. Elle s'intitulait, je crois, « Deux Irlandaises » et montrait en effet deux robustes femmes en châle se faisant face au milieu de buissons au vert brillant et de haies desséchées. Pas d'équivoque, apparemment, et, pourtant, il y avait quelque chose d'énigmatique dans cette toile. Un soir, en entrant dans la chambre, je sentis soudain résonner dans ma tête une référence biblique qui devint rapidement obsessionnelle : Luc, chapitre XXXIII, verset 31. J'eus d'abord du mal à mettre la main sur une bible dans la maison, mais, en ayant finalement trouvé une, je me reportai au passage et lus :

« S'ils font cela dans un arbre vert, que sera-t-il fait dans un arbre sec. »

Il était évident pour moi que ces mots s'appliquaient à la peinture, que je me mis à regarder avec fascination. Pour la première fois, je remarquai que les buissons verts figuraient des visages ronds et satisfaits, alors que les brindilles sèches des haies représentaient des personnages hurlant, en plein tourment. Je me hâtai de décrocher la toile du mur, allai la mettre dans une autre pièce et la remplaçai par un autre tableau de mêmes dimensions. Quand Merula entra dans la chambre, elle ne jeta même pas un regard au mur mais dit immédiatement :

— Qu'est-il arrivé à cette pièce ? Elle a retrouvé son innocence.

Un jour ou deux plus tard, nous apprîmes que cela se passait le jour anniversaire du suicide de Mininsky.

A l'automne 1955, je me rendis à Los Angeles pour faire mon premier film à Hollywood, *le Cygne,* avec Grace Kelly et Louis Jourdan. J'arrivai, épuisé, après un vol de seize heures venant de Copenhague. Thelma Moss, qui avait écrit le scénario du *Père Brown* — en France, *le Détective du Bon Dieu* — avait émis le souhait de m'emmener dîner pour mon premier soir à Los Angeles. Nous nous présentâmes à trois restaurants de haute réputation, dont on nous refusa l'entrée parce que Thelma était en pantalon — c'est loin, tout cela ! — et nous nous décidâmes finalement en faveur d'un charmant petit bistrot italien où ma compagne était sûre d'être bien reçue. Quand nous y parvînmes après un interminable trajet, il n'y avait plus de table disponible. En sortant, découragé, je dis :

— Où nous mangerons et ce que nous mangerons, cela m'est égal. Mais n'importe quoi, n'importe où !

J'entendis alors une galopade étouffée derrière nous et me retournai pour me trouver face à un jeune homme blond, en sweat-shirt et blue-jeans.

— Vous voulez une table ? me demanda-t-il. Venez à la mienne. Je m'appelle James Dean.

Pleins de gratitude, nous le suivîmes, mais, avant d'entrer au restaurant, il se dirigea vers le parking en nous disant :

— J'aimerais vous montrer quelque chose.

Parmi les autres voitures se trouvait un énorme engin brillant, argenté, enveloppé de cellophane et entouré de rubans.

— Elle vient juste d'être livrée, fit Dean avec un orgueil évident. Je ne l'ai encore jamais conduite.

Malgré le gros bouquet d'œillets rouges posé sur le capot, cette voiture de sport me parut sinistre.

— A quelle vitesse va-t-elle ? demandai-je.

— Elle fera du 240, répondit-il.

Epuisé, affamé, me sentant un peu de mauvaise humeur malgré la gentillesse de mon interlocuteur, je m'entendis déclarer, d'une voix que je pus à peine reconnaître comme la mienne :

— Je vous en prie, ne montez jamais là-dedans.

Je regardai ma montre :

— Il est en ce moment dix heures, le vendredi 23 septembre 1955. Si vous montez dans cette voiture, vous y serez trouvé mort à cette heure-ci la semaine prochaine.

Il se mit à rire.

— Qu'est-ce que c'est que cette bêtise ! fit-il. Ne soyez donc pas méchant comme cela !

Je lui présentai mes excuses, en expliquant que la férocité de mes paroles était à mettre sur le compte du manque de sommeil et de nourriture. Thelma et moi l'accompagnâmes à sa table, et il se révéla un hôte fort agréable et généreux, parlant avec beaucoup de drôlerie de Lee Straberg et de l'Actor's Studio. Nous nous séparâmes une heure plus tard, avec force sourires, et nulle autre allusion ne fut faite à la voiture. Thelma était soulagée, mais quand même impressionnée. Au fond de moi, j'étais mal à l'aise. A quatre heures de l'après-midi, le vendredi suivant, James Dean était mort, tué en conduisant cette voiture.

Pendant six mois, les tarots furent au centre de mes préoccupations. Partout où j'allais, les cartes ou les symboles de tarot retenaient immédiatement mon attention. Peter Bull et moi fîmes un court séjour à Tanger ; nous avions primitivement l'intention d'aller à Fez, mais la route avait été ravagée par des pluies torrentielles, pluies qui, poussées par un vent violent, inondaient également Tanger.

Le premier soir, alors que nous pataugions dans une rue sombre et étroite, à la recherche de nourriture et de distractions, je repérai une petite vitrine faiblement éclairée ; elle ne contenait qu'un paquet de cartes de tarot, seul sous une ampoule électrique à la lueur vacillante. Le lendemain, j'achetai les cartes et m'installai dans ma chambre humide pour tenter d'en tirer quelque chose. Peter était légèrement indisposé par mon obsession et, quelques jours plus tard, il reconnut s'ennuyer quelque peu.

Nous partîmes pour Gibraltar, mais, arrivé là, Peter, Freud venant sans doute à son aide, s'aperçut qu'il avait oublié son passeport à Tanger. Il y retourna donc, pour prendre un peu de bon temps avec de nouveaux amis, et je partis, quant à moi, pour Malaga, voyageant surtout à pied.

Mes tarots étaient bien en sûreté dans ma poche. De retour à Londres, je cherchai à en apprendre le plus possible à leur sujet. On me dit — à tort, bien sûr — qu'ils faisaient partie du Livre de la Sagesse, disparu lors du sac de la Bibliothèque d'Alexandrie, à la fin du IVe siècle, et qu'on les avait retrouvés comme cartes à jouer peu après en Europe méridionale. James Laver, un ami fort érudit attaché au Victoria and Albert Museum, souligna que les symboles de base du jeu de tarots, le calice, l'épieu, l'arbre et la couronne d'épines, correspondaient aux cœurs, aux piques, aux trèfles et aux carreaux, et représentaient la Crucifixion. Ces symboles figurent, à ce qu'on m'a dit, sur l'un des piliers de la cathédrale de Chartres.

Ma manie dura jusqu'à un soir où je pris brusquement tout cela en horreur et jetai cartes et livres au feu. Quand Merula vit ce que j'avais fait, elle se félicita de ce que j'aie retrouvé mon bon sens. Les tarots ne me hantent plus. Ils sont partis en fumée, en ne laissant que des cendres.

Mon amitié avec Cyril Tomkinson avait considérablement fait reculer mon anticléricalisme, mais non mon hostilité au catholicisme romain. Puis vint le film *le Père Brown,* réalisé par mon grand ami Robert Hamer, qui avait déjà mis en scène *Noblesse oblige,* et en allant tourner en Bourgogne, je connus une petite expérience que je me rappelle toujours avec plaisir. Même le fait que — ayant insuffisamment préparé mon affaire et pris à la lettre les indications du scénario — ma tenue de prêtre catholique laissait à désirer n'a guère eu d'importance sur le moment, comme on va le voir.

Des prises de vues nocturnes avaient été organisées dans un petit village situé en haut d'une colline, à quelques kilomètres de Mâcon, ce qui avait occasionné une certaine effervescence dans la population. Une chambre avait été mise à ma disposition au petit hôtel de la gare, à trois kilomètres de là. Vers le crépuscule, je commençai à m'y ennuyer ferme et décidai de gagner le village, revêtu de mon costume ecclésiastique. Sur la place, les enfants jouaient à la guerre, avec des bâtons en guise d'épées et des couvercles de poubelles figurant des boucliers, et, dans le café le plus proche, Peter Finch, Bernard Lee et Robert Hamer prenaient leur premier pernod de la soirée. Je me joignis à eux avec un modeste kir, puis, découvrant que ma présence ne serait pas requise avant quatre heures au moins, je repris le chemin de la gare.

La nuit était tombée et, bientôt, comme je cheminais, j'entendis derrière moi de petits pas pressés et une voix d'enfant m'appelant :

— Mon père !

Ma main fut alors saisie par un petit garçon de sept ou huit ans, qui se mit à la serrer de toutes ses forces tout en courant, sautant et babillant à côté de moi. Je n'osais pas répondre à son incessant bavardage de peur de l'effrayer par mon épouvantable français. L'essentiel était que, de toute évidence, il me prenait pour un vrai prêtre et me faisait donc une totale confiance. Soudain, avec un « Bonsoir, mon père » et une hâtive courbette, il disparut dans le trou d'une haie. Il avait pu rentrer chez lui heureux et tranquille, et j'en ressentis une curieuse impression de sérénité. Poursuivant ma route, je me dis qu'une église capable d'inspirer une telle confiance à un enfant et rendant ses prêtres, même inconnus, si proches des autres hommes, ne pouvait être aussi sournoise et calculatrice qu'on le disait. Je commençais à abandonner des préjugés longtemps cultivés.

Quelques semaines avant le début du tournage du *Père Brown,* Matthew, alors âgé de onze ans, contracta la poliomyélite et se retrouva paralysé des membres inférieurs. Ce fut une période d'angoisse, dont le poids fut surtout supporté par Merula. Matthew, lui, semblait rester philosophe, quoi qu'il pût éprouver à l'intérieur de lui-même. Après les prises de vues en France, le film se tournait aux studios de Riverside et, après chaque journée de travail, je regagnais St Peter's Square à pied en longeant le fleuve. Malgré toutes les assurances des médecins, l'avenir de Matthew semblait incertain, et, dans mon angoisse, je pris l'habitude de faire halte dans une petite église catholique un peu baroque qui se trouvait sur mon chemin. Je n'y allais pas pour prier, pour supplier ou pour adorer l'Eternel, mais simplement pour m'y asseoir une dizaine de minutes en tentant de mettre mon esprit en paix. J'y étais toujours seul.

Après plusieurs de ces visites, je proposai un curieux marché à Dieu :

« Laissez Matthew guérir, et je m'engage, si un jour il veut devenir catholique, à ne m'y opposer en aucune façon. »

Cela me semblait un immense sacrifice. Quelque trois mois plus tard, Matthew recommençait à marcher tant bien que mal. A Noël, il parvenait à jouer au football. Et, peu après, je devais être amené à honorer ma part du marché.

Matthew devait primitivement entrer à la Westminster School, mais nous décidâmes alors de quitter Londres pour aller nous établir à la campagne. Il devenait donc ridicule de laisser notre fils en ville alors que sa mère et moi jouirions de la nature et du bon air. Mais il nous fallait trouver un autre collège, et vite. J'en parlai à plusieurs amis et il apparut qu'aucun établissement convenable n'avait de places vacantes. Finalement, Peter Glenville, un ami très proche qui avait fait ses études à Stonyhurst et conservait une haute estime pour les jésuites, suggéra Beaumont, près de Windsor.

— Mais c'est une école catholique ! m'exclamai-je.

Alors, je me souvins de la promesse que j'avais faite dans la petite église d'Hammersmith.

Le supérieur, le père Sir Lewis Clifford, nous accueillit de façon fort affable. Sous sa soutane usée, on pouvait apercevoir un vieux pull-over de l'armée et il avait aux pieds des souliers de cricket très fatigués, ce que nous trouvâmes encourageant.

— Nous n'avons que trois élèves non catholiques, expliqua-t-il, et si votre fils vient chez nous, je suis convaincu qu'à seize ans, il voudra se convertir. C'est ce qui se passe toujours. Je vous assure que nous ne ferons aucunement pression sur lui, mais il est plus que probable qu'il souhaitera devenir catholique. Vous y opposerez-vous ?

J'hésitai, puis répondis par la négative. Le père parut soulagé et nous invita à assister à une représentation théâtrale au collège le soir même. Nous dûmes décliner l'invitation, mais je demandai quelle pièce allait se jouer.

— *Sainte Jeanne* de Bernard Shaw.

Je dus sursauter, car le père poursuivit :

— C'est une superbe pièce. Et si l'un de nos élèves quittait cet établissement sans avoir quelques bonnes réponses à fournir à Mr Shaw, eh bien, cela voudrait dire que nous avons mal fait notre travail.

Matthew alla à Beaumont et, à l'âge de quinze ans, annonça qu'il allait rejoindre la Sainte Eglise catholique apostolique et romaine. Je crois que ce qui l'impressionna le plus fut le déjeuner qui lui fut offert le jour de sa conversion.

L'été 1955 se révéla pour moi une très heureuse période. Toutes les journées me semblaient idylliques et il y avait dans l'air une sorte de qualité prophétique que je ne parvenais pas à analyser. Un samedi après-midi, je pris ma bicyclette et, sans raison véritable, franchis les trois kilomètres qui nous séparaient de Petersfield. Je fis halte devant l'église St Lawrence, une jolie construction de brique rouge surmontée d'un dôme de cuivre vert. Je n'y étais encore jamais entré et je fus surpris par la simplicité du décor et l'absence de toute statue hideuse à la mode sulpicienne. J'en vins à me dire que si j'apercevais le prêtre de cette paroisse et lui trouvais bonne allure, je pourrais peut-être solliciter de lui une instruction religieuse. En fait, ce que je me proposais de faire, c'était de lui demander son temps et sa peine, alors que je me bornerais à examiner ce qu'il avait à vendre avant de lui dire si j'étais acheteur ou non.

D'un autre côté, si le prêtre se révélait un Irlandais de caricature ou me semblait trop étroit d'esprit, je me réservais de battre en retraite en toute hâte. Mais le père Henry Clarke, qui survint à ce moment, était grand, aimable et d'allure fort civilisée. Nous étions seuls tous deux dans l'église, et il me demanda si j'étais venu pour une confession. Je lui expliquai que j'étais un ex-anglican désireux d'obtenir une instruction religieuse. Précisant qu'il était lui-même un ex-anglican, le prêtre se montra fort cordial sans commettre d'excès de prosélytisme. J'appris ensuite qu'il avait converti le colonel d'aviation Cheshire, titulaire de la Victoria Cross. Nous convînmes de rencontres régulières dans les semaines à venir.

D'une certaine façon, j'étais troublé de voir avec quelle facilité toute chose tombait en place : tout paraissait si naturel, à part les indulgences — maintenant bien laissées de côté — et l'infaillibilité pontificale, que je commençais à soupçonner le père Clarke d'avoir omis quelque élément essentiel capable d'apparaître comme un obstacle insurmontable. Ne découvrant rien de ce jour à St Lawrence, je décidai d'aller de l'avant pour affronter le pire ; je voulais voir le catholicisme sous son jour le plus sombre et le moins sympathique. En conséquence, après m'être un peu renseigné, je pris des dispositions pour me faire recevoir quelques jours dans un couvent de trappistes, où la vie se déroulait dans le silence et l'austérité. Je suspendis pour quelque temps mes visites au père Clarke et me rendis à l'abbaye du mont Saint-Bernard, un ensemble de murs gris au milieu de terres arables, non loin de Leicester.

J'eus un pincement au cœur en approchant du portail, et je fus très déconcerté par le frère lai à barbe rouge qui surgit soudain d'une cabane en bois en faisant de grands gestes dans ma direction. Il se frappait sur l'oreille, se tirait sur le nez, en se livrant à une invraisemblable gymnastique de sourd-muet que j'étais bien en peine d'interpréter. Toutefois, je dus enregistrer l'essentiel des gestes car, lorsque je les répétai un peu plus tard, un moine se mit à rire et me précisa :

— Oh, il voulait seulement vous dire de ne pas aller dans la carrière car une explosion y était prévue.

Il fallait le savoir !

On me donna une grande chambre meublée d'un bric-à-brac victorien et dominée par un énorme crucifix. Une odeur peu plaisante régnait dans le cabinet de toilette attenant. Je me sentais perdu et prisonnier.

« L'Eglise Mère met à l'épreuve les catéchumènes », pensai-je.

Le pire restait à venir, d'abord sous la forme de haricots à la tomate et de bacon avachi sur des toasts mous et détrempés, alors que je souhaitais seulement partager le simple menu végétarien des moines. Puis à cause de certains de mes compagnons de retraite. L'un d'eux était un jeune homme à la mine grave et même sinistre qui m'arrêta dans l'escalier et me demanda sur un ton peu bienveillant :

— Vous êtes dans le cinéma, n'est-ce pas ?

— En quelque sorte, répondis-je.

— Je ne vais jamais au cinéma, siffla-t-il.

Je sentais une sorte d'hystérie monter en lui, et, soudain, il glapit :

— Et je n'irai jamais ! Jamais, tant qu'on n'en aura pas éliminé le *sexe* !

Puis, il dévala les marches, me laissant confondu et prêt à lui souhaiter le pire des sorts, ce qui n'était pas un excellent début pour une retraite monastique.

Errant dans les jardins de l'abbaye, je vis ce que je pris pour un jeune homme, en robe de bure blanche, tendre silencieusement une rose à un autre jeune homme, vêtu de façon similaire, pour la lui faire respirer. Ils se sourirent, s'inclinèrent et se séparèrent. A leur aspect, je leur donnais à peine plus de vingt ans ; je devais apprendre plus tard qu'ils avaient passé la quarantaine. L'apparence juvénile de presque tous les moines était fort trompeuse. Après que j'eus été présenté au supérieur, le premier soir, on me demanda de deviner son âge et, tenant compte de son rang et de ses fonctions, j'ajoutai quelques années à ma première estimation.

— Trente-quatre ans, hasardai-je.

— Soixante-dix ! me rétorqua-t-on avec une visible jubilation.

Avant de me mettre au lit, je contemplai dans un miroir fêlé mon propre visage, hagard, ridé et bouffi, en méditant sur les désordres de ma vie.

Bien que les cisterciens de la Stricte Observance — j'appris qu'ils ne tenaient pas beaucoup à être appelés trappistes — respectent, sauf en cas de nécessité absolue, la règle du silence, un moine fut autorisé à converser avec moi autant que je le souhaitais. Le père Robert Hodge avait été prêtre anglican à Dartmouth. Il avait la cinquantaine, une santé un peu défaillante, mais beaucoup de charme. Soulagé, je le suppose, d'être provisoirement libéré de la loi du silence, il se révéla presque bavard. La plupart du temps, c'était moi qui me taisais, sauf quand j'avais des questions à poser. Il me donna un aperçu de la personnalité des autres moines et de leur passé, m'informa fièrement que Hore-Belisha s'était fréquemment rendu en retraite au monastère et me demanda ce que je croyais être le plus difficile dans la vie monastique.

— Les autres moines, répondis-je promptement.

Il me lança un long regard inquisiteur et proféra un « oui ! » solennel. J'eus l'impression d'être le premier de la classe.

Rien n'était exigé de moi, sauf d'avoir la courtoisie d'assister à la messe du matin et aux complies. Après mon premier office vespéral, alors que je regagnais ma chambre par un corridor sombre, le supérieur m'aspergea le visage d'eau bénite. Ne sachant pas s'il fallait remercier ou ignorer la chose, je choisis la pieuse indifférence, mais, ensuite, j'eus une légère appréhension chaque fois que je rencontrais le saint homme, me demandant quelle petite farce ecclésiastique il risquait de me réserver.

Le premier matin, je fus éveillé vers quatre heures et demie par un frère lai irlandais et bavard, qui m'apportait une tasse de thé noir et sucré et un biscuit au chocolat. Il lorgnait le biscuit avec envie, mais avait sans nul doute renoncé à s'en emparer de peur de déplaire à Dieu.

Arrivant dans la vaste chapelle blanche et austère, je fus saisi par le spectacle qui m'attendait. Les grandes portes donnant sur l'extérieur étaient largement ouvertes, et l'on voyait un soleil rouge vif se lever sur la campagne environnante. La chapelle comprenait une douzaine de petits autels. Devant chacun, un moine, en surplis mais portant de grosses bottes auxquelles adhérait encore de la bouse de vache, disait sa propre messe. On n'entendait qu'un murmure général, mais toutes ces messes en étaient à des stades différents, et une sonnette retentissant pour le Sanctus à l'un des autels était suivie trente secondes plus tard par d'autres tintements. Pendant quelque cinq minutes, de petites sonnettes se firent entendre de tous côtés, tandis que le soleil, se faisant plus blanc à l'horizon, continuait de monter dans le ciel. Un impressionnant sentiment de présence divine semblait emplir la chapelle et le monde entier. Pénétré de cette beauté inattendue, je ne savais plus que faire. Il me sembla préférable de rester tout simplement là jusqu'à ce que le dernier moine eût fini de dire sa messe.

Plus tard dans la journée, le père Hodge me dit que certains moines avaient commenté — par signes, je suppose — ma dévotion après m'avoir vu assister à toutes les messes. J'aurais dû dire la vérité, à savoir que j'avais surtout redouté un petit déjeuner pénible et la compagnie des autres hôtes laïcs. Tout ce que je réussis à dire fut que je n'étais pas encore catholique.

— Le frère Untel, me dit le père Hodge comme nous parcourions un cimetière très anonyme, était un fonctionnaire des douanes. Un très saint homme, Dieu ait son âme. Le père Untel était major dans l'infanterie...

Son regard tomba sur deux moines taillant une haie, et il précisa à voix basse :

— Le frère John était encore dans la Police métropolitaine il y a un an. Et le frère Timothy, qui est noir, comme vous l'avez sans doute remarqué, vient d'Abyssinie. C'est un merveilleux fermier. Il était venu ici pour quelques semaines seulement, oh, il y a vingt ans. Je ne sais pas ce que nous ferions sans lui. Un homme *très* joyeux.

A l'angle d'un mur, nous nous heurtâmes presque à un très grand moine qui semblait extrêmement pressé.

— C'est le frère Untel. Il est chargé de la volière. Des perruches.

Un silence, puis :

— Il les déteste.

Quand, environ trois ans plus tard, je revins au mont Saint-Bernard pour une courte visite, je m'enquis des perruches, et on me répondit :

— Pauvre frère Untel ! Un jour, il s'est mis en colère et leur a tordu le cou à toutes. Il est beaucoup plus heureux depuis.

La régularité de la vie, les visages apaisés, les chants, les heures matinales et le dur labeur — car les moines vivent de leur travail —, tout cela fit une profonde impression sur moi. Il était facile de s'imaginer au milieu d'une sorte de centrale d'énergie spirituelle, ayant la possibilité de voir celle-ci en action. Si c'était là le pire que Rome eût à offrir, tout allait bien. Peut-être la pourriture, si elle existait, se cachait-elle ailleurs, plus loin, sous certaines soutanes de soie ou entre les mains très politiques de quelque éminence grise.

Lors de ma dernière journée au monastère, mon guide, mentor, informateur et nouvel ami, pour lequel je ressentais une chaleureuse affection et un grand respect, me conduisit à la bibliothèque. On n'y entendait que le bourdonnement d'une abeille et le bruit des plumes sur le papier. J'aimerais pouvoir dire que les moines écrivaient avec des roseaux taillés sur du parchemin, mais le lieu était trop moderne et trop fonctionnel pour cela. Je restai cependant à écouter, et, à côté de moi, le père Hodge semblait soudain être entré en transe.

Au bout d'un moment, il se tourna vers moi et murmura :

— Vous connaissez un acteur nommé Redgrave ?

— Très bien.

— Et il a une femme qui est née Kempson ?

Je le confirmai.

— Pourriez-vous lui transmettre un message ?

Je devais en principe voir Rachel le soir même en allant chercher Colin, qui était encore écolier, afin de l'emmener à Petersfield pour le week-end.

— Bien sûr, dis-je au père Hodge.

— Pourriez-vous lui dire, reprit celui-ci, de ne pas s'inquiéter pour son père : tout va très bien pour lui.

Jusqu'à ce moment précis, il n'avait jamais été question entre nous des Redgrave ou d'aucun autre acteur, en fait. Je me souvins alors que le père de Rachel, mort quelques années plus tôt, avait été directeur des études à Dartmouth. Le père Hodge avait donc dû bien le connaître. Quand, intrigué et un peu embarrassé, je transmis le message, Rachel dit, avec beaucoup d'émotion, que c'était là ce qu'elle avait souhaité entendre depuis longtemps. Je compris ensuite qu'elle avait beaucoup contribué à dissuader son père d'abandonner l'anglicanisme.

Le tournage du film *le Cygne* commençant, je m'envolai pour la Californie avec toute une cargaison de livres de théologie assez peu exaltants. Avant de quitter l'Angleterre, j'avais promis au père Clarke de faire tout mon possible pour assister à la messe chaque dimanche. Je ne tins pas longtemps cet engagement. Les sirènes bien terrestres de Los Angeles étaient là, et, le premier dimanche où je me rendis à la messe, y accompagnant Grace Kelly, j'entendis un horrible jeune prêtre proclamer en chaire :

— Nous sommes la seule communauté sur cette terre qui se lève tôt le matin pour adorer le Seigneur.

Si j'avais eu sous la main un tapis de prière, un fez ou même un missel anglican, je les lui aurais jetés au visage. Je fus profondément déçu et demeurai dans l'indécision sur mon avenir religieux jusqu'à mon retour en Angleterre, quatre mois plus tard.

Mais, le 24 mars 1956, le père Clarke m'admit avec tact et gentillesse dans le sein de la religion catholique à l'église de St Lawrence de Petersfield. Comme d'innombrables convertis avant moi, j'eus le sentiment d'être rentré au bercail.

Merula se montrait amicale et ravie mais se sentait probablement un peu étrangère à ce qui se passait. La journée était belle et ensoleillée. Après la cérémonie, à laquelle n'assistaient que deux ou trois amis, nous rentrâmes à Kettlebrook Meadows et je montai à l'étage pour regarder la campagne par la fenêtre. Je contemplai un long moment le merveilleux alignement des paisibles collines qui nous entourent sur trois côtés : les Hangers au nord-ouest, Butser Hill au sud et Harting Down à l'est.

Une phrase de Newman était venue, sous une forme confuse, me hanter : quelque chose à propos de cette ligne de collines représentant les parures des Anges de Dieu. Vérifiant ensuite la citation, je trouvai :

« Je dis des Anges que chaque souffle d'air, chaque rayon de lumière et de chaleur, chaque spectacle de beauté représente leurs parures, les robes ondulantes de ceux qui voient Dieu. »

Tel était mon état d'esprit ce jour-là et je me sentais profondément heureux. Maintenant, les arbres que nous avons plantés il y a trente ans sont devenus grands, bouchant la vue durant l'été. Alors, comme Roy Campbell, « j'aime à voir, quand les feuilles s'en vont, la claire anatomie arriver ». Les collines de l'hiver nourrissent ma foi. Il n'y a là rien de raisonné, seulement un sens de l'harmonie des choses. Quelque chose d'impossible à expliquer. Le père Teilhard de Chardin dit que « la partie incommunicable de nous est le pâturage de Dieu ». Je m'en tiens là.

Dans l'ensemble, la presse me laissa en paix. Toutefois, un jeune homme du *Daily Express* se présenta chez moi le vendredi saint, quelques jours après ma conversion, au moment où j'allais partir pour un office. Je l'accueillis, je crois, avec un peu d'effarement mais en tout cas avec politesse. Je lui offris un verre. Et je fus abasourdi en lisant son article, où il affirmait m'avoir trouvé appuyé à une statue de Bouddha grandeur nature et buvant un grand verre de gin. Je possède, c'est vrai, une lampe chinoise en bois sculpté d'environ un mètre de haut — le Bouddha aurait dû normalement être plus grand que cela — et je puis assurer que le verre de gin était en réalité un verre d'eau. Une seule lettre d'insultes — anonyme, évidemment — m'est parvenue et elle était écrite sur du papier à en-tête du Royal Automobile Club. Les centaines d'autres lettres, émanant de gens de diverses confessions, étaient sympathiques et émouvantes. Je me sentis toutefois irrité en lisant, dans un journal catholique français, un article affirmant que la Vierge Marie m'était apparue sur le mur de mon jardin. Pourquoi sur le mur ? me demandai-je. Si elle avait vraiment été là, pourquoi ne pas entrer par la porte ?

L'archevêque King, évêque de Portsmouth, me confirma en privé, dans le grenier de sa maison de Winchester : Peter Glenville était mon parrain de confirmation et, conformément au rituel de l'époque, il devait garder l'un de ses pieds posé sur l'un des miens. Nous réussîmes à conserver une mine grave, mais nous étions secoués en même temps par des fous rires silencieux qui devinrent incontrôlables lorsque l'archevêque se coiffa d'une étrange mitre ressemblant à s'y méprendre à ces chapeaux de papier qu'on trouve à Noël dans les pochettes-surprises. Et lorsque son chapelain, un fort élégant jeune homme, redressa la mitre en disant : « Excusez-moi, Monseigneur », Peter dut m'écraser violemment le pied pour m'empêcher de pouffer. Mais j'étais heureux.

Quelques mois plus tard, alors que je me trouvais à Ceylan pour tourner *le Pont de la Rivière Kwaï*, Merula, sans rien me dire, se convertit à son tour. Elle vint me rejoindre pour quelques semaines et nous pûmes ainsi célébrer notre premier Noël catholique ensemble, dans une petite église sous les palmiers.

Revenu à Londres, je remontais Kingsway un après-midi

lorsqu'une impulsion me fit soudain courir. La joie au cœur et dans un état d'excitation presque sexuelle, je courus ainsi jusqu'à une petite église catholique — St Anselm and St Cecilia — où je n'étais jamais entré auparavant. Je m'agenouillai, le souffle court, et m'évadai totalement du monde pendant dix minutes. En ressortant ensuite à la pleine lumière, au milieu de citoyens raisonnables vaquant à des occupations qui ne l'étaient pas moins, je me demandai ce qui m'avait pris et si je n'avais pas eu une crise de folie passagère. Je décidai que j'étais toujours à peu près sain d'esprit et que mon geste était tout d'amour. Mon ami Richard Leech, lorsque je lui racontai la chose, parut assez inquiet, pensant visiblement que mon zèle de converti était allé trop loin. Je lui rétorquai que, si une religion avait un sens, elle impliquait que l'adoration fût totale, corps et esprit confondus. Je fus encore plus rassuré en apprenant que Ronald Knox, bien connu pour sa lucidité et son équilibre, s'était lui aussi, à plusieurs reprises, retrouvé en train de courir vers un lieu de culte.

Maintenant, le temps a passé et je ne cours plus où que ce soit. Je suis dépassé dans la rue par des « joggers » de tous les âges et de tous les formats, tandis que, chez moi, la graisse s'accumule. Et cependant, quelles que soient mes défaillances et mes mauvaises habitudes, je ne me sens pas esclave, car j'ai au moins donné une part de moi-même à une chose qui brave les siècles. L'une des remarques les plus pénétrantes de Chesterton a été la suivante :

« L'Eglise est la seule chose qui préserve un homme de la dégradante servitude d'être l'enfant de son époque. »

J'espère toujours qu'avec un minuscule effort supplémentaire, je parviendrai à me refuser le morceau de beurre en trop, le troisième verre de vin, la pensée lascive, l'instant de colère, la remarque méchante. Que, de façon plus positive, j'arriverai au petit geste généreux et dépourvu d'arrière-pensée, à la prière sincère pour quelqu'un que je n'aime pas. C'est là une ambition assez pitoyable après un quart de siècle de génuflexions.

Il y a eu, certes, des moments où j'ai été tenté de m'arracher au catholicisme, mais c'étaient des moments de détresse et de rancœur personnelles qui ne duraient pas. Depuis le pontificat de Pie XII, beaucoup d'eau a coulé sous les ponts du Tibre, emportant de Rome splendeur et mystère. Je sais toutefois que l'essentiel demeure, et je trouve la messe post-conciliaire plus simple et généralement plus convaincante que l'autre. Mais la banalité et la vulgarité des traductions ayant chassé le latin et le grec sont inacceptables. Les poignées de main, les sourires ou les trémoussements embarrassés ont remplacé les signes de respect traditionnels. S'agenouiller n'est plus à la mode, et le ton généralement employé évoquerait volontiers celui d'une émission enfantine de la BBC. Les nuages d'encens se sont dispersés, entraînant avec eux bien des attitudes rigides et répressives, et nous nous retrouvons avec les messages sociaux inspirés par un progressisme dominant. Mais l'Eglise a prouvé qu'elle n'était pas moribonde, et à mon avis, tout ira bien tant que le Dieu qu'on adorera sera le Dieu de tous les temps, passés et à venir, et non l'Idole moderniste si révérée par quelques-uns de nos évêques, prêtres et religieuses en minijupe.

Quatre jours avant la mort du pape Pie XII, en 1958, Merula et moi lui avions été présentés comme des spécialistes de... la chirurgie esthétique. En effet, l'astronome pontifical, le très saint père O'Connell, de la Société de Jésus, nous avait suggéré, comme nous nous trouvions à Rome, d'aller assister à une audience donnée par le pape à un groupe de chirurgiens esthétiques dans sa résidence d'été de Castel Gandolfo. Nous nous retrouvâmes donc assis sur des chaises dorées face à Sa Sainteté, pâle et les traits tirés. A ses pieds était installé le futur pape Paul VI, qui, d'angoisse, déchirait son mouchoir chaque fois que le Saint-Père était pris des terribles crises de hoquet qui lui secouaient tout le corps.

Nous étions plus d'une douzaine attendant d'être présentés au pape, et nous nous trouvions, Merula et moi, à l'extrémité de la file, près d'un couple américain d'âge moyen. Je ne compris pas ce que le Souverain Pontife me dit — en fait, j'aurais préféré qu'il ne me dise rien du tout et regagne son lit au plus vite — mais je pense qu'il s'agissait des modifications chirurgicales du visage et non du maquillage de théâtre. En revanche, je saisis tous les mots dits par lui aux Américains.

Ceux-ci s'agenouillèrent tous deux pour baiser l'anneau de saint Pierre, et l'homme éclata en sanglots bruyants, les larmes dégoulinant le long de ses joues. Le pape lui prit la main avec des paroles apaisantes et l'Américain saisit la soutane blanche du Pontife. Sa femme se mit alors à expliquer, avec un sourire maternel, l'attitude de son mari. Elle devait appartenir à cette catégorie d'épouses incapables de laisser leur conjoint acheter lui-même ses chaussettes.

— Il est si ému, Votre Sainteté, disait-elle. C'est un tel honneur de vous rencontrer. N'est-ce pas, chéri ? Il est toujours comme cela dans les grandes occasions. N'est-ce pas, chéri ? Oh, il est très ému ! Et pensez seulement, Votre Sainteté, que nous sommes venus tout exprès du Michigan !

Le pape réprima un hoquet.

— Du Michigan ? dit-il.

— Oui, du Michigan.

— Je connais le Michigan.

Et le pape, parvenant à s'arracher à l'étreinte de l'Américain, leva la main en signe de bénédiction.

— Une bénédiction particulière pour le Michigan, dit-il.

Ce furent sans doute les derniers mots d'anglais qu'il prononça. Son entourage l'escorta hors de la salle d'audience. Son médecin personnel suivait le mouvement, nous foudroyant du regard au passage. Son œil était si soupçonneux, si malignement accusateur, que, n'eût été la présence du père O'Connell, j'eusse été capable de lui répondre par quelque geste destiné à conjurer le mauvais sort.

A Noël de l'année suivante, nous revînmes à Rome pour une semaine et reçûmes des billets pour la grand-messe pontificale que devait célébrer le pape Jean XXIII. Nous étions cinq et nos billets ne nous donnaient pas droit à des places excellentes — ce qui ne nous préoccupait pas le moins du monde. Comme il tombait des cordes, nous enfilâmes, pour nous rendre à la cérémonie, des imperméables fatigués sur de vieux vêtements. Bousculés sans cesse par des religieuses musclées, nous parvînmes finalement à nous glisser jusqu'à nos places, pour nous retrouver entourés de touristes femelles discutant à haute et intelligible voix des chaussures qu'elles venaient d'acheter Via Condotti. Je leur enjoignis péremptoirement de se taire, et un silence gêné s'établit. Jusqu'au moment où un petit majordome en chausses de satin noir surgit, et se mit à parcourir la basilique Saint-Pierre sur toute sa longueur en agitant sa baguette et criant :

— Sir Guinness ! Sir Guinness !

Quand il arriva à notre hauteur, nous nous fîmes tout petits dans nos imperméables, mais il me repéra — ou tout au moins identifia mon visage comme anglais et toujours bon à prendre.

— Venir, s'il vous plaît ! hurla-t-il, triomphant.

Je fis un signe négatif de la tête. Il parut se fâcher et se remit à agiter sa baguette de plus belle.

— Venir, s'il vous plaît !

En chuchotant, je le prévins que nous étions cinq et tentai de lui montrer que notre tenue vestimentaire n'était guère appropriée. Mais il n'y eut pas moyen de vaincre son obstination, aussi, en nous excusant dûment auprès des acheteuses d'escarpins, nous nous résignâmes à le suivre. Faisant résonner sa baguette, il nous conduisit vers le maître-autel et nous fit asseoir dans les grands fauteuils de velours rouge habituellement réservés aux princes du sang. Dieu sait pour qui il nous prenait.

Le père Phillip Caraman, notre hôte à Rome, était un peu nerveux car sa vêture le faisait ressembler à quelque prêtre miteux sorti d'un presbytère anglais particulièrement sordide. Sous les applaudissements, le pape apparut dans sa sedia gestatoria, son bonnet de velours rouge tiré jusqu'aux oreilles, paraissant tout petit et tout rond, la mine grave et un peu tendue. Dès que l'office commença, il se mit à multiplier les petites erreurs, et l'on dut venir fréquemment à son secours. C'était la première messe de Noël vernaculaire à Saint-Pierre, et j'eus l'impression que les répons faisaient perdre pied au Souverain Pontife. Nous étions à moins de cinq mètres de lui, et, Dieu merci, il ne regarda pas une seule fois dans notre direction : il eût pu penser, à notre allure, que quelque horrible révolution s'était produite durant la nuit.

Quand tout sembla être fini, le majordome réapparut et nous remit en transe en hurlant « Sir Guinness ! » avant de nous faire traverser toute la basilique derrière la chaise du pape, qui oscillait dangereusement devant nous. On nous amena sur le toit pour assister à la bénédiction pontificale, durant laquelle le père Caraman nous obligea à nous agenouiller dans une gouttière pleine d'eau.

Le grand monastère bénédictin de Subiaco — la patrie de Gina Lollobrigida — se trouve perché en haut d'une colline, à une cinquantaine de kilomètres à l'est de Rome. Je m'y rendis pour une retraite de quatre jours et fus logé dans la chambre du pape, une vaste pièce aux murs blanchis à la chaux, avec des rideaux de brocart rouge poussiéreux, un étroit lit de cuivre et une douzaine de chaises à haut dossier rangées, à la mode italienne, contre les murs.

Le supérieur, un homme courtois et cultivé d'une cinquantaine d'années, aimant la vie et se montrant fort tolérant envers ses quelques visiteurs, m'emmenait chaque matin monter plus haut encore, en compagnie d'un peintre américain pour le moins bavard, afin d'entendre la messe dans une petite chapelle où se rendait saint François d'Assise. Cette chapelle avait été construite à l'emplacement de l'ermitage de Saint-Benoît.

Ces matins-là, frais et lumineux, semblaient magiques : d'un côté, des pentes montagneuses abruptes, nimbées de bleu, et de l'autre, de douces collines vert et or.

Le supérieur me demanda ce que je pensais de la statue en marbre blanc de saint Benoît érigée dans la chapelle, et je fus bien obligé de lui dire que je la trouvais mièvre et efféminée.

— Oh, fit-il, l'intention n'était pas de faire le portrait physique du saint, mais celui de son âme.

Flagorneur, le peintre approuva vigoureusement de la tête.

— Bien, dis-je. S'il avait eu cette âme-là, je ne pense pas qu'il serait monté jusqu'ici : il aurait eu des vapeurs en chemin. Je préférerais voir à la place de cette statue quelque chose comme le David du Bernin lançant de toutes ses forces une pierre à l'intrus.

Puis, immédiatement, je présentai mes excuses. Le supérieur éclata de rire, et le peintre prit un air choqué.

A l'entrée du monastère se trouvait une fresque criblée de balles. Elle représentait Jacques III, prétendant au trône d'Angleterre.

— Un jour, dit le supérieur, nous la ferons réparer. Lorsque les Allemands ont envahi le monastère, ils ont pensé qu'il avait vraiment été roi d'Angleterre et ils ont tiré sur la fresque au pistolet mitrailleur. Ah, la guerre !

Le matin de mon départ, trouvant convenable une petite participation financière pour mon séjour mais étant un peu à court de lires, je mis l'équivalent d'une trentaine de livres dans une enveloppe et fis porter celle-ci au supérieur. Dix minutes plus tard, il frappait à ma porte, radieux, pour me dire :

— Restez donc à déjeuner. Nous allons faire une petite fête grâce à votre généreuse obole.

Il dépêcha immédiatement à Subiaco un frère lai qui revint avec de pleins paniers de poissons locaux. Cela ressemblait à la pêche miraculeuse jouée à l'envers.

Pendant le déjeuner, j'eus droit à de multiples sourires reconnaissants tandis que nous dépecions les poissons les plus malodorants, les plus infects et les plus solidement pourvus en arêtes qu'il m'ait jamais été donné de manger. Les moines semblaient se délecter, à l'exception d'une demi-douzaine d'entre eux qui n'étaient pas italiens...

Lorsque je quittai le monastère, je trouvai devant les portes deux ou trois journalistes et toute une petite troupe de « paparazzi », avec appareils photographiques et scooters. Outré, le supérieur tenta de les chasser, puis, apercevant la Cadillac et le robuste chauffeur qui m'attendaient, il me dit :

— Vous ne devriez pas avoir trop de mal à vous en débarrasser.

Il esquissa une bénédiction dans ma direction et retourna s'enfermer dans son château fort. Les reporters se ruèrent alors sur moi, tandis que les photographes opéraient.

— Connaissez-vous Gina Lollobrigida ?

— Je l'ai rencontrée.

— Qui préférez-vous, Gina ou Sophia Loren ?

— Impossible à dire.

— Qui a les plus gros seins, Gina ou Sophia ?

Cette question avec des gestes significatifs. Réponse :

— Je ne me suis pas posé la question.

— Quelles pénitences vous a-t-on infligées au monastère pour vos horribles péchés ?

— De manger du poisson de Subiaco.

— Vous n'aimez pas Subiaco ? Vous détestez Subiaco ?

— Non, non. J'aime Subiaco, mais je n'aime pas le poisson qu'on y trouve.

— Pourquoi vous a-t-on obligé à manger ce poisson ?

Il n'y avait pas de doute à avoir : j'étais bien de retour dans ce que nos contemporains appellent avec gourmandise « le monde réel ».

— Excusez-moi, dis-je, je crois que je vais être malade.

Sur quoi, je simulai une violente nausée et me précipitai dans la voiture. Et le chauffeur fonça sur Rome avec un aimable mépris pour les feux rouges.

Mon amie Bridget Boland, qui vivait à Rome depuis plusieurs années, m'avait prêté pour un mois son délicieux petit appartement de la Torre del Grillo, qui dominait le Forum de Trajan. Transpirant encore de ma route infernale, je pénétrai dans l'obscure fraîcheur du salon dallé de blanc, de bleu et de jaune, et j'ouvris volets et portes-fenêtres. Immédiatement, l'air brûlant de cette fin d'après-midi envahit tout l'appartement. J'allai sur la terrasse, où les précieuses plantes en pot de Bridget se languissaient, assoiffées, et contemplai pensivement la vue. D'où j'étais, on ne pouvait voir le Forum Romanum ni, heureusement, le monument de Victor-Emmanuel, mais, juste au-dessous, des colonnes brisées, des murs de brique rouge éventrés par les fouilles, des fragments de dalles et quelques chats errants. Un ouvrier, coiffé d'un bicorne en papier journal, mélangeait du ciment sur une planche.

Ecartant toute réflexion oiseuse sur la Rome impériale et son évolution au fil des siècles, j'allai chercher de l'eau pour les plantes anémiées de Bridget. Bien sûr, elle déborda, aspergeant le sol de la terrasse avant d'aller dégouliner plus bas. L'ouvrier poussa un hurlement. Je me penchai et fis des signes d'excuse, qu'il accueillit avec un sourire radieux, déployant son chapeau de papier qu'il tint au-dessus de sa tête comme un parapluie imaginaire.

César est mort, comme Léonard de Vinci et les papes de la grande époque, comme Garibaldi et Mussolini, mais le charme chaleureux du paysan et de l'ouvrier italiens demeure, résolument. De même, les petites plantes que je venais d'arroser allaient peut-être survivre. J'étais heureux et apaisé, et la peur de la mort était loin de moi.

« Oh, que vous avez de la chance d'être catholique ! » me dit-on parfois, comme si mon investissement rapportait de solides dividendes. Certes, mais nos constantes défaillances sont pénibles, quand elles ne sont pas simplement risibles et monotones.

Il y a quelques années, un mercredi des Cendres, comme j'attendais au milieu d'une file de fidèles qu'on m'apposât les cendres sur le front, un petit garçon d'environ sept ans se trouvait juste devant moi. En avant encore, un homme de plus de quatre-vingts ans. Derrière moi, une jolie jeune femme. Chacun d'entre nous allait entendre la formule :

« Tu es poussière, et tu retourneras à la poussière. »

César, le pape, le petit garçon, nos amis et nous-mêmes sommes tous destinés à être balayés. Je ne vois pas là de quoi récriminer. D'autres, venant après nous, aimeront beaucoup de ce que nous avons aimé, et bien d'autres choses encore. Pâques suit toujours la Passion.

La longue sagesse et la grande compassion de la Sainte Eglise catholique apostolique et romaine peuvent fort bien répondre aux aspirations maladroites et naïves d'un adolescent britannique. Elle a des textes à lire à haute voix, des images à montrer, des consolations à offrir, une force à communiquer et, à toute époque, de merveilleux personnages à proposer à l'admiration du monde. Pas beaucoup, peut-être, dans la sphère des puissants, mais des milliers aux postes modestes de la vie. Et, ces dernières années, quand elle fut prompte à reconnaître ses faiblesses humaines, ce sont ceux-là qu'on a retrouvés occupant le fauteuil de saint Pierre.

Ce que je crains avant tout, c'est que ma religion personnelle soit plus théorique que réaliste. Mais je puis dire, avec Margaret Fuller, la transcendantaliste du siècle dernier : « J'accepte l'univers », et avec Carlyle lui donnant la réplique : « Tant mieux pour elle. »

V

CHÈRE MARTITA...

Née en Argentine en 1901, Martita Hunt vint très jeune en Angleterre et fut expédiée dans une école à Eastbourne. Deux choses l'horrifièrent aussitôt : le climat anglais et le goût des pommes, que son père lui avait présentées comme les meilleurs fruits du monde. Elle passa le reste de sa vie à éviter les pommes et à s'enfuir en France à la moindre occasion. Les premières années de sa carrière d'actrice furent englouties dans des rôles assez tristes et médiocres — sauf lorsqu'elle joua à l'Old Vic avec John Gielgud — mais un jour vint où, après des vacances à Paris et sur la Côte d'Azur, elle décida de changer de style. Elle passa des imperméables en forme de sac et des souliers plats aux sandales dorées à hauts talons, aux bas de soie arachnéenne — elle avait des jambes longues, minces et élégantes — et à une garde-robe très parisienne. Elle prit également goût aux mets rares et aux grands crus. Lorsque je fis sa connaissance, à la fin de 1933, elle habitait un élégant petit appartement à Knightsbridge et fréquentait assidûment le restaurant Prunier de St James Street — qui n'était pas encore à la portée de ma bourse.

Elle était devenue quelqu'un sur qui on se retournait, et elle fut la première femme que j'aie rencontrée à porter des pantalons de soie et à se peindre les ongles de pieds. Elle travaillait surtout, à l'époque, dans les théâtres du West End, où elle jouait des princesses et duchesses excentriques, avec quelques intermèdes cinématographiques. Elle me dit un jour, sur un ton de dédain :

— Ce n'est pas la peine qu'on essaie de me faire jouer une femme du peuple...

Et pourtant, l'une de ses interprétations les plus remarquables fut celle d'une paysanne belge dans le film consacré à Edith Cavell.

En 1933, travaillant comme petit employé dans une agence de publicité au salaire de trente shillings (1) par semaine mais résolu à faire du théâtre par tous les moyens, je sollicitai une audition à l'Académie royale d'Art dramatique. J'espérais y décrocher la bourse Leverhulme, qui m'eût assuré deux années de cours gratuits et quelque cinq livres par semaine. Folle ambition d'un jeune homme ignorant.

Je payai donc un droit d'une livre pour l'audition et l'on me remit une liste d'extraits de pièces à apprendre. Il y avait là des passages de *Henry V*, des *Trois sœurs* et de *Sainte Jeanne,* sans compter un texte laissé à mon propre choix. L'audition devait avoir lieu en janvier, quatre mois plus tard, et il m'apparut soudain, dès que j'eus la liste en main, que je n'avais pas la moindre idée de la façon dont je devais travailler.

Une autre idée folle me vint : peut-être John Gielgud pourrait-il me prendre en main ou, au moins, me conseiller. Il habitait alors un appartement dans St Martin's Lane. Je dénichai son numéro de téléphone et eus le front de l'appeler. Il va sans dire que nous ne nous connaissions nullement. Il fut fort aimable au téléphone mais me dit seulement :

— Vous pourriez essayer Martita Hunt. Elle ne déteste pas l'argent.

Trompé par mon nom, John avait dû penser que j'étais riche. Et, quand j'appelai Martita, elle dut avoir la même impression, à en juger par son ton de grande considération. Lorsque j'arrivai chez elle le lendemain soir, maigre jeune homme de vingt ans dans mon complet usé, elle fut visiblement effarée et déçue. J'avais ciré mes souliers, nettoyé mes ongles, brossé mes cheveux ternes et soigné mon nœud de cravate, mais tout en moi indiquait le dénuement.

L'appartement de Martita était assiégé par une série de dames diverses, universellement appelées « Chérie » : une manucure française — également chargée de la peinture des ongles de

(1) Une livre et demie. (NDT)

pieds —, une couturière française, préposée aux ourlets, une femme de chambre française et une personne très anglaise, connue sous le nom de Watty, qui se consacrait aux lavements.

Le soir où je débarquai, la porte me fut ouverte par une soubrette aux cheveux noirs qui m'expliqua que « Mis' 'Unt était dans son bain ». La porte de la salle de bains était entrouverte et la vapeur et les parfums exotiques envahissaient l'appartement.

— Excusez-moi, cher Mr Guinness, fit Martita d'un ton quelque peu minaudant, je suis dans mon bain. Je pense que vous êtes peut-être un peu en avance.

Je l'étais ; je le suis toujours. Il y eut un bruit semblant indiquer que la maîtresse de maison venait de se noyer, suivi de :

— Allez au salon et soyez assez gentil pour nous préparer des dry martinis.

Epouvanté, je n'avais plus qu'un désir : rentrer sous la somptueuse moquette gris pâle. Garçon fruste, je savais à peine qu'un dry martini devait se composer de gin et de vermouth et quant au dosage...

Pénétrant timidement au salon, je regardai autour de moi avec une inquiétude à laquelle venait se mêler un certain plaisir esthétique. La pièce était petite mais très élégante, avec des rideaux Regency rayés, un divan recouvert de soie jaune, un ravissant bureau Louis XV, une toile de Sickert au-dessus de la cheminée ; des vases emplis de fleurs exotiques, un énorme phonographe et, horreur des horreurs, un bahut transformé en bar. Là, des bouteilles de vermouth, de gin, de sherry et de whisky, de superbes verres de cristal et un pichet empli de glace. La bouteille de gin, en particulier, attira mon attention : elle était vide. « Impossible de faire de cocktails sans gin », songeai-je en m'éloignant du bahut-bar autant qu'il était possible. Les bruits d'eau cessèrent dans la salle de bains et j'entendis Martita lancer un « Bonsoir, chérie », tandis que la porte d'entrée se refermait. Puis, un moment après, Martita fit son entrée.

Elle était grande, mince, et portait une blouse de soie rayée de bleu et de blanc, un pantalon de soie bleu roi, coupé comme un pantalon de marin, et des sandales dorées. Les ongles de ses orteils étaient écarlates. Elle entra dans la pièce le bras tendu, tout sourire dehors : une superbe entrée d'acte I. Alors, elle me vit et le rideau redescendit presque. La lueur qui brillait dans ses yeux en amande s'éteignit, le bras tendu retomba.

— Vous n'êtes pas exactement un athlète, dit-elle.

— Non. J'en suis désolé. Mais c'est un acteur que je voudrais être.

— Où sont les martinis ?

— Il n'y a pas de gin.

— J'ai besoin d'un verre. Whisky.

Elle s'assit et, d'une main diaphane et tremblante, prit une cigarette dans une boîte de cristal tandis que j'affrontais mentalement le problème du whisky. Un centimètre ? Deux centimètres ?

— Je ne vois pas de soda, fis-je pour gagner du temps.

— Sec ! dit-elle. Seigneur, j'en ai besoin.

Elle me regarda de la tête aux pieds d'un air soupçonneux.

— J'espère que vos souliers sont propres.

Je les regardai ; ils étaient usés mais bien cirés.

— Non, fit-elle, montrez-moi les semelles.

A cloche-pied, je m'exécutai, terrifié à la pensée de ce que je pourrais ainsi révéler. Cela devait aller, car elle parut rassurée.

Je sus ensuite que Martita mettait toujours des serpillières sur sa moquette, de peur de voir celle-ci souillée par des êtres inférieurs, sauf lorsqu'elle attendait des visiteurs importants. Elle m'avait pris pour un visiteur important et, voyant à qui elle avait affaire, elle ruminait d'amers regrets.

Je lui tendis un grand verre à demi plein de whisky, et elle m'invita à m'asseoir. Je me penchai timidement sur l'extrême bord d'une chaise géorgienne. Plus tard, je devais apprendre que chaque fois qu'un visiteur, important ou non, prenait congé, Martita ou « Chérie » nettoyait avec un produit spécial l'endroit où il s'était assis.

Je lui fis part de mon intention de briguer la bourse Leverhulme, et elle me demanda de lui lire quelque chose. J'ouvris le programme qu'on m'avait remis à l'Académie royale et commençai : « O, Muse du Feu... »

Martita enfouit son visage dans ses mains et murmura :

— Seigneur !

« Pense, quand nous parlons de chevaux, que tu les vois... »

— Je ne vois rien. Rien ! Mon garçon, je ne vois rien.

Elle se leva brusquement et, saisissant ma lèvre supérieure, entreprit de me traîner ainsi à l'autre bout de la pièce. Ma lèvre glissa de ses doigts et resta un instant ou deux flasque et pendante avant de recouvrer sa position première.

— Mou ! lança-t-elle avec mépris. Pas de muscles. Si vous voulez être acteur, vous devez avoir des muscles dans votre lèvre. Comme moi !

Elle grimaça, découvrant les dents et tordant le nez de façon assez peu séduisante. Je dus reconnaître qu'elle avait des muscles, beaucoup de muscles, et lui demandai si elle accepterait de me faire travailler en vue de mon audition. Elle vida son verre et me regarda.

— Vous travaillez dans un bureau, dit-elle. Combien gagnez-vous ?

— Trente shillings par semaine.

— Vous avez des ressources personnelles ?

— Environ vingt-sept shillings par semaine, mais cela ne durera plus très longtemps.

Elle expira un peu de fumée, soupira, contempla ses ongles et dit enfin :

— Je vais vous donner dix leçons d'une heure, à une livre pièce. Une leçon par semaine. Nous commençons demain. Et maintenant, il faut que vous partiez ; j'attends quelqu'un d'important.

Elle m'indiqua la porte. Cette fois, pas de « Chérie » pour me raccompagner. J'empruntai les dix livres à l'un de mes anciens professeurs, que je parvins à rembourser deux ans plus tard.

Ai-je dénigré Martita ? Je ne le crois pas : ma description est exactement conforme à mon souvenir. L'ai-je fait apparaître comme une virago ? Bien que n'ayant que treize ans de plus que moi, elle pouvait passer pour telle, avec sa langue acérée et son tempérament sud-américain explosif. Avec le temps, je devais apprendre à l'aimer et à apprécier son robuste sens de l'amitié, sa chaleur et son extravagante générosité. Il y eut des occasions où je fus sidéré par ses attentions et sa faculté de sacrifier son confort personnel, surtout durant les années de la guerre, au bonheur d'un jeune couple marié.

Pendant les quatre ou cinq premières leçons, qui avaient toujours lieu dans la soirée, après mes heures de bureau, elle tenta de m'enseigner à placer ma voix, domaine où, à mon avis, elle n'était pas particulièrement experte. Mais, lorsque nous nous attaquâmes aux textes proprement dits, elle se trouva beaucoup plus à l'aise. Elle me débarrassa rapidement de mes tics d'amateur et m'apprit à penser en acteur au texte que j'avais à dire. Il est très rare que je m'appuie sur une règle absolue, mais il en est une, enseignée par Martita à cette époque, que j'ai conservée en moi. Elle m'avait appris que, sauf raison contraire impérative, le verbe, élément dynamique de la phrase, doit prendre la première place dans la diction, que le substantif doit venir en second, qu'on doit laisser des adjectifs et les adverbes se débrouiller comme ils le peuvent, et que les pronoms personnels ne doivent jamais être mis en relief.

Plus important, peut-être, Martita sut éveiller en moi, par sa personnalité et par sa conversation, des intérêts artistiques et l'aspiration à un monde plus raffiné que celui que j'avais trouvé jusque-là avec des professeurs et des publicitaires. Elle savait parler littérature et se révélait un très fin critique dramatique. Plus tard, j'ai toujours trouvé à la fois instructif et stimulant pour l'esprit d'aller au théâtre avec elle, bien qu'on dût faire la part de ses préjugés à l'encontre de certaines actrices. Un jour où j'avais exprimé mon admiration pour Diana Wynyard, elle laissa simplement tomber :

— Un bon vieux pain anglais. Sans aucune croûte.

Elle devait reconnaître le talent d'Edith Evans, que j'idolâtrais, mais disait quand même :

— Elle a des jambes de fille de ferme.

Ce qui n'était pas l'exacte vérité.

Ma sixième leçon avec Martita devait avoir lieu un dimanche matin. Quand j'arrivai, je trouvai la porte de l'appartement entrebâillée. Elle était au lit, parlant au téléphone.

— Est-ce vous, Mr Guinness ? lança-t-elle. Non, chérie, je parle à quelqu'un qui vient d'arriver. Ne quitte pas. Entrez, Mr Guinness.

Elle était assise dans son lit, un foulard rose noué autour de la tête, le téléphone en main. Elle me foudroya du regard et m'indiqua une petite table.

— Votre argent est là, mon cher, dit-elle. Vos dix livres au complet. Soyez gentil, prenez-le et partez. Je ne puis rien vous apprendre. Essayez une petite troupe d'amateurs. Restez dans la publicité. Mais oubliez le théâtre professionnel.

Abasourdi, je me laissai tomber sur le lit.

— Chérie, dit-elle à sa correspondante, je te rappelle dans cinq minutes. Un problème.

Elle raccrocha et nous nous regardâmes fixement.

— Je ne peux oublier le théâtre, dis-je. Et je veux que vous continuiez à me donner des leçons.

— Vous perdez votre temps et le mien. Sans parler de votre argent.

— Cela m'est égal, répondis-je.

Elle prit une cigarette, l'alluma, éteignit son allumette de façon très étudiée.

— Très bien, dit-elle enfin. Mais pas aujourd'hui, mon cher ami ; je n'en ai ni l'énergie ni le courage. Cette pauvre vieille enveloppe charnelle a besoin de paix et de repos. Revenez demain soir.

Comme je quittais sa chambre, furieux et perplexe, je l'entendis composer frénétiquement un numéro sur le cadran du téléphone.

Finalement, Martita fit mieux que de tenir parole. Les dix leçons terminées, elle proposa de continuer quelques semaines encore. Et, quand je lui dis que je n'avais pas assez d'argent, elle me répondit que cela n'avait aucune importance car les leçons seraient gratuites. Elle semblait voir enfin une lueur d'espoir pour moi.

Le jour prévu pour l'audition, j'obtins vingt-quatre heures de congé de mon agence de publicité — ce qui n'était guère facile en ce temps-là — et me rendis à l'Académie royale d'art dramatique dans un état d'extrême nervosité. Je fus accueilli à l'entrée par une dame arborant une robe verte et d'immenses boucles d'oreilles.

— Vous devez être Mr Guinness, dit-elle. J'ai tenté de vous joindre, car, finalement, la bourse Leverhulme ne sera pas attribuée cette année. C'est encore heureux que vous ne soyez pas venu du fin fond de l'Ecosse pour cela. Désolée.

Je rebroussai chemin, en proie à un total désespoir. Mes amis, à l'agence de publicité, s'étaient montrés très gentils apparemment, mais je savais que, derrière mon dos, ils se gaussaient de mes ambitions. L'idée de les affronter le lendemain était insupportable et, en descendant Gower Street, j'envisageais tout simplement de ne plus jamais me représenter au bureau.

Je tournai dans une rue adjacente et me trouvai nez à nez avec une jeune femme que j'étais sûr de connaître. Elle me dépassa, puis se retourna. Elle et moi nous étions connus à l'âge de quatorze ans dans un hôtel d'Eastbourne. La fillette séduisante et astucieuse qu'elle était déjà s'était muée en une élégante jeune femme, mariée de fraîche date.

Je lui racontai ma lamentable mésaventure et elle compatit. Elle, au moins, croyait en moi. A Eastbourne, je l'avais entraînée, avec ses deux sœurs, à jouer des petites pièces de ma composition, qui avaient été l'occasion de multiples fous rires et que nous imposions à tout pensionnaire de l'hôtel volontaire pour nous supporter vingt minutes. Il avait été convenu entre nous, à l'époque, que je devais devenir comédien.

Brusquement, elle regarda sa montre et me dit :

— Tu ferais mieux d'aller en vitesse à Baker Street. Il se trouve que je sais, par un ami, qu'on donne des auditions au Studio Fay Compton d'art dramatique cet après-midi et ce soir. Et ils accordent une bourse, eux aussi...

Elle me donna l'adresse et, prenant à peine le temps de la remercier et de lui dire au revoir, je me précipitai. J'arrivai après le début des auditions et fus le dernier de la vingtaine de candidats à passer. Je ressortis les textes préparés pour l'Académie royale et, pour faire bonne mesure, me lançai dans une imitation de George Arliss jouant Disraeli.

Après un bref interrogatoire par les cinq jurés — dont l'un, Mollie Hartley-Milburn, devait devenir une très grande amie — je me vis attribuer le prix : deux années de cours gratuits, mais pas d'argent. Je téléphonai à Martita, qui m'invita immédiatement à venir prendre un verre de vin chez elle, et à tous les gens que je connaissais.

A ce que je crus comprendre, Martita n'était pas enthousiasmée outre mesure par Fay Compton, bien que n'ayant rien à reprocher à sa parfaite diction ou à sa démarche merveilleusement contrôlée, mais elle était, de toute évidence, satisfaite de voir que son enseignement avait porté quelques fruits. De ce soir-là, Martita et moi devînmes amis, nos relations s'étant brusquement portées à un niveau différent. Le lendemain, au bureau, je pus tenir la tête haute en recevant des félicitations étonnées et je donnai mon préavis.

Comment allais-je dorénavant gagner ma vie ? C'était une autre affaire. Mais, comme l'illustre Mr Micawber, je pensais que je m'en tirerais.

Le Studio Fay Compton se présentait sous la forme d'une salle un peu miteuse, avec une scène à l'extrémité, encadrée de vestiaires et de bureaux. La matinée était dévolue aux cours de diction, suivis d'exercices de claquettes et d'escrime, et de répétitions de scènes de comédie musicale. L'après-midi était consacré à Shakespeare, à la comédie moderne et, parfois, à d'étranges reproductions de chœurs antiques.

Shakespeare appartenait à Charles Hickman, tout frais sorti de l'Old Vic, et alors marié à Mollie Milburn, qui, responsable du théâtre moderne, sut m'encourager énormément. Diana King, Richard Hearn et bien d'autres me nourrirent presque quotidiennement de sandwiches et de fruits lorsqu'ils s'avisèrent de la situation dans laquelle je me trouvais. Le plus remarquable de mes condisciples à l'époque fut John Le Mesurier, dont le talent comique était déjà évident.

Je tenais Martita informée de mes progrès et, parfois, elle me conviait à un petit repas fin. Sitôt après la saison de l'été 1934, ma petite rente personnelle cessa de m'être versée et je me retrouvai incapable de payer le loyer de dix shillings par semaine exigé pour ma petite chambre sordide. J'allais devoir quitter le Studio et trouver du travail le plus vite possible. J'eus cette chance.

Lorsque j'obtins mes premiers rôles professionnels, Martita continua à s'intéresser à moi mais décida que j'étais allé trop vite en besogne. Elle ne me passait rien, critiquait toutes mes fautes et, d'une façon générale, désapprouvait ma légèreté.

— Faites attention à vos fréquentations, me dit-elle un jour, d'un ton assez sinistre.

Mais, précisément, fait-on attention à cela quand on est jeune ? On se précipite simplement vers ce qui paraît sympathique et vers ceux qui parlent le même langage. D'un air un peu offusqué, je dis à Martita que j'étais assez grand pour savoir ce que je faisais, mais son avertissement était peut-être justifié. Il est d'ailleurs à remarquer que les jeunes acteurs d'aujourd'hui me semblent d'une façon générale plus agréables que nous ne l'étions il y a cinquante ans.

A la fin de l'été 1939, me trouvant provisoirement sans travail, je fis une adaptation des *Grandes Espérances*, que je montrai, sans intention bien précise, à George et à Sophie Devine. Il se projetait, à la déclaration de guerre, de former une petite compagnie théâtrale avec George, Martita, Marius Goring, Vera Poliakoff et un ou deux autres. Aucun d'entre nous n'avait d'argent — sauf Marius, qui pouvait avancer 50 livres — mais, grâce à la générosité d'Edith Evans, nous réunîmes plus de 700 livres, ce qui fut considéré comme suffisant pour lancer l'affaire. A ma réelle surprise, George et les autres décidèrent que mon adaptation conviendrait comme première pièce au répertoire de la nouvelle troupe. Elle devait être suivie, si tout marchait bien, d'un *Roi Jean* et d'une comédie de Molière. Martita devait jouer Miss Havisham, rôle presque sur mesure pour elle, et Marius devait être Pip, George assurant la mise en scène.

Le « black-out » régnait à Londres. Après avoir répété dans des arrière-salles de pub, nous jouâmes pendant six semaines au Rudolf Steiner Hall, qui nous convenait parfaitement après camouflage de ses attributs scientifiques.

Le Shaftsbury Theatre, que nous visions ensuite, fut bombardé, et, en dépit d'un honnête succès dû à un superbe article de James Agate, nous nous retrouvâmes au bout du rouleau — cela sans même parler des décors, qui coûtaient deux fois plus cher que prévu.

Il se trouva toutefois que David Lean et Ronald Neame, voyant la pièce, prirent la décision d'en faire un film dès que la guerre serait finie. Ils prirent Martita dans son rôle de Miss Havisham et moi dans celui d'Herbert Pocket. Mais cela, nous ne pouvions évidemment le savoir en 1939, et l'avenir, alors, nous paraissait sombre.

Vers le milieu des années trente, Martita avait quitté son appartement de Knightsbridge pour un autre, plus grand et encore plus élégant, dans Wimpole Street. Pendant la guerre, elle continua à y recevoir somptueusement, grâce au marché noir. Beurre, œufs, selles d'agneau et fromages français ne semblaient lui poser aucun problème.

— Je connais un petit homme, mon chéri, disait-elle d'un air très naturel.

Ou encore :

— George, le chauffeur de taxi, est très gentil avec moi.

Elle avait toute une troupe de chauffeurs de taxi à sa dévotion. Il m'est arrivé depuis d'en rencontrer de temps à autre, et ils continuent à parler d'elle avec la plus grande affection, tout en écorchant généralement son nom :

— Marsha Hunt ? C'était une grande dame. Connaissait les chevaux, aussi.

Au début de la guerre, on continuait à servir de grands vins de France à Upper Wimpole Street, mais le temps passant, ils furent remplacés par du vin d'Algérie, et, les bombes pleuvant de plus belle, par du gin coupé d'eau. En revanche, les « omelettes fines herbes » ne firent jamais défaut.

Souvent, quand j'étais dans la Marine, traversant Londres pour reprendre un train à destination de Glasgow ou de Newcastle, je faisais une halte d'une heure ou deux chez elle. Après quoi, elle convoquait George, Harry ou Les pour me conduire à la gare et m'y accompagnait elle-même, considérant qu'il était de son devoir patriotique de soutenir les forces armées du plus près possible. Chaque fois, elle me glissait au dernier moment un petit colis qu'elle avait préparé, et où je découvrais, en l'ouvrant dans le train, une demi-bouteille de champagne, une pêche et quelques sandwiches au saumon fumé.

Matthew n'avait que quelques mois lorsque Merula et lui purent venir me rejoindre pour un court moment. Martita insista pour que nous passions tous trois une nuit chez elle. Ce fut la première et la seule fois où l'on put voir des langes suspendus dans la cuisine de l'élégant appartement, et un bébé se traînant sur la moquette. Toutefois, des précautions avaient été prises : il y avait des serpillières disposées partout. Martita dut passer une nuit épouvantable, entre les vagissements des sirènes d'alerte et ceux du bébé, mais elle prit tout cela avec bonne humeur. Durant toutes les années que je passai sous les drapeaux, elle m'expédia régulièrement de courtes lettres pleines d'affection, de son écriture anguleuse et presque illisible. A sa mort, je fus très ému de constater qu'elle avait conservé, dans le bureau Louis XV, toutes mes réponses.

J'étais encore en uniforme mais sur le point d'être démobilisé, quand je fis un bout d'essai pour le film tiré par David Lean des *Grandes Espérances*. Ayant décroché le rôle, je fis un autre essai, pour le maquillage et les costumes, aux studios de Denham, et David m'invita à visionner avec lui les « rushes » de la veille. Il s'agissait de la scène où Miss Havisham montre à la jeune Estella son vieux gâteau de mariage, couvert de toiles d'araignée et mangé par les souris. Elle me fascina, mais quelque chose dans le jeu de Martita me troublait obscurément.

— Eh bien ? fit David, radieux, en se tournant vers moi.

— C'est merveilleux, murmurai-je, mais je ne savais pas que vous aviez remis la bande sonore après coup.

— Quoi donc ? C'est parfaitement synchro !

N'ayant aucune expérience du cinéma et ne tenant pas à passer pour un imbécile, je me bornai à dire :

— C'est simplement que je n'ai pas vu la bouche de Martita bouger quand elle parlait. On aurait dit qu'elle avait la lèvre supérieure paralysée.

David pensa de toute évidence que j'étais tombé sur la tête. Puis l'explication vint : une semaine ou deux auparavant, quand j'avais dit à Martita que j'allais jouer Herbert Pocket, elle avait proclamé :

— Mon chéri, j'ai enfin trouvé le secret pour jouer à l'écran : c'est de ne *jamais* bouger la lèvre supérieure.

A quoi bon les fameux muscles ? avais-je pensé. C'était évidemment absurde, mais typique de Martita, toujours prête à s'accrocher à quelque théorie nouvelle sur la respiration, la diction, la méditation, la façon de se brosser les dents ou le sens même de la vie. Un jour, je l'avais trouvée au bord des larmes, l'énorme volume des *Mathématiques pour tous* ouvert sur les genoux :

— Chéri, je voulais apprendre à calculer douze pour cent et maintenant je suis perdue dans les logarithmes.

En 1951, nous achetâmes, ma femme et moi, un terrain de quatre hectares près de Petersfield, dans le Hampshire, et nous y fîmes construire une petite maison que nous comptions utiliser pour les week-ends mais qui devint finalement notre résidence principale. L'une des premières personnes que nous y invitâmes fut Martita, bien que Merula eût dit que la perspective de lui préparer ses repas la terrifiait d'avance. Je répondis que la solution était de demander à Martita de faire elle-même la cuisine, ce qu'elle avait toujours adoré. En conséquence, nous achetâmes un superbe poulet et tout ce que nous pensions nécessaire pour le préparer.

Une Rolls Royce — prêtée par un ami, chauffeur compris — arriva devant notre porte et Martita en descendit, en manteau de léopard et chapeau époustouflant, entourée de valises en cuir blanc et d'une multitude de petits paquets contenant des objets de luxe tout à fait au-dessus de ses moyens.

Je lui expliquai que la maison était petite et modeste, mais qu'elle aurait au moins sa propre salle de bains. Un seul regard lui indiqua qu'elle allait devoir passer le week-end dans un taudis, mais elle accepta l'idée de préparer le dîner. Le poulet fut pincé et ausculté avec un sourire approbateur et gourmand.

— Mes chéris, nous dit-elle, je vais le préparer selon une recette française dont vous me direz des nouvelles.

Plats, casseroles, tablier et ustensiles divers furent sortis et largement déployés, les épices préparées et le fonctionnement du four dûment expliqué. Tout semblait en ordre lorsque Martita déclara :

— Chérie, tout ce dont j'ai besoin maintenant, c'est de six livres de beurre.

Il n'y en avait que quatre à la maison, le dimanche arrivait et les magasins étaient fermés. J'expliquai la triste situation à Martita, qui entra dans une rage folle, prit le poulet et le lança à terre, arracha son tablier et se précipita dans le salon où elle se jeta à plat ventre sur un canapé. Merula et moi étions épouvantés.

— Imbéciles ! Imbéciles ! hurlait Martita. J'aurais dû le savoir ! J'aurais dû m'en douter ! Imbéciles ! Où est le téléphone ?

Elle appela pour demander que la Rolls de son ami vienne la chercher dès que possible, mais cela ne pouvait se faire avant le lendemain matin. Je n'ai pas conservé un souvenir bien précis du reste de la soirée, si ce n'est qu'il fut assez peu détendu. Merula nous servit un poulet rôti tout à fait honorable, je versai plusieurs whiskies et débouchai un nombre appréciable de bouteilles de vin. Il fallut plusieurs années à Merula pour se remettre du choc.

L'appartement de Wimpole Street fut échangé contre un studio au rez-de-chaussée dans un coin tranquille de Primrose Hill. Martita travaillait beaucoup pour le cinéma, en grande partie par la grâce de Jimmy Woolf, qui dirigeait Romulus Films, et était devenu pour elle un ami très proche. La vie continuait comme par le passé, avec manucures et traitements de luxe, Jimmy veillant à ce qu'elle dispose toujours de ce superflu qu'elle appréciait tant. Quand le feu ravagea une partie de son appartement et la laissa elle-même grièvement brûlée, il s'arrangea pour faire refaire la décoration à ses frais alors qu'elle se trouvait encore à l'hôpital.

Pendant les tournages, elle exigeait qu'on lui apportât, vers le milieu de la matinée, du thé sur le plateau. Un curieux genre de thé, en fait : il n'était pas chaud, titrait 43 degrés et venait directement d'Ecosse. Mais on l'apportait dans une élégante théière et Martita jouait la comédie jusqu'au bout :

— Non, chérie ! Pas de lait. Pas de citron. Juste du thé : c'est le seul stimulant dont j'aie besoin.

Ce triste manège ne trompait personne. Je pense qu'elle avait pris cette habitude pendant les bombardements de Londres, alors qu'elle se trouvait seule et terrorisée dans son appartement de Wimpole Street.

Jouer un peu aux courses était devenu l'un de ses principaux plaisirs. Elle étudiait en amateur la forme des chevaux, se faisait conseiller par quelques amis turfistes et recueillait, trop souvent à mon avis, des tuyaux « en béton armé » de George, de Harry ou de tout autre chauffeur de taxi ayant sa faveur. Je ne désapprouvais tout cela en aucune manière, mais elle ne me manifestait aucune confiance en ce qui concernait les courses. La regardant étudier, crayon en main, la colonne de pronostics d'un journal du soir, je ne pouvais réprimer un léger sourire qu'elle percevait aussitôt.

— Toi, mon chéri, me disait-elle, tu n'as pas l'instinct du jeu.

Ce qui était parfaitement vrai si l'on laissait de côté ma passion épisodique pour la roulette.

Nous jouions ensemble dans la merveilleuse version de *Hôtel Paradis* de Feydeau, réalisée par Peter Glenville au Winter Garden Theatre et avions des loges voisines. Chaque soir, en me maquillant, je pouvais l'entendre dans ses exercices vocaux : « Ho ! Ho ! Hi ! Hum, um, oum. Aha ! A-a-h-h ! », dont Laurence Olivier fait encore une brillante imitation. Un soir, je ne perçus pas les exercices habituels mais le murmure d'une longue conversation. J'entendis la porte se refermer et quelqu'un s'éloigner. Puis on frappa à ma porte, et Martita pénétra dans ma loge en perruque d'époque et robe de chambre, la mine grave.

— Il n'a pas de couilles, annonça-t-elle.

— Qui cela ? demandai-je, inquiet.

— M. Untel.

— Comment le sais-tu ?

— Il me l'a dit. Il était venu pour parler sexe.

Martita était toujours disposée à parler sexe.

— As-tu vérifié ? lui demandai-je.

— Bien sûr que non, chéri. On ne peut pas demander à voir les parties intimes d'un homme. A moins d'être Miss B.

Là, elle nomma une actrice connue pour sa grande spontanéité à l'égard du sexe opposé.

— Et qu'est-il arrivé ? m'enquis-je.

— C'est très triste. Il n'y a pas de quoi rire. Apparemment, ses couilles ne sont jamais sorties.

Son ton impliquait une grande sévérité à l'égard de Dame Nature et des déceptions qu'elle pouvait infliger aux simples mortels.

— Penses-tu que je devrais le confier à Watty ?

— Certes, dis-je, elle ferait sortir n'importe quoi de n'importe où.

Sur quoi, prenant congé avec hauteur, elle me lança dédaigneusement :

— Tu es parfois dégoûtant. Et sans cœur.

Nous nous retrouvâmes sur la scène et, quand M. Untel fit son entrée, nos regards se rencontrèrent et nous eûmes beaucoup de mal à réprimer un fou rire. A l'entracte, elle me murmura :

— De toute façon, je pense que M. Untel préfère la face arrière, alors cela n'a pas grande importance...

La Folle de Chaillot fut pour Martita un grand succès personnel à New York, mais un peu moins à Londres. Je la vis dans cette pièce à Philadelphie, où elle était en tournée. Quand j'arrivai, elle s'était enfermée dans sa suite d'hôtel et refusait d'en sortir. Je n'ai plus en mémoire la raison exacte de cette bouderie, mais il y avait certainement eu quelque querelle avec la direction, avec son agent et avec Estelle Winwood, qui avait également remporté un vif succès et insistait, lors des rappels, pour emmener son petit chien saluer avec le reste de la troupe. Martita ne pouvait supporter ni Estelle, ni le chien, ni son partenaire masculin, ni Philadelphie. Elle refusait de répondre au téléphone et d'ouvrir quand on frappait. On lui glissait en vain des billets sous la porte. Pourtant, lorsque je me nommai, elle ouvrit immédiatement, se jeta dans mes bras et je pus l'accompagner au théâtre ; l'incident était clos.

Avec un peu de chance, Martita eût pu être ce qu'elle avait toujours rêvé de devenir : une grande actrice et une grande vedette. Malgré tout son talent, elle ne fut ni l'une ni l'autre, mais quel personnage !

Curieusement, elle était adorée des gens dont elle dépendait le plus, habilleuses, femmes de chambre, serveurs, ouvriers, alors qu'elle les traitait parfois de façon abominable. Le soir de la première de *Hôtel Paradis,* n'arrivant pas à retrouver la fausse alliance qu'elle devait porter en scène, elle demanda à sa vieille habilleuse de lui prêter la sienne. Bien que portée à tous les dévouements, l'habilleuse refusa en disant :

— Miss Hunt, mon alliance n'a jamais quitté mon doigt depuis cinquante ans. Elle restera où elle est.

Martita se mit à hurler :

— Margaret, vous n'êtes qu'une vieille dinde ! Donnez-moi cette bague tout de suite !

Se ruant sur la pauvre habilleuse pour tenter de lui ravir de force l'alliance convoitée, il y eut pugilat, sanglots et hurlements. Martita finit par s'emparer de l'alliance, tandis que l'habilleuse piquait une crise de nerfs. Le lendemain, toutes deux étaient redevenues les meilleures amies du monde, la fausse alliance avait été retrouvée et tout allait bien.

Une veille de Noël, j'avais emmené Albert Finney, qui n'était pas encore une grande vedette, souper dans un très bon petit restaurant de Soho — maintenant remplacé par une abomination chinoise. Nous nous retrouvâmes installés à une table faisant face à celle occupée par Martita et l'un de ses amis. Je traversai la salle pour aller l'embrasser, sur quoi, en signe de bon accueil, elle écarta les mains et les abattit de toutes ses forces sur mes oreilles. J'en restai à demi assommé et complètement sourd. Si bien qu'en regagnant ma table, je dus dire à Albert :

— Pas la peine de parler. Je n'entends plus rien.

Trois ans plus tard, je souffrais encore des oreilles et dus aller consulter un spécialiste.

— Encore heureux, me dit-il, que les coups n'aient pas été portés avec une force égale sur les deux oreilles, car, en ce cas, vous seriez sourd à vie. Mais votre tympan gauche est abîmé.

Il me le corrigea, mais, maintenant encore, cette oreille-là reste faible. Le médecin me demanda qui m'avait frappé ainsi, et quand je le lui eus dit, il déclara :

— J'ai toujours pensé que cette femme était dangereuse.

J'avais trouvé l'homme antipathique à première vue, mais là, je me pris à le détester cordialement.

— En fait, lui dis-je, elle est profondément bonne, extrêmement intelligente et un peu particulière. Combien vous dois-je pour vos soins et vos commentaires gratuits ?

Elle resta jusqu'au bout une vieille enfant gâtée, à la fois insupportable et adorable. L'une des dernières fois où j'allai déjeuner chez elle, elle avait commandé chez Prunier des huîtres et un crabe, que George, Harry ou Les était allé chercher. Elle était dans son lit, sous une couverture constellée d'énormes brûlures de cigarettes. Autour d'elle, des fauteuils perdant leurs ressorts, une table veuve de deux de ses pieds appuyée contre un mur, une très belle pendule française gisant, face contre terre, sur la moquette souillée, des livres épars un peu partout.

— Huîtres ou crabe ? me demanda-t-elle.

Je choisis le crabe. Elle se mit alors à faire des sourires aux huîtres en adressant un petit compliment à chacune avant de l'avaler :

— Que voilà une petite fille bien grassouillette ! N'est-ce pas, ma chérie ? Bien fraîche et pleine de saveur. C'est gentil, cela ! Et, maintenant, qui d'autre est prêt à se faire manger par Marti ?

Elle était toute joyeuse, mais j'avais presque envie de pleurer. Soudain, elle se mit à parler de sa femme de ménage, et du mari de celle-ci :

— C'est horrible, pauvre femme ! Son mari ne retire pas son pyjama quand ils font l'amour. Vraiment pas correct.

Elle alluma une nouvelle cigarette alors qu'elle en avait déjà une, à demi fumée, à la main, repoussa quelques livres qui gisaient sur son lit et décréta qu'elle avait besoin de dormir. Je pris congé, mais, avant de l'embrasser, j'emportai les restes du déjeuner à la cuisine, lui enlevai des doigts sa cigarette allumée pour l'écraser dans le cendrier et tirai les rideaux. Elle était pelotonnée dans son lit comme une petite fille.

Quelque temps après sa mort, une plaque à sa mémoire fut inaugurée à l'église Saint-Paul de Covent Garden en présence de sa sœur et de cinq ou six de ses amis. Deux des personnes attendues ne s'étant pas encore présentées, le prêtre regardait sa montre avec inquiétude, et la grande amie de Martita, Caroline Ramsdem, très portée sur les courses de chevaux, faisait de même.

— Je crois que nous devrions prendre le départ, dit Caroline.

— Je suis la Résurrection... commença le prêtre.

Mais Caroline l'interrompit :

— Faux départ !

Elle venait d'apercevoir, au-dehors, le couple attendu se hâtant vers l'église.

— Ils sortent de la première courbe ! annonça-t-elle. Ils remontent dans la ligne droite ! Botte à botte ! Bravo ! Vous pouvez donner le départ...

Après le service, j'emmenai la sœur de Martita, Gwen, et quelques amis manger des huîtres chez Prunier. Tout autre restaurant eût été impensable.

VI

LE TOUT EST D'ÊTRE PRÊT

— Entre par la gauche. Non ! Non ! L'*autre* gauche !... Mais que quelqu'un lui explique, bon sang !... Pourquoi es-tu si empoté ? Pourquoi ne me fais-tu pas rire ?

Une superbe voix de ténor débitant à toute allure commentaires acerbes et instructions contradictoires, c'était John Gielgud dirigeant ses acteurs sur la scène nue du New Theatre — devenu maintenant l'Albery. Il fallait une matinée entière pour mettre au point une seule page de texte.

Gielgud s'interrompait fréquemment pour interpeller, dans la même foulée, les décorateurs :

— De la peinture or ne ferait pas mal ? Peut-être bien que non. Arrête de te trémousser, Frith Banbury ! Alec Guinness, tu caquettes. Banbury, ta lance est tordue. Maintenant, va au centre. Pas toi. Toi ! De l'autre côté ! Oh, pourquoi personne ne sait-il *jouer ?* Trouvez quelqu'un qui vous apprenne...

A mesure que se déroulait l'épouvantable séance, je me sentais, moi, à l'âge tendre et fragile de vingt ans, plus près à chaque instant d'éclater en sanglots. Assis sur des bancs dans la coulisse, les autres membres de cette troupe préposée à jouer *Hamlet* — Jack Hawkins, Jessica Tandy, Frank Vosper, George Howe, Laura Cowie, William Devlin et George Devine — faisaient semblant de lire les journaux pour dissimuler leur gêne ou, plutôt, leur terreur panique.

Un peu plus tard, ce fut à George Devine que s'en prit Gielgud :

— Ta voix ! C'est impossible ! C'est affreux ! Mais fais quelque chose...

C'était la première fois que j'étais dirigé en scène. Et dirigé par mon acteur favori, mon idole, mon bienfaiteur, qui devait ensuite devenir un excellent ami. Par l'homme qui m'avait donné ma première chance véritable au théâtre et qui me permit de vivre pendant deux ans.

Durant l'été 1934, élève à l'école Fay Compton d'art dramatique, j'avais reçu le prix annuel : un volume des œuvres choisies de Shakespeare, imprimé en petits caractères sur double colonne, relié en cuir et dédicacé par Fay en énormes lettres. Le jury qui m'avait attribué le prix était composé de Gielgud, de Jessie Mathews et de Ronald Adams. A l'époque, j'étais chez Fay Compton depuis sept mois, bénéficiant d'une bourse qui ne comportait aucune aide financière, survivant grâce aux tartines de confiture et aux fruits fournis par des camarades et à un repas hebdomadaire offert par un vieil ami publicitaire à la Lyons Corner House de Charing Cross. Je vivais avec moins de trente shillings par semaine, dans une petite chambre sordide non loin de Westbourne Road, ne m'autorisant qu'un strapontin par semaine à l'Old Vic.

Cet été-là, mes maigres ressources personnelles se trouvèrent brusquement épuisées. J'avais, en tout et pour tout, une demi-couronne en poche, et il était évident que j'allais devoir laisser tomber mes cours d'art dramatique pour trouver au plus vite un travail.

Avec un brin de témérité, je me rendis au Wyndham Theatre, où Gielgud jouait dans *les Maitland*. Je ne lui avais jamais adressé la parole et j'étais loin d'être sûr qu'il se rappelait mon nom deux ou trois semaines après le concours que j'avais remporté, mais je lui fis passer ma carte. A l'époque, la plupart des apprentis comédiens se faisaient faire des cartes de visite à bon marché pour obtenir des entrées gratuites dans certains théâtres de Londres.

Arrivé à la fin d'une représentation de matinée, je fus immédiatement introduit dans la loge de Gielgud. De toute évidence, il me reconnut, et, bien que ne se montrant pas très enthousiaste — il devait avoir l'habitude de ces visites de jeunes acteurs en quête d'emploi — il fut cordial et extrêmement courtois. Je lui exposai la nécessité dans laquelle je me trouvais de décrocher un travail, mais n'insistai pas sur l'aspect financier du problème.

— Il y a, me dit-il, des auditions demain matin en vue de recruter des doublures pour une nouvelle pièce de Clemence Dane.

Puis, me jetant un regard amusé :

— Vous pourriez essayer une imitation de Douglas Fairbanks Jr.

Mon très modeste régime alimentaire et la nécessité de ne me déplacer qu'à pied m'avaient rendu mince au point d'être filiforme.

— Allez-y de ma part, poursuivit-il, et dites-moi demain soir ce que cela a donné.

J'y allai, mais on fit à peine attention à moi : de toute évidence, je ne faisais pas l'affaire. Je le signalai à John qui m'expédia voir Bronson Albery en vue d'un petit rôle dans *la Reine d'Ecosse*. Albery se montra charmant, mais la distribution était déjà faite.

Le lendemain, John me conseilla d'aller à l'Old Vic, où des auditions avaient lieu pour un *Antoine et Cléopâtre*. Là, au bout de deux répliques, les cris de dérision du metteur en scène me chassèrent :

— Vous n'êtes pas un acteur ! Débarrassez le plancher !

Quelques années plus tard, le même devait me diriger dans un film de Priestley.

Quand je revins au Wyndham, ce soir-là, il me restait quatre pence et j'avais vécu quarante-huit heures sur deux « buns », deux pommes et deux verres de lait. John m'écouta d'un air grave raconter mon expérience à l'Old Vic et me dit :

— Je crois en vous. Mais vous êtes beaucoup trop maigre. Vous ne mangez pas assez.

Il prit une liasse de billets sur sa table de maquillage et me la tendit :

— Voilà vingt livres, en attendant que je puisse vous trouver du travail.

Peut-être étais-je tout simplement trop fier pour accepter, mais, surtout, vingt livres étaient, à cette époque, une somme considérable et je fus terrifié par une telle dette. Assez noblement et de façon tout à fait imbécile, j'affirmai que je n'avais nul besoin d'argent.

Quittant le Wyndham, triste et inquiet, je repris le chemin de ma petite chambre de Westbourne Road, mais m'arrêtai pour regarder les affiches d'une pièce intitulée *Etrange cargaison*, qui devait se donner sous peu au Piccadilly Theatre. Je me dis que c'était peut-être là ma dernière chance et j'allai voir le directeur. Après quelques minutes de conversation, il m'emmena dans un bureau, me tendit un texte et me demanda de le lui lire. En fin de compte, il me confia la doublure de presque tous les personnages masculins, y compris un coolie chinois, un pirate français et un matelot britannique, le tout pour la somme princière de trois livres par semaine. Je reçus une livre d'avance et m'offris un steak, des frites et un verre de bière au pub du coin.

Quelques semaines plus tard, je me rendis à une matinée de *Richard II* à l'Old Vic et j'aperçus Gielgud aux premiers rangs d'orchestre. A l'entracte, je le suivis au bar, sans intention de lui parler mais simplement pour me trouver en sa présence. Il me repéra et alla vers moi en disant :

— Qu'étiez-vous devenu ? Je vous ai cherché dans tout Londres. Je veux que vous jouiez Osric dans *Hamlet*. Les répétitions commencent lundi en huit au New Theatre.

Le directeur du Piccadilly accepta fort courtoisement de me libérer et je ne me tins plus de joie en apprenant que je gagnerais sept livres par semaine dans *Hamlet*. Mais je n'avais pas prévu ce qu'allaient être les répétitions...

Je respectais Gielgud en tant que comédien et étais complètement sous son charme, mais il avait un sens très strict de la discipline et ne supportait aucune négligence ni aucune faiblesse. Il était l'impatience incarnée. A l'époque, il était, à trente ans, au sommet de son art et jouissait d'une énorme popularité dans tout le pays. Son port de tête était impérial et il se tenait toujours très droit. Il marchait les genoux un peu pliés, pour compenser une légère déformation des pieds remontant à l'enfance. Ses mouvements de bras avaient tendance à être saccadés et ses grandes mains osseuses un peu raides, c'est pourquoi il portait presque toujours en scène un grand mouchoir de soie blanche donnant de la souplesse à ses gestes. Noblesse, charme et modestie, il ne lui manquait rien, à ma connaissance, sauf le tact. Ses remarques brutales sont entrées dans le légendaire du théâtre, mais personne ne pouvait lui en vouloir, car elles étaient totalement spontanées et dénuées de toute méchanceté.

Au bout d'une semaine de répétitions de *Hamlet*, il me parla « spontanément » :

— Qu'est-ce qu'il t'arrive ? hurla-t-il. Je croyais que tu étais assez bon, mais tu es lamentable. Va-t'en ! Je ne veux plus te voir !

Je m'accrochai jusqu'à la fin de la journée, puis allai le voir sur la pointe des pieds :

— Excusez-moi, Mr Gielgud, je suis renvoyé ?

— Non ! Oui ! Non, bien sûr que non ! Mais va-t'en. Reviens dans une semaine. Trouve quelqu'un pour t'apprendre à jouer. Essaie Martita Hunt...

Je regagnai ma chambre, m'assis sur mon lit étroit et me mis à pleurer. Je n'osais pas dire à Martita, qui était devenue une amie, ce qui s'était passé, de peur de la voir aussi bouleversée que je l'étais moi-même — et de peur qu'elle ne téléphone à John.

Je traînai une semaine dans tous les jardins publics de Londres, puis, la mort dans l'âme, me représentai à St Martin's Lane pour les répétitions. John parut enchanté de me voir, et me couvrit de fleurs pour mon interprétation d'Osric. Je puis jurer que je ne faisais rien de différent d'avant, mais, brusquement — et pour une brève période — j'étais devenu le chouchou du professeur.

La première eut lieu en novembre et, pendant dix mois, nous connûmes un immense succès. L'interprétation personnelle de Hamlet par John était définitive. Tous les soirs, avec deux ou trois autres jeunes comédiens, je le regardais jouer des coulisses. A Noël, il me fit cadeau d'une fort jolie édition des lettres d'Ellen Terry avec le mot suivant : « Pour Alec, qui fait son chemin. » Et cette citation qui est restée ma devise tout au long de ma vie : « Le tout est d'être prêt. »

Durant les deux années suivantes, j'ai travaillé pour lui dans *la Mouette*, *Noé* et *Roméo et Juliette*, je l'ai quitté pour aller jouer une saison à l'Old Vic sous la direction de Guthrie, et je suis revenu avec lui pour les quatre pièces qu'il monta en 1937 au Queen's Theatre, qu'il dirigeait personnellement : *Richard II*, *l'Ecole de la médisance*, *les Trois Sœurs* et *le Marchand de Venise*. Il mit en scène les pièces de Shakespeare, Guthrie celle de Sheridan et Michel St-Denis celle de Tchekhov.

Ses troupes étaient toujours des troupes heureuses, et la seule fausse note que je puisse me rappeler durant cette saison se produisit juste avant la première de *Richard II,* pièce dans laquelle je jouais le rôle modeste mais plaisant de l'écuyer.

— Tu es, me dit-il le matin même, nettement moins bon dans ce rôle que Leslie French dans la version antérieure. Ce soir, essaie d'entrer par la droite au lieu d'entrer par la gauche et vois ce que cela donne.

Nous n'avions pas le temps de répéter le mouvement et, très insolemment, je lui demandai :

— Quelle droite ?

— Oh, fais ce que tu veux, me répondit-il d'un ton las. Fais comme d'habitude. Je ne vais pas me laisser embêter.

Plus tard, comme je commençais à jouer des rôles importants, il m'arrêta un jour dans Piccadilly en me disant :

— Je ne vois vraiment pas pourquoi tu veux jouer des grands rôles. Pourquoi ne t'en tiens-tu pas à ces petits personnages que tu interprètes si bien ?

— Je n'étais pas si bon que cela dans l'écuyer de *Richard II,* lui répondis-je.

— Non, c'est vrai.

— Et j'étais encore pire dans Aumerle.

— Possible. Allons-nous voir un film ?

Partir en tournée avec John était toujours extrêmement agréable, non seulement parce que le pays tout entier se précipitait pour le voir, mais parce qu'il imaginait de merveilleuses sorties pour la troupe les après-midi où l'on ne jouait pas. Une armada de voitures nous emmenait tous à Fountains Abbey, par exemple, ou bien déjeuner dans un hôtel de York parce qu'il tenait à ce que nous tombions amoureux de la cathédrale. A York, précisément, une serveuse lui demanda un autographe sur la nappe.

— Je suis sûr, nous dit-il, qu'elle ignore absolument qui je suis. Elle sera affreusement déçue si je signe de mon vrai nom.

Du coup, il signa « Jack Buchanan », et la serveuse fut ravie.

Partout où nous allions, il passait beaucoup de temps dans les galeries d'art et, quand il ne nous avait pas invités, tous ses après-midi au cinéma. De tous les gens que j'aie pu connaître, ce doit être John qui a vu le plus de films dans sa vie, leur qualité semblant le laisser parfaitement indifférent. En fait, on avait l'impression que, plus les films étaient mauvais, plus il s'amusait. Si l'on excepte *les Bons Compagnons* et *l'Agent secret* d'Hitchcock, il tourna peu dans sa jeunesse, mais cela changea ces dernières années où l'on put le voir, jouant, toujours avec un admirable talent et beaucoup d'esprit, dans de nombreuses productions.

Il y a trois ans, alors que je tournais un film à New York, la maquilleuse me demanda :

— Vous connaissez quelques bons limericks (1) ?

— Très peu, lui répondis-je.

— Quand je maquillais Sir John Gielgud, poursuivit-elle, il m'en récitait un bien sale tous les matins.

Souvenir qui la fit immédiatement pouffer. Entre les mots croisés du *Times* et les limericks, auxquels il se consacre dès l'aube, John se retrouve en pleine activité intellectuelle à des heures où la plupart de nos contemporains se frottent encore les yeux.

Bien d'éminents acteurs de notre époque s'appellent John ou Jack — pour sa famille, Gielgud a toujours été Jack — mais, depuis plus de cinquante ans, si vous dites à un comédien britannique : « J'ai rencontré John l'autre jour », il saura immédiatement de qui vous voulez parler. Lorsqu'il pénétrait sur scène, dans les années trente et quarante, le théâtre entier s'enflammait, et, dès la première réplique, sa présence s'imposait. Même ses maniérismes finissaient par dégager une impression de chaleur, et, derrière son jeu parfois excessif, on pouvait distinguer l'intelligence et l'instinct d'un très grand artiste.

A mon avis, Gielgud et Guthrie ont fait plus que tout autre pour libérer le théâtre anglais, et John, en particulier, en découvrant constamment de nouveaux talents, a ouvert la voie à ce qui se fait de mieux à Londres aujourd'hui. Son humilité, en tant qu'homme comme en tant qu'acteur, a toujours été remarquable et son enthousiasme fait encore maintenant l'admiration de tous ses cadets.

(1) Petits poèmes généralement très coquins. (NDT)

VII

LES ENFANTS TERRIBLES

Tyrone Guthrie fut le véritable « enfant terrible (1) » du théâtre britannique dans les années trente et quarante, et certainement le plus gigantesque enfant terrible du monde anglo-saxon : un mètre quatre-vingt-dix en chaussettes. Sa taille, sa coupe de cheveux très militaire, sa petite moustache minutieusement taillée, tout en lui, si l'on exceptait ses sandales et son vieux cardigan gris, faisait penser à un sergent-major de bonne extraction venant de changer de vêtements après une journée passée à étriller les recrues.

Ses yeux aigue-marine, clairs et brillants, vous transperçaient comme ceux d'un aigle moqueur cherchant à déterminer si vous étiez de la race des lapins ou de celle des oiseaux de proie. Et sa conclusion à la première rencontre était généralement définitive. Peu de choses lui échappaient, si ce n'est celles qu'il décidait volontairement d'ignorer.

Une Titania trop légèrement vêtue et tremblant de froid au cours d'une répétition hivernale du *Songe d'une nuit d'été* voyait soudain une bouillotte lui être discrètement glissée sur la scène. Mais un agaçant premier rôle venant de se tordre la cheville s'entendait péremptoirement ordonner de faire sa sortie d'un air digne, alors que le pauvre ne pouvait plus que sautiller sur place. Les nouvelles recrues étaient toujours encouragées et traitées avec la plus grande gentillesse, les plus anciennes avec sympathie, mais quiconque se trouvait entre les deux était

(1) En français dans le texte.

pratiquement sûr de se voir amené au bord de la crise de nerfs par des sarcasmes bien dosés, surtout s'il était un personnage célèbre.

Ses répétitions étaient toujours fort stimulantes, très amusantes — peut-être trop, de temps à autre — et on les attendait avec impatience. Elles ne sombraient toutefois pas dans le désordre et ne dégénéraient jamais en ces sinistres démonstrations académiques que tant de jeunes metteurs en scène d'aujourd'hui se croient obligés d'infliger à leurs troupes. La spontanéité créatrice régnait dans tout ce qu'il faisait. Je ne crois pas l'avoir jamais vu consulter un texte ou des notes ; tout sortait de son imagination, servie par une phénoménale mémoire, tant visuelle qu'auditive.

En tant qu'acteur, il était épouvantable. Heureusement, il ne se permettait de jouer qu'à de rares et très particulières occasions. Cependant, il avait le sens de la comédie et saisissait aussitôt ce qu'il pouvait y avoir de vrai dans une interprétation. Ses goûts personnels allaient vers un jeu théâtral et souvent exécrable, par voie de conséquence, avec de grands gestes désordonnés, et il encourageait les acteurs à parler si vite que peu pouvaient suivre les dialogues. Mais il savait communiquer à une troupe une vitalité et un enthousiasme exceptionnels, comme le merveilleux capitaine d'équipe qu'il était. Son humour, cocasse et moqueur, était irrésistible pour toute personne de moins de quarante ans.

Il discernait le talent là où on l'attendait le moins, mais refusait parfois de le reconnaître chez les personnages consacrés. Un jour, allant encaisser un chèque dans une banque de Londres, il étudia un moment le visage de l'employé, derrière son guichet, et lui dit :

— Qu'est-ce que vous faites dans cette cage ? Sortez-en et devenez acteur.

L'appel était impératif. L'employé abandonna la banque et commença une carrière théâtrale qui ne lui procura peut-être pas un formidable succès mais le rendit heureux.

Tony devait au fil des ans porter de plus en plus son attention sur la décentralisation théâtrale. Il rejeta Londres et les autres capitales parce que le théâtre y était trop commercialisé et, surtout, parce que les provinces, scandaleusement négligées, regorgeaient de spectateurs avides de culture. Il estimait aussi qu'il y avait de nombreux talents à dénicher dans les Midlands et le Nord.

A la longue, il fit plus que quiconque pour redonner vie au théâtre anglais — tout en causant probablement, à travers ses pâles imitateurs, les plus grands dégâts. On peut en effet mettre au débit de Tony Guthrie les horreurs en béton qui passent maintenant pour des théâtres, mais je suis sûr qu'il serait horrifié si on lui demandait d'en reconnaître la paternité. Il n'est d'ailleurs pas à blâmer, car trop de ceux qui l'ont suivi dans ses entreprises ont confondu ce que lui-même considérait comme des expédients provisoires avec des structures permanentes, avec tous les inconvénients que cela suppose tant pour l'acteur que pour l'auteur.

Quand un acteur ne peut faire une entrée ou une sortie de scène en étant vu en même temps de tout le public et doit se contorsionner et tourner à 180° pour que le spectateur, las de ne distinguer que des dos, puisse au moins apercevoir un visage, on n'est plus dans un théâtre mais dans un cirque. On pourrait en dire autant des éclairages qui éblouissent les spectateurs et les empêchent de voir ce qui se passe sur la scène. A ce propos, Francis Bacon, écrivant à l'époque de Shakespeare, se plaignait de l'usage des chandelles placées sur le sol dans les théâtres, comme les projecteurs maintenant. En plus de ces éclairages par trop compliqués, nous devons jouer sans rideau, ce qui nous rend impossible de révéler les choses comme de les dissimuler, et même si l'on éteint les lumières entre les tableaux, on peut presque toujours entendre les acteurs entrer en scène ou les machinistes changer les décors. Le théâtre doit, par nécessité, user de tous les artifices capables de convaincre. Ce n'est que très occasionnellement, à mon avis, qu'une scène totalement nue peut s'imposer, et seulement si elle doit être occupée par d'excellents comédiens, parfaitement disciplinés et conscients du fait que presque chaque geste aura un effet de choc.

Pour ce qui est des scènes centrales au ras du sol, je dois dire qu'en tant que spectateur, je ne tiens pas du tout à contempler à l'arrière-plan les visages amorphes — et toujours brillamment illuminés — du reste du public, tout comme, en tant qu'acteur, je n'aime pas me retrouver fasciné par une vue panoramique de genoux potelés au premier rang ni distrait par des alignements de pieds, si intéressant qu'il soit d'observer ce que les gens font de leurs pieds quand ils sont assis. Mais je doute que tout cela soit jamais venu à l'esprit de Tony, et si quelque prophète avait attiré son attention là-dessus, il eût sans nul doute répondu, comme il le faisait si fréquemment :

— Il faut être au-dessus de cela.

En fait, il devait caresser vaguement l'idée de ce genre de théâtre, des années avant notre rencontre, mais la volonté enthousiaste de la mettre en pratique lui est venue, j'en suis sûr, le soir d'un terrible orage, en juin 1937 au Danemark.

C'était à l'occasion de la première du *Hamlet* de Laurence Olivier, que la compagnie de l'Old Vic devait interpréter à Elseneur, devant un parterre de têtes couronnées venues de toute la Scandinavie. La représentation devait avoir lieu sur une scène semblable à celle dont nous disposions à Londres, installée à l'une des extrémités de la vaste cour du château d'Elseneur, face à des rangées de chaises.

A quatre heures de l'après-midi, les conditions atmosphériques étaient si épouvantables que des messages annulant la représentation furent expédiés aux nobles invités, mais ceux-ci étaient déjà en route sans qu'il fût possible de leur faire rebrousser chemin. On décida donc de présenter la pièce dans la salle de bal de l'hôtel Marienlist, où résidait la troupe. C'était une vaste pièce crème, ocre et or avec, à son extrémité, une scène lilliputienne capable de supporter un piano droit, un palmier en pot et un orchestre de trois membres.

Tony eut l'idée de tracer au milieu de la salle un cercle figurant la scène, qu'il entoura, avec l'aide de toute la troupe, de petites chaises dorées, en laissant deux ou trois passages pour les entrées, les sorties et l'accès à l'estrade d'origine. Ses instructions furent lapidaires :

— Pourrions utiliser l'estrade pour la scène entre Claudius et Gertrude. Sortez le piano. J'aime bien le palmier. Pourrait le laisser. Comme vous voulez. Larry dirigera. Utilisez toutes les portes que vous trouverez. Soyez polis avec les rois et les reines si vous les rencontrez. Alec, tu feras ton entrée par les portes-fenêtres.

— Mais, Tony, elles donnent directement sur la plage, et il y a une tempête dehors...

— Arrive mouillé. Très dramatique. Polonius, tu prends la porte de service. Quand on te tue, tu t'enveloppes dans ces rideaux verts. Saisissant. Pas le temps de bavarder. Larry prend le relais. Amusez-vous bien. Je vais expliquer le coup à la vieille (Lilian Baylis). Elle fait une petite sieste. Dois y aller avec ménagements.

Sur quoi, il prit congé. Laurence Olivier mit rapidement nombre de choses au point, mais beaucoup restaient à l'improvisation.

La plupart d'entre nous vécurent là l'expérience théâtrale la plus passionnante de toute leur vie, et montrèrent une énergie, un esprit de corps et une conscience professionnelle tout à fait remarquables. Toutefois, ma petite participation à la soirée ne fut pas très glorieuse.

Sachant que je devais aller me faire tremper jusqu'aux os sur la plage, mon habilleuse danoise me tendit un grand verre de schnaps. *Skol!* Puis un autre schnaps. *Skol! Tusen tak. Tak tusen.* Merci pour tout... Quand je fis irruption dans la salle par les portes-fenêtres, que je m'entêtai à refermer *très* soigneusement, ma démarche était incertaine. Je me tirai correctement du dialogue avec Larry, bien que souriant un peu trop béatement, mais, la scène terminée, j'entrepris de m'installer confortablement, posant mon épée sur les genoux du roi de Suède et bloquant la vue d'au moins deux monarques en exercice. Lilian Baylis assistait à tout cela avec un air parfaitement effaré. Dieu sait pourtant qu'elle avait vu beaucoup de choses au cours de sa longue carrière, y compris les attributs sexuels d'un Hamlet dont le collant avait craqué en scène.

Tony Guthrie, lui, était aux anges, les yeux plus brillants que jamais — ce à quoi le schnaps n'était sans doute pas totalement étranger. Il approuvait de la tête, voyant sans doute devant lui ses théâtres de l'avenir. Finalement, les princes scandinaves, tout emmitouflés, remontèrent dans leurs somptueuses automobiles pour regagner Copenhague et la civilisation, abandonnant l'hôtel Marienlist à une troupe surexcitée et passablement prise de boisson. Cette nuit-là, dans l'hôtel, bien des portes se verrouillèrent, se claquèrent ou s'ouvrirent. Et, le lendemain matin, la vision du Kattegat, étincelant comme une plaque de verre sous le soleil, se révélait insupportable à bien des yeux fatigués.

Les principaux théâtres issus de cette expérience au cours des vingt années qui suivirent furent le Shakespeare Festival

Theatre, à Stratford, dans l'Ontario, le Guthrie Theatre, à Minneapolis, l'Octagon à Perth, en Australie, et la nouvelle Playhouse de Sheffield. Il y eut aussi le Festival Theatre de Chichester, mais, de celui-là, Tony était peu satisfait, malgré les améliorations apportées ensuite.

Tanya Moiseiwitsch, avec Tony à ses basques, décora le théâtre de Stratford — Ontario — pour son inauguration en 1953, et fit également les costumes pour les deux pièces de la première saison, *Richard II* et *Tout est bien qui finit bien.* Nous répétâmes sur une réplique de la scène installée dans un vaste hangar recouvert de tôle. Au bout d'une semaine, Tony et Tanya me demandèrent si je trouvais la scène pratique. Je répondis qu'en laissant de côté la nécessité où l'on se trouvait d'exécuter quelques mouvements peu naturels, cela pouvait aller, mais qu'il y avait des moments où je ressentais la nécessité d'un espace supplémentaire d'une trentaine de centimètres autour de moi. Il est important de comprendre que, si trois acteurs sont en scène en même temps et que deux d'entre eux doivent tenir un dialogue que le troisième n'est pas censé entendre, l'espace doit être suffisant pour accréditer la chose. Les proportions doivent donc être soigneusement étudiées.

Tony et Tanya m'approuvèrent, et un pied (1) de plus — surnommé par eux le « pied Guinness » — fut compté. Quand on construisit la Playhouse de Sheffield, Tanya remarqua que les architectes avaient supprimé cet espace supplémentaire et leur dit :

— Vous avez fait sauter le pied Guinness, et il nous le faut.

Elle s'entendit répondre :

— Qu'est-ce que les acteurs peuvent bien connaître à l'architecture des théâtres ?

Beaucoup de choses, en fait, car les théâtres sont leurs maisons, leurs lieux de travail et leurs caisses de résonance. Ils sont, dans l'ensemble, plus experts en la matière que les metteurs en scène ; un rapide regard et quelques mots lancés de la scène vers une salle vide leur en diront plus en peu de secondes qu'il ne semble en entrer sous un crâne d'architecte après des mois ou des années d'étude.

Quand Tyrone Guthrie m'avait, durant l'été 1936, engagé à

(1) Trente centimètres. (NDT)

sept livres par semaine pour divers petits rôles à l'Old Vic, l'aspect financier de la chose, si important qu'il fût pour moi, n'avait pas pesé lourd auprès de la joie de travailler avec lui, et ce dans un théâtre que tous les acteurs aimaient ; là, pas de difficulté à se faire voir ou entendre, jusqu'aux « perfectionnements » apportés par Michel St-Denis et plus tard par Lord Olivier. J'avais vu la majeure partie de ce que Guthrie avait fait à Londres, depuis *l'Anatomiste* de Bridie, et j'avais tout admiré. On ressortait transporté. *Mesure pour mesure*, avec Charles Laughton, Flora Robson et James Mason, avait représenté la plus belle soirée shakespearienne que j'eusse jamais connue, égalée seulement par *le Roi Lear* de Granville Barker. Elle était en avance de dix ans sur son temps, et avait été boudée par les critiques comme par le public.

Mes deux années de théâtre, avant de rejoindre Guthrie, s'étaient presque entièrement déroulées sous la férule méticuleuse et un peu brutale de John Gielgud. Avec Tony Guthrie, ce fut très différent. Au contraire de Gielgud, il détestait qu'on travaillât le texte avant les répétitions. Le premier jour où je répétai avec lui, il me vit porter une note sur mon texte et me demanda immédiatement ce que je faisais :

— Je note le jeu de scène que vous venez de m'indiquer, Mr Guthrie.

— Inutile, dit-il. Perte de temps. Si c'est un bon jeu de scène, vous vous le rappellerez. S'il est mauvais, vous l'oublierez, et on en trouvera un autre.

J'en ai toujours tenu compte depuis et je m'en suis très bien porté. Surtout quand cela m'a permis de dire à un metteur en scène un peu trop enthousiaste :

— Désolé, mais je n'arrive pas à me souvenir du jeu de scène. Peut-être n'est-il pas nécessaire, au fond ? Qu'en pensez-vous ?

Dans la plupart des cas, j'ai eu raison.

Après avoir travaillé sous la direction de Tony dans *Peines d'amour perdues*, avec les Redgrave, dans *la Nuit des Rois*, avec Laurence Olivier et Jessica Tandy, dans *Henry V* et dans *Hamlet*, les deux fois avec Olivier, je retournai chez Gielgud plus libre et beaucoup plus sûr de moi.

Guthrie avait été engagé pour diriger l'une des quatre pièces produites par Gielgud au Queen's Theatre, cette saison-là : *l'Ecole de la médisance*. Ce ne fut pas son plus grand succès.

Certains des comédiens les plus anciens tenaient à ce que tout fût « ravissant », avec mouchoirs de dentelle et éventails agités de toutes parts. Tony avait une vue beaucoup plus fruste des choses, et le résultat fut un laborieux compromis.

Je jouais la dernière pièce de la saison, *le Marchand de Venise*, lorsque Tony me fit demander de venir le voir à l'Old Vic. Là, il m'emmena dans sa loge et s'assit sur une chaise branlante tandis que je me perchais sur la table.

— Vous ai bien aimé dans *le Marchand*, me dit-il. Pourquoi ne pas venir ici la saison prochaine et nous donner votre interprétation d'Hamlet ? Pense que vous êtes à peu près au point.

Je faillis m'évanouir.

— Pense que nous devrions faire cela en costumes modernes. Pourriez porter ce joli complet gris que vous avez là.

Ledit complet était affreux et tout élimé.

— Non, fis-je catégoriquement. Pas celui-là. Sous aucun prétexte.

C'était le premier des quelques violents désaccords qui devaient nous opposer en vingt ans. A la longue, j'eus gain de cause et m'offris, au prix maximum, un superbe costume bleu marine.

Il y a quelques années, faisant un chèque à mon éminent tailleur, je soupirai et dis :

— On est loin, Mr Whitley, du premier complet que vous me fîtes, en 1938, pour quinze livres.

— Sauf votre respect, vous vous trompez, me répondit Mr Whitley. Je me souviens parfaitement de ce complet. Bleu marine avec gilet prince-de-galles. Il ne coûtait pas quinze livres. Il coûtait douze guinées (1).

Etant donné que je me souviens de la plupart des rôles que j'ai joués, je pense qu'on peut faire confiance à Mr Whitley pour ses complets.

Merula et moi nous étions rencontrés durant les représentations du *Noé* d'Obey, sous la direction de Michel St-Denis, en juillet 1935 ; elle était merveilleuse dans le rôle du tigre, et j'étais mollasson dans celui du loup. Nous nous fiançâmes durant une répétition en costumes et en nocturne du *Marchand de Venise* au

(1) La guinée correspondait à 21 shillings. (NDT)

Queen's Theatre, au printemps 1938, et, en juin de la même année, nous nous mariâmes au bureau d'état civil de Reigate.

Comme nous partions pour la cérémonie, l'acteur français Bovario et moi nous serrâmes la main à travers un rosier en nous blessant tous deux sur les épines. J'allai donc me marier avec une main ensanglantée et un chapeau que je passais mon temps à perdre. Pis, lorsque nous atteignîmes Reigate, je m'aperçus que je n'avais pas d'argent sur moi et dus emprunter au chauffeur de taxi le montant de la licence de mariage. Un curieux début pour une vie conjugale heureuse.

Nous avions décidé, pour notre voyage de noces, d'aller passer un jour ou deux à Dublin puis de faire une randonnée à pied dans le comté de Donegal. Tony et Judy Guthrie proposèrent que nous venions également passer une semaine avec eux à Anna-ma-kerrig, leur maison du comté de Monaghan, invitation que nous fûmes prompts à accepter. Ce séjour allait me permettre de discuter tout à loisir avec Tony de *Hamlet*, dont les répétitions devaient commencer en août.

Après Anna-ma-kerrig, nous pourrions aller vagabonder tout notre soûl, tant que durerait notre argent. Pas très longtemps à vrai dire, car, après avoir payé nos billets d'avion aller et retour Londres-Dublin et mis dix livres de côté pour l'hôtel, je m'aperçus qu'il me restait exactement douze livres. Heureusement, Merula avait une allocation personnelle de quatre livres par semaine qui devait se montrer très précieuse dans les années à venir.

Les Guthrie vinrent nous chercher à la gare, nous y accueillirent avec la plus grande chaleur, et nous embarquâmes dans leur vieille voiture cabossée pour parcourir les quelques kilomètres nous séparant de leur maison, à travers la campagne la plus verte que j'eusse jamais contemplée. La maison était une grande bâtisse victorienne, avec une tourelle en brique rouge et pas d'électricité, dominant des hectares de rhododendrons et de pins jusqu'à un grand lac balayé par le vent.

Nous occupions une vaste chambre au plancher nu, avec un grand lit de cuivre, une cuvette fêlée installée sur un guéridon branlant et la possibilité d'utiliser des toilettes à porte vitrée tout au bout d'un couloir. Un préavis de quelques heures était nécessaire si l'on désirait prendre un bain. Les pièces étaient de belles proportions, le hall, dallé de pierre, spacieux ; et un large escalier peint en noir montait vers les chambres et vers d'autres parties de la bâtisse où nous ne pénétrâmes jamais. Il régnait dans toute la maison une atmosphère de gaieté et de laisser-aller digne de Tchekhov, et l'on s'attendait à tout moment à y rencontrer des équivalents irlandais de Mme Ranevsky, de Trofimov, de Constantin, des trois sœurs ou d'Oncle Vania.

Anna-ma-Kerrig était régie par Mrs Guthrie, la mère de Tony, une vieille dame presque aveugle, débordant de charme, d'intelligence et de gentillesse amusée. Nous découvrîmes que, si la maison évoquait Tchekhov, ses habitants se rattachaient beaucoup plus encore à Dickens. Il y avait là une personne d'âge moyen fort enjouée servant de dame de compagnie à Mrs Guthrie et qui se révéla être une parente éloignée de la famille de Merula, et un cousin d'âge avancé qui aurait pu servir de modèle à Mr Dick. A la cuisine, on trouvait deux délicieux équivalents irlandais de Peggotty et de Mr Barkis.

Et, cependant, en dépit de tous ses côtés irlandais, la maison demeurait bien celle d'un Ecossais. Je n'ai jamais été aussi conscient des origines de Tony. Tout le monde, dans la maisonnée, s'occupait constamment, que ce soit à identifier dans de vieux traités d'horticulture les fleurs des champs rapportées d'une promenade, à faire de la tapisserie ou à réparer de la porcelaine. Tout en poursuivant une conversation dont la vivacité et la rapidité nous faisaient tourner la tête.

Le temps était merveilleux. Durant notre première soirée, Judy nous demanda après le dîner si nous aimerions faire un bridge. Lorsque nous répondîmes que nous préférions une promenade à deux et que, de toute manière, nous ne jouions pas, son soulagement fut à peine dissimulé : ils avaient une table régulière réunissant Mrs Guthrie, Tony, Judy et « Mr Dick ».

Lorsque nous revînmes, la nuit était tombée, et nous assistâmes, de l'extérieur, à un spectacle tout à fait extraordinaire. Les joueurs de bridge étaient groupés sous la lampe, dans la pièce située au bas de la tourelle, tenant des cartes géantes d'environ soixante centimètres sur trente-cinq. Nous apprîmes ensuite qu'elles avaient été faites spécialement pour Mrs Guthrie afin qu'elle puisse les distinguer. Chaque fois que l'on jouait l'une de ces cartes, il fallait la lever très haut et l'abattre sur la table en faisant trembler la flamme de la lampe à pétrole. Les levées étaient en tas sur le plancher, à côté des chaises. Tous jouaient silencieusement, sérieusement et avec une profonde concentration. On eût dit une scène de *Alice au Pays des Merveilles*.

Peu après, les bridgeurs nous rejoignirent au salon, nous offrirent, au choix, du chocolat ou du whisky, puis Tony se mit au piano et chanta, de son agréable voix de baryton, une ballade et un ou deux cantiques. Après quoi, nous prîmes nos bougies et montâmes nous coucher. C'était le même cérémonial presque chaque soir.

Nous nous rassemblâmes de nouveau le lendemain matin pour le petit déjeuner, composé essentiellement de porridge servi dans des bols fort ébréchés — que Tony me légua ensuite dans son testament. Si Merula et moi avions été surpris par le bridge, nous le fûmes également par la conversation du petit déjeuner, qui consistait en un interrogatoire croisé, mené tambour battant, sur des citations de Dickens, qu'on allait vérifier de temps à autre dans les œuvres complètes trônant dans la salle à manger.

Il y avait, dans le hangar au bord du lac, un vieux bateau très fatigué, avec un équipement de pêche. Nous passâmes quelques matinées, Merula et moi, sur cet engin. Je me mettais aux avirons et Merula s'installait à l'arrière pour m'entendre réciter mes répliques de *Hamlet*.

On m'avait dit qu'il y avait dans le lac un énorme saumon qui était devenu, pour Tony, une sorte de Moby Dick. Je fixai donc une ligne à la poupe du bateau et, à notre deuxième sortie, comme un fort vent plissait les eaux du lac, « Moby Dick » frappa. Le bateau fit un tour sur lui-même en oscillant fortement et se retrouva traîné sur près d'un demi-kilomètre à travers le lac. Puis la bête se dégagea de la ligne et s'échappa. Je n'avais pu l'apercevoir, mais, quand je racontai l'incident, toute la maisonnée hocha la tête d'un air pénétré et l'on me dit que le poisson n'avait pas été vu depuis quatre ans et devait probablement peser une soixantaine de livres maintenant. Un jour, au Canada, je me suis battu en vain pendant vingt minutes avec un poisson de trente livres et je puis dire que, si le saumon d'Anna-ma-Kerrig pesait vraiment soixante livres, c'était une bête tout à fait exceptionnelle. Tout excité par mon histoire, Tony tenta de me convaincre de refaire une tentative, mais il n'offrit nullement de m'accompagner.

Par une matinée calme et ensoleillée, nous nous promenions sur le lac lorsque nous vîmes de la fumée et des étincelles jaillir d'un bois de pins sur la rive. Nous allâmes voir ce qui se passait et trouvâmes Tony et Judy, tous deux complètement nus, faisant un feu en plein air. Judy, avec sa superbe chevelure noire, portée d'habitude en chignon sur la nuque, dénouée, ressemblait à une squaw altière. Ils nous saluèrent d'un air très naturel et continuèrent à alimenter le feu, nullement gênés. J'eus l'impression qu'ayant passé ensemble une bonne partie de leurs jeunes années, ils reconstituaient là un jeu d'enfance. Leurs relations précoces les avaient d'ailleurs amenés à un tel degré de ressemblance que leur union faisait l'effet d'un mariage de jumeaux.

Tony et moi travaillions *Hamlet* dans une ancienne nursery à l'arrière de la maison.

— C'est ici que, parfois, nous montions des pièces quand nous étions enfants, précisait Tony.

Il n'intervenait presque pas dans mon interprétation, mais semblait saisir tout ce que j'avais d'un peu original à proposer — peu, à vrai dire — pour m'encourager à le développer. Il savait que je ne pourrais jamais égaler les effets brillants d'un Olivier ou la rigueur classique d'un Gielgud et qu'avant tout, j'étais trop inexpérimenté pour porter tout le poids de la soirée sur mes faibles épaules. Il avait opté pour une version intégrale de la pièce, durant plus de quatre heures, en partie parce que ses préférences allaient à l'intégral, mais peut-être aussi parce que cette formule me laissait une demi-heure hors de scène.

Quand il travaillait avec Laurence Olivier, Tony avait été sous l'influence d'un psychanalyste freudien, le professeur Ernest Jones, dont l'essai sur *Hamlet* faisait figure de Bible, mais il ne fit pas allusion à de telles choses avec moi. Il résumait souvent une pièce de Shakespeare d'un seul mot, comme « Envie » pour *le Marchand de Venise*, « Adolescence » pour *Roméo et Juliette*, « Ambition » pour *Macbeth*, etc., afin d'en faire saisir l'argument essentiel. Il me demanda de définir ainsi le sujet de *Hamlet*, et, avant que j'aie pu balbutier une réponse pâteuse, il déclara avec un effrayant sourire :

— Maman ?

Malheureusement, malgré toutes ses attentions, il ne parvint pas à m'écarter de ma pâle tentative d'imitation de Gielgud. Le Dr Johnson dit quelque part :

« Presque toutes les aberrations du comportement viennent de l'imitation de ceux à qui nous ne pouvons ressembler. »

Si seulement Tony m'avait dit : « Oubliez John et tous les Hamlet que vous avez pu voir jusqu'ici », j'aurais pu donner quelque chose de plus personnel et de plus vrai et je me serais évité bien des fautes d'importance dans l'avenir.

Dans ce cas précis, je n'inventai que deux choses, la première concernant l'attitude d'Hamlet envers Ophélie après le « To be or not to be », au moment où, habituellement, Hamlet se rend compte de façon accidentelle que leur conversation est épiée par le roi et Polonius. Je rejetai cette interprétation et me dis que mon personnage devait être convaincu, à ce moment, de la duplicité d'Ophélie, afin de pouvoir, lorsque celle-ci ment en réponse à sa simple question, déverser généreusement ses injures sur elle et donner ainsi libre cours à sa misogynie. Ce fut mis au point dans la nursery d'Anna-ma-kerrig.

La seconde innovation vint fortuitement durant une répétition à l'Old Vic lorsque, réfléchissant près d'un tambour, je me mis à le frapper machinalement, ce qui nous procura une merveilleuse fin d'acte.

En revanche, les parapluies ouverts autour de la tombe d'Ophélie étaient évidemment du Guthrie à l'état pur. Ils suscitèrent dans la presse des manchettes éphémères telles que : « Hamlet sous les parapluies. » Les critiques parlèrent également de cigarettes et de cocktails, mais il n'y avait rien de tel dans la pièce.

Pendant la guerre, je vis les Guthrie à plusieurs reprises et m'arrangeai pour aller passer une permission de week-end avec Merula et Matthew dans la maison grisâtre qu'ils louaient à Burnley, où s'était provisoirement installée la troupe de l'Old Vic. Judy consacrait la majeure partie de son temps à écrire sur de petits morceaux de papier une pièce — *la Reine des abeilles* — qui fut finalement jouée par Sybil Thorndike. Quand il y avait trop de courants d'air dans le salon, Judy prenait ses fragments de manuscrit et s'en servait pour calfeutrer la fenêtre. Elle débordait d'enthousiasme pour les œuvres d'Ivy Compton-Burnett, et son excentricité ne cessait de croître.

Un jour où les Guthrie s'étaient absentés pour quelques

heures, Merula jugea la maison si sale qu'elle décida de faire quelque chose. Trouvant une pelle, elle nettoya le sol de la cuisine, recouvert d'une couche de dix centimètres de débris de légumes et d'ordures ayant pris, à la longue, l'allure d'un revêtement de marbre veiné. Le soir, découvrant sa cuisine propre, Judy piqua une véritable crise de rage.

— Petite bourgeoise indiscrète ! lança-t-elle à Merula avant de vider un plein verre de scotch.

Aucun des Guthrie ne tolérait ce qu'ils considéraient comme une critique implicite de leur façon de vivre. Le dîner, ce soir-là, fut muet et sinistre.

A la fin de la guerre, ils prêtèrent pour deux ou trois semaines leur appartement de Lincoln's Inn à Anthony Quayle, et j'y passai une nuit ou deux lorsque je vins à Londres tourner un bout d'essai pour *les Grandes Espérances*.

Tony Quayle et moi fûmes épouvantés par la saleté régnant dans le salon, et nous décidâmes qu'il serait à la fois charitable et confortable de faire le ménage. Nous commençâmes par la bibliothèque. Déplaçant une rangée de livres, nous découvrîmes derrière, collée au mur par de la vieille graisse congelée, une assiette en étain verdâtre contenant une saucisse gris-bleu pétrifiée par l'âge. La salle de bains, une sorte de placard au plafond craquelé, abritait une baignoire de fer cabossé ne comportant plus que trois pieds. Le quatrième était remplacé par une énorme éponge rapportée de Malte par Merula et moi au printemps 1939. Des souris y coulaient des jours princiers.

Mais, malgré le cadre sordide dans lequel les Guthrie choisissaient si souvent de vivre lorsqu'ils n'étaient pas à Annama-kerrig, Judy pouvait se métamorphoser instantanément en une femme très élégante si elle le voulait, revêtant en quelques secondes une robe du soir qui la transformait en belle et hautaine duchesse. Tony, quant à lui, gardait pour les cérémonies officielles ce qu'il appelait « mon bleu-marine ». Je crois qu'il avait aussi un complet de tweed.

Les catastrophes, professionnelles ou familiales, les laissaient de marbre. Un dimanche, vers 1950, Tony reçut en Irlande un message lui enjoignant de se rendre de toute urgence à Glasgow. Les moyens de transport classiques faisant défaut, il commanda un petit avion privé qui devait les prendre, Judy et lui, dans un champ proche de leur maison. C'était un appareil à quatre places, avec un jeune pilote aux commandes. Ils y montèrent avec armes et bagages, s'installèrent confortablement, et l'avion commença à cahoter à travers le champ en direction d'un muret de pierre. Tony se tourna vers Judy et lui dit :

— Pense pas qu'on y arrivera.

De fait, ils n'y arrivèrent pas. L'avion, qui n'avait pas encore décollé, fit un écart et perdit son aile droite sur le muret. Puis il vira dans l'autre sens et dut dire adieu à son aile gauche. L'hélice tournait encore. Les passagers demeurèrent quelques minutes dans la carlingue, silencieux, puis Tony dit :

— Pense qu'on ferait mieux de sortir.

Ils rassemblèrent le bric-à-brac qui leur tenait lieu de bagages et quittèrent l'appareil.

— Ne vous inquiétez pas, fit Judy au pilote qui les avait rejoints. Juste un petit accident.

Et tous trois se mirent en route vers la maison. Ils avaient à peine fait cent mètres que l'avion explosait.

— Affreux pour vous, dit Judy au pilote.

Tony eut un hochement de tête compatissant et déclara :

— Glasgow attendra. Avons bien mérité une bonne tasse de thé.

C'est en s'esclaffant tous deux qu'ils me racontèrent cette aventure, et, quand je leur demandai ce qui se passait de si grave à Glasgow, Tony me répondit :

— Me rappelle pas bien. Vedette féminine indisposée en matinée. Doublure bien meilleure dans le rôle. Vedette pas contente. Stupide créature. Mais nous sommes bien amusés. Pilote très sympathique.

Au début de 1952, un comité se forma dans la ville canadienne de Stratford pour étudier la possibilité d'organiser, l'été, un festival Shakespeare dans un parc entourant un lac, au milieu de la localité. L'instigateur du projet était un certain Tom Paterson, homme à l'enthousiasme touchant qui pensait que, comme sa ville s'ornait d'une assez banale statue de Shakespeare, elle devait également faire jouer ses œuvres.

Il fut chargé de prendre contact en Grande-Bretagne avec une personnalité capable de conseiller le comité et sollicita donc Guthrie, qui accepta de se rendre dans l'Ontario pour examiner la situation.

Là, Tony rencontra la douzaine de notables intéressés, trouva ceux-ci immensément sympathiques, estima que l'idée était bonne mais fut épouvanté en voyant le théâtre proposé, une minuscule coquille de ciment rose, juste assez grande pour abriter un spectacle de marionnettes et disposant, face au lac, d'un espace permettant l'installation d'une centaine de chaises pliantes. Tony balaya tout cela, raillant avec beaucoup de charme et d'esprit les conceptions provinciales du comité et lui insufflant l'idée d'une entreprise nationale requérant un vaste investissement. Il faudrait s'adresser à Ottawa, à de grandes sociétés financières et industrielles de Toronto, lancer un appel dans tout le Canada et mobiliser en même temps toutes les ressources locales.

C'est ce que Tom Paterson commença à faire immédiatement, aidé par le merveilleux comité qui raclait tous ses fonds de tiroir. Tony proposait une sorte d'amphithéâtre grec recouvert de toile, destiné à être remplacé par une construction plus permanente au bout d'un an ou deux si l'entreprise se révélait un succès. Sur sa suggestion, la conception de l'ensemble fut confiée à Tanya Moiseiwitsch, avec laquelle il avait souvent travaillé. Il proposa aussi qu'une demi-douzaine d'acteurs britanniques, dont Irene Worth, Michael Bates, Douglas Campbell — qui habitait déjà le Canada — et moi-même, forment le noyau de la troupe. Il était dans ses intentions qu'au bout d'une saison ou deux, les Britanniques se retirent pour laisser la place à une compagnie purement canadienne.

Paterson fit la démarche et nous acceptâmes tous. Il n'y avait guère d'argent à gagner, mais on nous assurait notre logement et notre nourriture chez diverses familles. Deux pièces devaient être jouées durant la première saison, et Tony et moi passâmes des heures entières dans le salon poussiéreux de Lincoln's Inn à feuilleter les œuvres complètes de Shakespeare en discutant des avantages et des inconvénients de chaque morceau. Nous voulions des pièces qui pourraient donner le champ libre aux talents, généralement inconnus de nous, des acteurs canadiens, des pièces qui ne soient pas trop rabâchées, et, pour moi, des rôles encore jamais abordés. De plus, Tony, qui était toujours dans sa meilleure forme avec une matière nouvelle, souhaitait qu'au moins l'une des œuvres fût également vierge pour lui.

Finalement, nous nous arrêtâmes sur *Richard III* et *Tout est bien qui finit bien*, qui, nous l'espérions, donneraient satisfaction à nos comédiens. Le comité attendait sans doute *Hamlet, le Songe d'une nuit d'été* ou *Comme il vous plaira*.

Il y avait une condition qui nous semblait impérative à tous deux : que l'on ne nous demandât pas de jouer avant trois semaines de répétitions dans le théâtre complètement mis en état. Nous avions une clause en ce sens portée dans nos contrats. Elle se révéla sans effet : le théâtre ne fut prêt que quelques jours avant la première, pour laquelle les billets avaient été vendus bien à l'avance.

Quand j'arrivai au Canada, quinze jours avant la date prévue pour le début des répétitions, le théâtre se résumait à un trou de deux mètres de profondeur et de trois mètres de côté dans la boue. Ce n'était pas très encourageant. Tony et moi nous regardâmes, et il dit simplement :

— Il faut être au-dessus de cela.

C'était sa formule clé pour toute chose regrettable ou même catastrophique, depuis un café tiède jusqu'à une rage de dents en passant par la perte irrémédiable de tous les costumes et de tous les décors dans une tournée.

Arrivé en avance afin de me familiariser avec le pays et ayant donc du temps devant moi, j'acceptai les offres de trois charmants jeunes Canadiens qui me proposaient une excursion de dix jours en canoë sur la French River. Pendant les courts moments où nous n'étions pas sainement occupés à faire des portages épuisants le long des rapides, à repousser les moustiques, à pagayer au péril de notre vie ou à tenter de pêcher le saumon, je m'efforçais d'apprendre mes textes, à la complète stupéfaction de mes compagnons, peu habitués aux acteurs marmonnants. Cette randonnée compta parmi mes plus merveilleuses vacances, et je regagnai Stratford dans une forme éblouissante. Pour découvrir que la construction de notre théâtre n'avait guère avancé.

Toutefois, Cecil Clark, l'administrateur anglais, avait fait des merveilles et avait installé une réplique de la scène que nous aurions à utiliser dans un entrepôt désaffecté avec un toit de tôle sur lequel la pluie tambourinait à grand bruit, noyant la plus puissante des voix humaines. Tanya n'avait pas chômé non plus, et de superbes costumes commençaient à s'aligner sur les mannequins de tailleur. Et Tony était partout, interrogeant, répondant, jetant des ordres, claquant dans ses doigts.

Il était fascinant de voir le grand Tyrone Guthrie maniant une vaste troupe, dont il connaissait une demi-douzaine de membres, avait à peine aperçu une autre demi-douzaine et découvrait complètement le reste. En une heure, il avait gagné l'adoration et la confiance de tous, les avait fait rire et s'animer et les tenait tous au creux de sa paume, y compris moi, qui connaissais tout de ses méthodes.

Nous avions été assez surpris de constater que, dans l'Ontario, nous avions dû nous faire enregistrer comme « alcooliques » chez le caviste local. Comme nous nous rendions en voiture à la French River, mes compagnons canadiens s'étaient garés soudain devant une petite cabane au bord de la route en me disant :

— Si vous voulez du whisky, c'est le dernier endroit où vous pourrez vous en procurer avant le pôle Nord.

La ration était, je crois, d'une bouteille par mois. Le charmant vieillard qui tenait la boutique — une sorte d'épicerie-bureau de poste — me jeta un seul coup d'œil et me dit :

— Whisky ! J'ai vu votre photo dans les journaux. Vous êtes Alisdair McSimms.

Avant que j'aie pu rectifier, il avait lui-même rempli le formulaire et je n'eus pas le cœur de le décevoir. Je me bornai à rectifier :

— Alistair, avec un « t », et non Alisdair.

Sur quoi je me déclarai « McSims, alcoolique » pour toute la durée de mon séjour au Canada. Le délicieux Alastair Sim (1) n'est jamais venu me le reprocher.

La plupart des gens contribuant au Festival ou logeant les acteurs étaient, en ce qui concerne la boisson, des abstinents, appartenant à l'Eglise presbytérienne, à l'Eglise baptiste ou à la Christian Science. Pour moi, qui logeais chez l'archidiacre anglican, tout allait bien. Mais un jour, Tony, Judy et moi, invités à une baignade dans le lac Huron par un charmant couple presbytérien, faillîmes fondre en larmes lorsque ouvrant le coffre de la voiture, on nous proposa scotch, rye, vodka et gin : nos charmants hôtes s'étaient, par pure gentillesse, inscrits comme alcooliques afin de nous faire plaisir.

Cet état d'esprit s'était généralisé dans la ville. Bien que certains demeurassent hostiles à l'idée du Festival, beaucoup

(1) Acteur écossais de théâtre et de cinéma. (NDT)

d'autres, jusque-là divisés par leurs conceptions religieuses ou sociales, apprirent à se connaître et à s'apprécier à travers cette manifestation. Même les catholiques se joignirent à la prière consacrant le théâtre.

C'était, bien sûr, l'influence de Tony Guthrie qui avait contribué à abattre ces barrières, mais il y avait aussi le fait qu'à l'usage, les préjugés locaux contre les acteurs s'étaient en bonne partie évanouis. Entre les gens des diverses confessions chrétiennes, c'était à qui offrirait son hospitalité ou apporterait sa contribution à l'embellissement du nouveau théâtre. Seuls restaient à l'écart les Doukhobors, secte russe si puritaine qu'elle répugne même à porter des boutons (1).

C'est après la première répétition en costumes de *Richard III* que nous eûmes, Tony et moi, notre plus violent accrochage, qui nous conduisit à ne presque plus nous parler jusqu'à la première, deux jours plus tard. J'avais demandé que la tête de Hastings, présentée à Richard après son exécution, fût placée dans un simple sac de toile sans les taches de sang habituelles, et cette idée avait été acceptée. Au fond de moi-même, je pensais que j'arriverais à produire un effet assez horrible en tâtant simplement les contours du sac, chose impossible si celui-ci ruisselait déjà de sang.

Sur quoi, à la répétition, j'aperçus dans la coulisse le sac déjà tout prêt à m'être remis et peinturluré de façon à faire frémir feu Dracula soi-même. Je devins fou de rage, et, dès la fin de la répétition, j'exprimai mon sentiment à voix très forte.

— Pas le temps de m'occuper de ça, dit simplement Tony.

Et, peu avant la première, il s'arrangea pour m'offrir une cerise tirée d'un sac tout marqué de rouge.

— Dégoûtant ! fis-je, avant de claquer la porte.

Mais, au cours de la représentation, on m'apporta la tête supposée de Hastings dans un sac immaculé. Je fus si abasourdi que je ratai complètement mon effet. Après la séance, je dis à Tony :

— Merci pour ton sac de blanchisseuse.

Nous éclatâmes tous deux de rire et tombâmes dans les

(1) Les Doukhobors sont célèbres non seulement pour leurs tuniques de lin blanc, mais aussi pour, en 1924, s'être tous mis nus afin de protester contre l'oppression gouvernementale. (NDT)

bras l'un de l'autre. De toute façon, nous étions alors sûrs du succès du Festival.

Le *Tout est bien qui finit bien* de Stratford fut l'une des plus brillantes mises en scène de Guthrie, qui, de plus, sut faire donner le meilleur d'elle-même à la jeune troupe canadienne. Nous avions complètement oublié, lui et moi, que, trois semaines plus tôt, nous avions menacé de regagner l'Angleterre en constatant que la construction du théâtre n'était toujours pas terminée. La saison fut indiscutablement un succès ; nous jouions pratiquement à bureaux fermés, devant des spectateurs venus de Toronto, d'Ottawa, de New York et de plus loin encore. Le public était attentif et respectueux, si l'on excepte un bon jeune homme aux premiers rangs d'orchestre qui, dès le début d'une représentation de *Richard III*, roula son exemplaire de *Playboy* et en donna un grand coup sur la tête de sa mère en hurlant :

— Merde ! J'en ai marre de ces conneries !

Sur quoi il quitta la salle en maugréant quelques obscénités supplémentaires. Sa mère le suivit docilement, mais elle fut la seule dans le public...

Cette aventure canadienne fut la dernière occasion qui me fut offerte de travailler avec Tony, encore que nous ayons toujours évoqué la possibilité d'une nouvelle collaboration quand nous nous rencontrions. Ce fut à Anna-ma-kerrig que je le vis pour la dernière fois. Quelque temps auparavant, il avait eu une légère alerte cardiaque et on lui avait conseillé de rester un peu tranquille et de refuser toute invitation à une tournée de conférences en Nouvelle-Zélande ou à Tombouctou, sa grande spécialité. Me trouvant à Dublin pour un court séjour, je m'invitai une journée à Anna-ma-kerrig. En arrivant, je trouvai Tony, qui avait abattu un arbre peu après le petit déjeuner, en train de charger d'énormes rondins sur une brouette. Il était rouge et semblait un peu fatigué. Lorsque je lui fis remarquer que de tels efforts n'étaient pas indiqués, il me dit :

— Gentil de ta part, mais quelle importance ? La fabrique de confitures démarre très bien, merci.

Sa grande entreprise, dans les dernières années de sa vie, avait été la création d'une fabrique de confitures utilisant les excellents fruits du comté de Monaghan en vue de résorber le chômage dans la région. La plupart de ses capitaux personnels avaient été engloutis dans l'affaire qui avait d'abord connu quelques mécomptes : sa première cargaison à destination des Etats-Unis avait été jetée dans l'Atlantique par les autorités américaines comme ne répondant pas aux normes d'hygiène officielles. C'est pourquoi, lorsqu'il mourut, il ne laissa que quelque dix mille livres.

Cette journée à Anna-ma-kerrig fut semblable à celles d'avant, avec bavardages, rires, cueillette de fruits et courte promenade. La vieille Mrs Guthrie était morte quelques années plus tôt et la maison avait été un peu réaménagée. Nous déjeunâmes devant l'une des baies du salon et, en mon honneur, on mit sur la table une bouteille de vin d'un rouge suspect. Judy en goûta une gorgée et approuva de la tête.

— Pas mauvais, dit-elle, pour trois shillings. Je l'ai acheté au postier.

Dieu seul sait d'où il venait, mais il avait à peu près le goût de l'encre rouge. De retour à Dublin, je leur fis envoyer une caisse d'un bourgogne décent ; c'était peut-être manquer de tact, mais je crus leur faire plaisir. Pas du tout. Sans nouvelles d'eux depuis trois semaines et sachant qu'ils avaient reçu le vin, je leur téléphonai sous un vague prétexte. Tony décrocha et se montra nettement froid lorsqu'il reconnut ma voix.

— Oh, à propos, demandai-je après des considérations diverses, avez-vous bien reçu le vin que je vous ai envoyé ?

— Oui.

J'attendis la suite, mais la suite ne vint pas.

— Ah, très bien, fis-je.

Toujours rien. Aussi me hâtai-je d'ajouter :

— Bon, il faut que je raccroche. Au revoir.

— Au revoir.

De toute évidence, ils avaient pris mon cadeau comme une allusion déplaisante à leur hospitalité et à la qualité du vin vendu par le receveur des postes. Je croyais les entendre dire, la bouche pincée :

— Notre vedette de cinéma se prend maintenant pour Jupiter. On ferait bien de lui rabattre son caquet.

Ce fut malheureusement la dernière conversation que j'eus avec Tony, encore qu'il m'ait envoyé ensuite une carte postale me demandant d'aller, lorsque je me rendrais à New York, chez Bloomingdale pour y prendre un pot de confiture de prunes Irish Mist. Mais, chez Bloomingdale, on n'en avait jamais entendu parler.

Tyrone Guthrie mourut le 15 mai 1971, alors que, sans doute, toutes les aubépines du comté de Monaghan étaient en fleur. Le 16 juin, un service commémoratif eut lieu à l'église Saint-Paul qui était bondée. La veille, un violent orage avait déraciné un grand arbre juste devant l'église, ce qui semblait presque symbolique. Surtout lorsqu'on savait que le factotum et ami de Tony à Annama-kerrig, qui l'avait découvert mort un matin dans son bureau, avait annoncé ainsi la nouvelle à Judy :

— Un grand arbre est tombé.

Judy m'ayant prié de prendre la parole au cours du service, je lui demandai l'autorisation de citer cette histoire en lui disant que je ne savais pas comment qualifier le messager : factotum, régisseur, employé, ami...

— Pas employé, me chuchota-t-elle dans l'église. Trop Ivy Compton-Burnett ! Ami !

Elle était très calme et très belle. Et la cérémonie eût sûrement plu à Tony, avec les cantiques traditionnels repris en chœur et Laurence Olivier lisant un passage du *Pilgrim's Progress*.

Ce que fit Tyrone Guthrie dans le domaine du théâtre et de l'opéra est presque incroyable : quatre-vingt-seize réalisations, sans compter celles qu'il conçut entre 1926 et 1930 pour les Scottish National Players et le Cambridge Festival Theatre, plusieurs œuvres pour la radio, quelques pièces et livres, ainsi que la fondation de trois théâtres.

Il s'intéressait aux choses les plus diverses : les fleurs des champs, les arbres et les locomotives à vapeur. Il aimait chanter, fort et bien. Il se passionnait pour la psychologie freudienne et jungienne, admirait l'art victorien et aimait les chats. Il était libéral en politique et assez tolérant en matière religieuse, encore qu'appréciant peu la forme de catholicisme qu'on trouve en Irlande. Me voyant un jour partir pour la messe, il me dit :

— Tu vas t'incliner devant les idoles ?

Une autre fois, après avoir entendu un message du pape à la radio, il affirma :

— Les seuls mots que j'ai compris dans ce qu'il a dit, c'était « manches courtes »...

Pourtant, je soutiendrais que, d'une façon générale, il avait une sensibilité religieuse.

Il était docteur honoris causa ès lettres de St Andrew et, distinction dont il était très fier, chancelier de la Queen's University de Belfast. De l'autre côté de l'Atlantique, il aimait à se faire appeler Dr Guthrie, ce qui, en une occasion au moins, provoqua un léger malentendu. Judy et lui étaient descendus dans un grand hôtel de Brooklyn. Au milieu de la nuit, le téléphone sonna dans leur chambre et le standardiste demanda :

— Dr Guthrie ? Il y a un monsieur au 204 qui a une crise cardiaque. Pourriez-vous y aller ?

En pantoufles avachies et robe de chambre déchirée, Tony se précipita au 204. Quand je lui demandai, quelques jours plus tard, ce qu'il avait fait pour le malade, il me répondit :

— Lui ai fait une bonne tasse de thé et lui ai tenu la main. Beaucoup, beaucoup mieux le matin. Lui ai conseillé d'appeler son médecin habituel.

Tony signala au personnel de l'hôtel qu'il n'était pas docteur en médecine, mais ce fut sans effet. A trois heures du matin la nuit suivante, le standardiste récidivait :

— Dr Guthrie ? La dame du 903 pense qu'elle a la grippe espagnole.

Cette fois, Tony laissa échapper un flot d'imprécations et raccrocha violemment.

— Senti un peu coupable ensuite, me dit-il. Probablement pas ça, mais j'ai vu hier qu'on descendait un cadavre par l'ascenseur de service.

Après sa mort, Judy déclina rapidement. Elle avait fait sa chambre dans l'ancienne salle à manger d'Anna-ma-kerrig et restait assise devant la fenêtre, drapée dans un châle, à regarder le lac et observer les oiseaux. Puis les piaillements de ceux-ci lui devinrent insupportables et elle resta dans son lit. La dernière fois que je lui rendis visite, on m'avertit que je ne pouvais pas rester avec elle plus de dix minutes d'affilée et que je devais éviter tout bruit dans la maison au cas où elle serait assoupie. Nous parlâmes calmement du bon vieux temps, des pique-niques en bateau sur l'Avon où nous mélangions whisky et eau de rivière dans de vieilles boîtes de soupe à la tomate, de la guerre, des amis anciens et enfin de Tony.

— Il était épuisant, me dit-elle.

Puis elle se mit à rire, avant d'être saisie de son épouvantable toux.

Au milieu du dernier après-midi que je passai dans la maison, je me glissai dans le salon pour aller chercher un livre. A ma stupéfaction, Judy était debout près du piano, dont le couvercle était ouvert. Elle était en robe de chambre, les cheveux sur les épaules, et elle buvait du cognac au goulot. Elle était magnifique. Elle reboucha la bouteille et remit celle-ci dans le piano.

— Ma petite réserve, me dit-elle en me regardant d'un air grave.

Puis elle ajouta, avec son irrésistible sourire :

— Gros temps ! Temps des adieux...

Elle traversa lentement et prudemment la pièce et sortit en refermant doucement la porte derrière elle. Pour la rouvrir presque immédiatement. Elle resta là, sur le seuil, un instant, murmura : « Chut ! » et partit. Je ne l'ai jamais revue.

Où que soient leurs âmes, une chose est sûre : elles sont ensemble.

VIII

L'INIMITABLE COCKERELL

Des gardes soudanais armés, la face noire sous la chéchia rouge, gardaient le vaste portail donnant accès au palais de Mr et Mrs Chester Beatty dans le désert, à un jet de pierre des Pyramides. Ils regardèrent la modeste voiture dans laquelle nous arrivions comme si, à leur avis, il était inutile de gaspiller des balles sur un aussi piètre équipage, la crosse du fusil suffisant amplement. Derrière les portes s'étendait un parc de sable bien irrigué planté de palmiers, d'eucalyptus et d'arbustes exotiques, avec de gigantesques parterres ovales de pensées pourpres. Le parfum caractéristique et enivrant de l'Egypte et du Proche-Orient imprégnait entièrement l'air de ce chaud dimanche après-midi de mars 1939 et me montait à la tête.

Merula et moi avions déjeuné avec un charmant couple anglais, que nous connaissions à peine mais qui avait proposé de nous emmener prendre le thé chez les Chester Beatty.

— Elle est très amusante, nous avaient-ils dit, et vous devez voir la maison et les jardins. La seule chose ennuyeuse est qu'ils ont chez eux un vieux bavard nommé Cockerell et qu'il est vraiment assommant. Peut-être pourrons-nous l'éviter.

On nous accueillit fort bien, on nous fit visiter l'endroit puis on nous servit sous un arbre un thé raffiné. Les théières et les pots d'argent poli étincelaient, de l'eau chaude frémissait sur un réchaud à alcool et, soulevés par un maître d'hôtel et une femme de chambre en bonnet de dentelle, des couvercles d'argent révélaient des muffins et des sandwiches au concombre. De fines serviettes accompagnaient les gâteaux aux fruits et les éclairs au chocolat, et le thé lui-même se présentait sous toutes les formes connues en Inde et en Chine. Dans cette oasis de luxe et de plaisir trottinait le très redouté Sir Sydney Carlyle Cockerell, un homme de soixante et onze ans arborant une barbe grise, un panama, un veston de toile et un pantalon de flanelle grise tout froissé.

— Qui vive (1) ! murmura l'aimable dame qui nous avait amenés là.

Mais, derrière les lunettes à monture dorée de Sydney Cockerell, j'avais décelé un regard tolérant et amusé, et je fus pris d'une sympathie immédiate pour lui.

Il avait quitté deux ans auparavant son poste de conservateur du musée Fitzwilliam à Cambridge et s'était installé avec sa femme infirme dans une petite maison de Kew, où ils étaient entourés de toute une troupe de dames fort dévouées qui, en plus de leurs qualités de peintres ou d'écrivains, étaient invariablement expertes dans la confection des gâteaux.

A notre thé égyptien, Sydney prit la direction de la conversation dès que les présentations eurent été faites, enseignant, corrigeant, rectifiant, se moquant gentiment et réagissant à n'importe quelle marque d'ignorance :

— Ce nom se prononce Kooch ! Quiller Kooch. Et pas « coche », comme vous le dites. Et le poète, un grand ami à moi, soit dit en passant, s'appelle Walter de la Mare, DELLamare, et non de la MARE !

Tout le monde s'attendait au pire à tout instant, moi y compris. Mais il me dit au contraire :

— Nous sommes allés vous voir jouer *Hamlet* il y a quelques jours. Très bon pour quelqu'un d'aussi jeune. Mrs Chester Beatty a été sollicitée par le comité qui compte faire construire un Théâtre national à Londres, face au musée Victoria et Albert. Elle serait très heureuse d'apporter sa contribution, mais elle ne veut pas le faire sous son nom. Je lui ai suggéré de faire une donation en votre nom. Un jour, quand vous serez célèbre, il y aura dans ce beau théâtre un fauteuil avec une plaque de cuivre vous mentionnant. Cela vous plaît-il ?

Je hochai la tête, rougis et projetai un peu de gâteau sur Mrs Chester Beatty. L'argent fut, sans aucun doute, donné,

(1) En français dans le texte.

l'emplacement du théâtre changé plusieurs fois, mais, à ma connaissance, aucune plaque de cuivre ne commémore la contribution de Mrs Chester Beatty. La forteresse de béton finalement construite sur les bords de la Tamise par Sir Basil Ladon ne laisse pas place, dans sa sévérité naturelle, aux noms des donateurs qui ont permis son existence.

Après le thé, Cockerell, qui nous avait dit qu'il regagnait l'Angleterre le lendemain, me proposa de l'accompagner dans ses appartements car il y avait dans sa malle quelque chose qu'il aimerait me donner. Mes pensées se portèrent immédiatement sur d'inestimables trésors : un Codex rarissime, une première édition de Shakespeare, la canne de Keats ou le poignard de T. E. Lawrence — en bref, tout ce qu'avait pu évoquer son étincelante conversation. Je le suivis donc avec enthousiasme. Au milieu d'une antichambre dallée de bleu gisait une gigantesque malle que quatre robustes fellahs devaient avoir du mal à porter. Sydney défit les grandes courroies de cuir qui l'entouraient, souleva le lourd couvercle et se mit à fourrager à l'intérieur.

— Vous ne trouverez rien de pareil au Caire, me dit-il. Une véritable affaire.

Et il me tendit d'un geste majestueux un livre de poche : *la Nuit des Rois* en Penguin Books, ce qui se vendait environ six pence à l'époque. Bien sûr, je le remerciai abondamment et glissai le livre dans ma poche. C'était une leçon d'appréciation des choses salutaire et probablement nécessaire dans ce cadre doré, et je souhaiterais que cet exemplaire-là de *la Nuit des Rois* ait survécu à la guerre ; il aurait une position privilégiée dans ma bibliothèque.

Sydney semblait nous avoir pris en sympathie, car, lorsque nous prîmes congé cet après-midi-là, il nous demanda d'entrer en contact avec lui lorsque nous regagnerions Londres, ajoutant qu'il aimerait organiser un déjeuner entre nous et Mr et Mrs Bernard Shaw.

Bernard Shaw finissait d'écrire *les Jours heureux du bon roi Charles* le matin du jour où il nous avait invités, Sydney, une nièce de Mrs Shaw, Merula et moi, à déjeuner à Whitehall Mansions. Ce devait être au tout début de mai, après le retour de la troupe de l'Old Vic. Le temps était beau et les menaces de guerre semblaient s'éloigner. Mrs Shaw nous reçut de façon chaleureuse et rassurante. Elle nous montra avec fierté les peintures et les statuettes de bronze parfaitement hideuses du salon, nous informa que GBS nous rejoindrait dès qu'il aurait fini de travailler dans son bureau et entretint une conversation papillonnante qui nous dispensait pratiquement d'émettre un mot. Comme une heure sonnait à la pendule, une grande porte d'acajou fut ouverte par un laquais en uniforme à dorures et en gants blancs qui annonça, comme à une réception d'ambassade :

— Mr Shaw !

J'étais le plus près de la porte et j'entrai presque en collision avec le maître de céans lorsqu'il fit irruption dans la pièce, en complet de laine pourpre et cravate tricotée verte. Il était très grand et fort bel homme, avec sa barbe d'un blanc de neige et sa peau extrêmement lisse. Il entra en souriant chaleureusement, une main tendue. On ne m'avait pas dit combien sa vue était basse et, quand je tendis la main à mon tour, il la manqua d'un mètre et me dépassa en proclamant d'un ton joyeux :

— Je viens de mettre les dernières touches à la pièce.

— Oh, bravo ! s'exclama Mrs Shaw en battant des mains.

Sydney me regarda en hochant la tête d'un air satisfait, comme pour me dire :

« Jeune homme, vous vivez un moment historique. »

Le valet de pied annonça le déjeuner et nous passâmes du salon à une salle à manger un peu triste, meublée d'une longue table et de chaises Windsor à haut dossier, que deux laquais tirèrent afin de permettre aux maîtres de maison de s'asseoir.

En venant, Merula et moi, connaissant les principes végétariens de Shaw, avions redouté le pire quant au menu, mais nous avions tort. Il y avait du poulet rôti et du vin blanc pour Cockerell, la nièce et nous, tandis que les Shaw se contentaient de légumes verts et buvaient de l'eau. Il n'y eut pas de conversation à proprement parler, car GBS ne lâcha pratiquement pas la parole, racontant essentiellement les bons mots qu'il avait glissés dans sa pièce et s'esclaffant au point de manquer tomber de sa chaise. Sydney tenta de l'entraîner vers des sujets plus graves, comme le danger de guerre, mais il écartait comme n'étant que « balivernes » tout ce qui n'avait pas trait à sa comédie.

Lorsque nous repassâmes au salon pour le café, Mrs Shaw nous rassembla, sa nièce, Merula et moi, devant un buste en bronze de Shaw sur un piédestal.

— Ce côté, nous dit-elle, montre Shaw le philosophe. Maintenant, venez par ici.

Nous nous exécutâmes, rejoints par le grand homme, qui écoutait en souriant et approuvant.

— Sous cet angle, poursuivit Mrs Shaw, vous voyez Bernard l'humoriste. Vous remarquerez que la bouche se plisse vers le haut, tandis que de ce côté...

Nous reprîmes tous la position première.

— ... De ce côté, c'est vers le bas. Le philosophe !

Nous inclinâmes la tête gravement. Shaw avait l'air si méditatif que nous prîmes congé. Je savais que je venais de rencontrer un homme au génie indiscutable mais ce qui m'avait le plus impressionné, malgré son intarissable bavardage et son évidente autosatisfaction, avait été son exquise courtoisie, presque digne du XVIIIe siècle. Les manières de Shaw représentaient un délicieux mélange de formalisme, d'aisance et de charme, une combinaison bien rare de nos jours, sauf chez certaines personnes très âgées et fort distinguées. Sir Osbert Sitwell avait le même don, ainsi que l'ambassadeur des Etats-Unis en Grande-Bretagne, Mr Douglas, le metteur en scène Anthony Asquith et, parmi ceux qui sont encore avec nous, Lord Stockton et le roi Hussein de Jordanie — des hommes qui font croire en la civilisation.

A la suite de ce déjeuner à Whitehall Mansions, Shaw envoya à mon insu, sinon à celui de Sydney, une carte postale à Gabriel Pascal à Hollywood lui suggérant de m'employer dans un film. Rien n'en sortit, mais Pascal s'arrangea pour échanger la carte contre une boîte de cigares au magasin Dunhill de Beverly Hills. Bien des années plus tard, le directeur du magasin me donna fort courtoisement une photocopie de la carte mais ne voulut à aucun prix se défaire de l'original.

Au tout début de la guerre, je jouai au Globe Theatre avec Edith Evans et Peggy Ashcroft une pièce dont la carrière fut brève. En partie par un désir de compensation et en partie pour imiter dans la mesure de nos moyens les concerts donnés à l'heure du déjeuner à la National Gallery, nous décidâmes tous trois d'organiser des récitals de poésie hebdomadaires au profit de diverses organisations d'aide aux combattants. Aucun droit d'entrée n'était perçu mais une quête était faite à la fin de chaque séance. Le programme changeait toutes les semaines, bien qu'Edith tînt à y inclure chaque fois : « Ne dites pas la lutte sans objet » où elle croyait voir de façon prophétique, l'Amérique n'étant pas encore entrée en guerre, le plan prêt-bail du président Roosevelt et le plan Marshall.

Un après-midi où je récitais *la Belle Dame sans merci,* Sydney Cockerell fit son apparition, accompagné de Sir Edward Marsh, qui avait été un moment le secrétaire de Churchill. Après la séance, je fis une longue promenade avec le vieil homme sous les ballons captifs peuplant alors le ciel de Londres et au milieu des tranchées et des sacs de sable de Hyde Park.

— Ah, la beauté ! La beauté ! lançait Eddie Marsh, dont la voix était extraordinairement haute.

Il rejetait la tête en arrière, fronçant ses lourds sourcils noirs et agitant en l'air d'un air accablé sa canne de Malacca à pommeau d'ambre. Je n'arrivais pas à déterminer s'il faisait allusion à mon récital, aux « saucisses » argentées flottant au-dessus de nos têtes ou au souvenir de son ancien protégé, Rupert Brooke. Quelle qu'ait pu être la cause de cette manifestation d'émotion, Sydney y coupa court.

— *Très* bien, me dit-il. Mais pas parfait. Ce n'était pas cela que Keats voulait, vous savez. Il ne voulait pas ce « lulléd » avec cet « éd » dur à la fin. Je sais que le mot est imprimé ainsi dans toutes les anthologies, mais il ne devrait pas l'être. William Morris me l'a dit — et le tenait de Joseph Severn, le peintre qui, comme vous devez le savoir, se trouvait avec Keats quand il est mort. Keats voulait un triple « l » — lullld — mais l'imprimeur a pris le troisième l pour un accent.

Une chose assez difficile à prononcer, mais je pense que Severn, Morris et Cockerell avaient raison. Sydney était une véritable mine d'informations rares, recueillies auprès d'amis tels que Ruskin, Morris, Burne-Jones, Thomas Hardy et Tolstoï, et méticuleusement notées jour après jour dans des carnets s'étendant sur cinquante années ou plus. Sydney était né en 1867 et beaucoup de ses amis plus âgés avaient, vers 1890 par exemple, des souvenirs de l'avènement de la reine Victoria, de Disraeli, de Gladstone, du jeune Dickens, de Thackeray et de

Trollope. Il y avait parfois une bonne dose de pédanterie dans ce qu'il me contait, mais, ici ou là, ses souvenirs étaient si vivants qu'ils m'amenaient à penser qu'il eût pu être, en des circonstances plus dramatiques, un équivalent anglais d'Alexandre Herzen.

En 1903, quand Tolstoï vivait à Iasnaïa Poliana, Sydney eut l'occasion de lui rendre visite, et, dans son récit, deux choses m'ont frappé comme si j'y avais assisté moi-même. Quand il arriva chez Tolstoï, on le conduisit dans le verger, où toute la famille — à l'exception du maître lui-même, qui faisait la sieste — prenait le thé. Ils étaient tous assis ou étendus sur l'herbe, sous les pommiers, buvant de grands verres de thé noir et mangeant des concombres tartinés de miel. La conversation était inexistante ; on n'entendait que le son de la vapeur sortant du samovar, le bourdonnement des abeilles et le bruit des concombres croqués.

Plus tard, dans la maison, Tolstoï dit à Sydney qu'il aimerait lui montrer la salle de billard. Ils se rendirent dans une vaste pièce où, de prime abord, on ne distinguait pas de billard. Il était pourtant là, mais entièrement recouvert, presque jusqu'au plafond, par les dizaines de milliers de lettres non ouvertes que Tolstoï y avait entassées. On pouvait y apercevoir des timbres du monde entier : un véritable rêve de philatéliste. Sydney jeta un regard étonné à son hôte, qui haussa les épaules, murmura quelque chose à propos de la vanité et l'emmena hors de la pièce.

Durant la guerre, je recevais de courtes lettres de Sydney, écrites de sa belle écriture penchée qui, avec les ans, devint si minuscule et si serrée que chaque missive ressemblait à une page de la Bible concentrée sur un timbre-poste et nécessitait parfois une loupe. Je lui écrivais aussi, occasionnellement, dans mon affreux gribouillis, et il utilisa deux ou trois de mes lettres dans son recueil *les Meilleurs des amis*. Il me suppliait également d'améliorer ce qu'il appelait mon « graphisme non formé » et m'envoyait, pour m'y encourager, le manuel d'écriture de Patrick Barry, dont il avait rédigé la préface. Mon graphisme s'est peut-être amélioré, encore qu'il demeure la plupart du temps très bâtard, mais, en avançant en âge, je constate que mon écriture devient de plus en plus petite, un peu comme celle de Sydney mais sans la distinction qui la caractérisait.

En 1939, indécis quant à ce que je devais faire et ne désirant pas rejoindre les forces armées avant que l'enfant de Merula ne soit né, il me vint l'idée d'entreprendre une tournée des hôpitaux en lisant des histoires aux malades. J'en parlai à Sydney, qui m'envoya promptement dix livres pour mes frais. Je ne fis la lecture qu'une fois, dans un petit hôpital près de Dorking où je me révélai plus encombrant qu'utile. J'avais choisi une histoire du *Père Brown* de Chesterton et, pendant vingt minutes, je l'infligeai à un jeune homme qui semblait las et indifférent. Quand je partis, je demandai à l'infirmière ce qu'il avait.

— Cela n'a guère d'importance, me répondit-elle. Il ne passera pas la nuit.

Je pensai qu'on aurait pu me prévenir ; je n'aurais pas troublé ce mourant dans ses ultimes pensées. J'abandonnai l'idée de ces séances de lecture et Merula renvoya son argent à Sydney après mon engagement dans la Marine.

Vers 1951, Sydney fit une mauvaise chute et se retrouva cloué au lit pour le reste de son existence. Je lui rendis un certain nombre de visites à Kew. Il me recevait dans sa chambre, au rez-de-chaussée, assis dans son lit, une calotte de velours bleu sur le crâne, ses lunettes à monture d'or sur le bout du nez, un bloc de papier sur les genoux, entouré d'un amas de lettres, de livres et de stylos divers.

— Vous avez manqué de peu l'archevêque de Canterbury, me disait-il. Ou encore :

« Si vous étiez arrivé une demi-heure plus tôt, je vous aurais présenté à Archie Wavell.

Plus tard, j'eus l'occasion de rencontrer Wavell chez lui et je pense que nous serions devenus de grands amis s'il n'avait pas trouvé une fin tragique entre les mains des Maus-Maus.

Lorsque j'eus à jouer le rôle de Lawrence d'Arabie dans la pièce de Rattigan « Ross », en 1960, je me rendis à Kew avant les répétitions pour recueillir les souvenirs de Sydney sur le personnage.

— C'était un terrible menteur, vous savez, me dit-il. Un jour, je lui ai demandé : « Pourquoi prenez-vous la peine de mentir ? » Et il m'a répondu : « Parce que mes mensonges sont plus intéressants que la vérité. »

La dessinatrice Dorothy Hawksley, qui tenait compagnie

presque quotidiennement à Sydney, se trouvait dans la pièce à ce moment et elle intervint avec la timidité qui lui était coutumière.

— Je suis arrivée ici un jour, dit-elle, et j'ai vu un petit homme, en uniforme d'aviateur, qui regardait par la fenêtre. Il me tournait le dos. Je me demandai pourquoi Sydney pouvait bien fréquenter un homme aussi ordinaire. A ce moment, comme s'il avait pu lire dans mes pensées, le petit homme se retourna et me regarda fixement. Je ne pense pas avoir jamais rencontré une aussi forte personnalité. J'ignorais, bien sûr, qui il était avant les présentations. Il m'a fait assez peur. Mais Sydney l'aimait bien. N'est-ce pas, Sydney ?

— Qui aimais-je bien ?

— Lawrence d'Arabie.

— Hum. Peut-être. Mais c'était un tel menteur...

Sydney me fit cadeau d'une gandoura rayée qu'il avait achetée à un Bédouin après qu'il eut fait, avec Wilfrid Blunt, naufrage sur la côte du Sinaï en 1900. Il l'avait ensuite utilisée comme robe de chambre et l'avait prêtée à Lawrence qui, à son tour, l'avait donnée à Bernard Shaw. Elle revint finalement entre les mains de Sydney et quant à moi, peu après être entré en sa possession, j'en fis don au petit musée installé à Cloud's Hill, l'ancien cottage de Lawrence dans le Dorset.

De tous les gens ayant bien connu Lawrence et que j'ai pu interroger, seuls Sydney et Sir Basil Liddell-Hart m'ont paru avoir une vue impartiale et sereine du personnage. Beaucoup d'autres, comme Siegfried Sassoon, Robert Graves et David Garnett, donnaient l'impression d'être jaloux de l'amitié de Lawrence, chacun se considérant comme son seul véritable intime. On eût dit des collégiens épris du capitaine de l'équipe de cricket.

Le témoignage le plus frappant que je recueillis fut celui du gardien de Cloud's Hill, qui, regardant par la fenêtre du cottage, me dit un soir :

— Je le vois maintenant comme il y a trente ans, marchant en canard, les pieds en dehors et les bras collés au corps, au milieu de la route par un crépuscule d'été. Je le regardais toujours partir. Certes, je n'étais encore qu'un gosse, mais il était mon héros.

Lorsque je racontai cela à Sydney, il eut un sourire empreint d'une légère malignité.

— A mon avis, dit-il, il savait qu'on le regardait — et qu'on l'idolâtrait.

Dans la chambre de Kew, appuyées contre des livres en face du lit, se trouvaient trois ou quatre grandes photographies encadrées. L'une représentait Dame Laurentia McLachlan, abbesse de Stanbrook, et une autre Dame Felicitas Corrigan, également du couvent de Stanbrook.

— De grandes dames, commentait Sydney, en regardant les photographies par-dessus ses lunettes.

Il avait été à l'origine de la visite faite à l'abbesse par Bernard Shaw en 1924, visite ayant suscité la superbe correspondance entre l'auteur dramatique et la religieuse, qui comporta l'une des plus belles lettres jamais écrites par Shaw. Lorsque Dame Laurentia mourut, sa biographie fut écrite par Dame Felicitas, qui entretint avec Sydney une correspondance abondante et suivie. Ces échanges de lettres trahissaient une incompréhension naturelle et totale en ce qui concerne le christianisme, mais, malgré son antipathie pour l'Eglise, Sydney avait une haute estime pour les religieuses intellectuelles. Quand je lui dis que j'étais devenu catholique, il se montra sincèrement surpris, me demandant :

— Mais comment pouvez-vous croire en un Dieu créateur tout d'amour et tout de sagesse sachant que vous possédez un appendice, qui est un organe totalement inutile et pouvant devenir dangereux ?

Rien n'eût pu le convaincre qu'être chrétien ne voulait pas nécessairement dire qu'on rejetait l'évolution ou d'autres théories scientifiques pour revenir au fondamentalisme biblique. Il cultivait les préjugés de son époque, de sa génération et de sa catégorie sociale, adorant les arts et les sciences et mettant son espoir dans un changement de la société. Lorsqu'il était jeune, Sydney avait travaillé quelques années dans les quartiers pauvres du sud de Londres. Sa nature était totalement exempte de frivolité.

Il avait du charme mais pouvait vous assommer de ses bavardages ; il était bon mais se montrait souvent dédaigneux ; il était généreux mais avec les instincts d'une pie sans scrupules ; son amitié était chaleureuse mais il était susceptible. Ses goûts allaient aux périodes médiévale et victorienne — je ne me souviens pas de l'avoir entendu mentionner quoi que ce soit du XVIIe ou du XVIIIe siècle — et le monde déjà sur le déclin qui avait suivi la Première Guerre mondiale le laissait poliment indifférent. Comme je parlais de lui un jour à Edith Sitwell, elle me dit :

— J'ai envie de lui donner des coups de pied !

Avant de reprendre son tricot sans autre commentaire...

Je n'ai, quant à moi, jamais regretté de l'avoir rencontré et d'avoir bénéficié de cette amitié inattendue.

IX

UN COUP DUR POUR LA CAUSE ALLIÉE

Le colonel se tenait le dos à la cheminée, réchauffant la partie arrière de sa martiale personne. Il était tout petit, vêtu d'un complet de tweed brut, et, bien qu'il s'efforçât d'être bienveillant, il ne parvenait qu'à avoir l'air en colère. Il était un « oncle » — sans relation familiale — très respecté de ma grande amie Peggy Ashcroft, qui avait fort gentiment organisé cette entrevue. C'était en 1940.

— Savez conduire une voiture ? demanda le colonel.

— J'ai bien peur que non.

Le colonel ayant l'air encore plus en colère, je m'empressai d'ajouter « Sir », ce qui sembla l'apaiser un peu.

— Motocyclette ?

— Non, j'ai peur que...

— Sport ? Rugby ? Cricket ?

— Pas du tout, Sir.

— Ma nièce dit que vous jouez la comédie.

— C'est exact.

— Bon, je vois. Je vous conseillerais d'aller offrir vos services à la Royal Navy. Au revoir.

Sur quoi je pris congé. De toute manière, c'était dans la Marine que je souhaitais m'engager, mais je n'avais aucune idée des démarches à faire. Deux ou trois jours après, quelque part du côté de Piccadilly, je tombai sur Dennis Price avec qui j'avais joué sous la direction de Gielgud.

— Tu devrais venir avec nous à Sevenoaks, me dit Dennis d'un air encourageant. C'est une batterie antiaérienne et il n'y a absolument rien à faire. Le major Cazalet est adorable, et il y a là un tas de copains. Johnnie, Jack, Hughie et Sebastian, entre autres. On peut partir en permission comme on veut : tout ce qu'on a à faire, c'est de dire qu'on à un dîner au Savoy et qu'on ne peut pas le décommander. Je crois qu'on pourra passer la guerre très confortablement. Viens avec nous. J'en toucherai un mot à Cazalet.

Dennis était très élégant dans son uniforme kaki : pli impeccable au pantalon, souliers étincelants et casquette à un angle coquin.

Une semaine plus tard, donc, je pris le train pour Sevenoaks, très nerveux et indécis mais arborant mon meilleur complet et tenant la tête haute. Je débarquai dans une vaste maison de banlieue qui ne semblait nullement occupée par des militaires ; en fait, elle paraissait complètement déserte. Le hall où je pénétrai était veuf de présence humaine comme de mobilier. Je poussai timidement une porte et me retrouvai dans une pièce où, derrière le nombre correspondant de machines à écrire, deux sergents tricotaient. Ils me regardèrent avec quelque surprise mais continuèrent à faire marcher activement leurs aiguilles.

— Oui ? dit l'un d'eux, assez aimablement. Que pouvons-nous faire pour vous ?

— Je voudrais voir le major Cazalet.

— Etes-vous attendu ?

— Je pense.

Ils ne correspondaient pas du tout à l'image que je me faisais des sergents. Je me demandai brièvement ce qu'en aurait pensé l'oncle de Peggy.

— Bon, dit l'un des vaillants sous-officiers, attendez un instant. Je vais voir. Quel nom avez-vous dit ?

Je donnai mon nom. Le sergent posa son tricot d'un air las et quitta la pièce. L'autre me dévisageait d'un air gourmand.

— Vous venez ici ? me demanda-t-il.

— Je ne sais pas encore.

— Et, si je puis me permettre de poser la question, que faites-vous dans le civil ?

— Je suis acteur.

— Oh, mon Dieu ! Pas encore ! Mon cher, nous en regorgeons littéralement. C'est à ne plus savoir qu'en faire. Vous savez que nous avons Dennis et Hugh ?

— C'est ce que j'ai entendu dire.

La porte se rouvrit et le sergent numéro un reparut.

— Elle va vous voir maintenant, « tout de suite » (1).

Et il eut un geste très évaporé du poignet pour m'indiquer la direction à prendre. Comme je sortais, j'entendis le sergent numéro deux dire à son compagnon, mais, j'en suis sûr, à mon intention première :

— Pas exactement une beauté, mais tout à fait mignon.

Je respirai profondément et frappai à la porte du major. Celui-ci était un petit homme à l'air doux. Il se leva pour m'indiquer un siège devant son bureau.

— Veuillez vous asseoir, me dit-il. C'est heureux que vous soyez venu un jour calme. La plupart des hommes sont dehors pour l'instruction sur le canon Bofors. Dennis m'a parlé de vous. Vous avez trouvé votre chemin sans difficulté ?

— Sans difficulté, Sir.

— Ah, bien.

Il y eut un silence, comme s'il cherchait quelque chose à dire, puis :

— Nous aurions plutôt des effectifs excédentaires, pour le moment.

Autre silence.

— Qu'en pensez-vous ? Aimeriez-vous venir avec nous ? Bien sûr, je comprends que vous n'avez encore rien vu. Prenez votre temps.

Je ruminai et hésitai avant de lui demander :

— Pourrais-je avoir un jour ou deux pour y réfléchir, Sir ?

— Bien sûr, bien sûr ! Ciel, je détesterais bousculer quelqu'un. Voyons... nous sommes mardi. Pourriez-vous me donner votre réponse pour jeudi ?

— Oui, répondis-je, en sachant parfaitement que j'aurais pu la lui donner à l'instant si j'en avais eu le courage.

Quand je quittai le bâtiment, les deux sergents me regardèrent partir par la fenêtre. L'un d'eux salua de la main. En retournant vers la gare, je me demandais comment faire à Dennis les excuses qui conviendraient.

Peu après, des questions sur la batterie de Sevenoaks furent posées à la Chambre des Communes. L'unité fut dissoute, et

(1) En français dans le texte.

Jack, Johnnie, Dennis, Hugh et Cie furent affectés à des postes différents et peut-être moins plaisants. Environ un an plus tard, j'eus l'occasion d'entendre Victor Cazalet faire une conférence à des membres du personnel naval à Inverary ; il était excellent. Malheureusement, il devait trouver la mort en juillet 1943 dans l'avion où se trouvait également le général Sikorski et qui manqua son décollage à Gibraltar.

Mon étape suivante fut une école désaffectée du nord de Londres utilisée par la Marine comme centre de recrutement. Je m'y retrouvai assis devant un petit bureau où trônait un premier maître au visage taillé à la serpe. Il me fit clairement comprendre qu'il ne me considérait pas comme un candidat convenable et fit de son mieux pour me décourager. Devant mes réponses à ses diverses questions, il avait de petits mouvements de tête désespérés qui prenaient presque les allures de tics nerveux. Mais je tins bon. Finalement, avec un soupir accablé, il me demanda :

— Savez-vous nager ?

— Oui ! répondis-je triomphalement.

Il donna un coup de tampon sur une feuille de papier et me dit :

— Si le docteur vous accepte, vous serez appelé, mon garçon. Un jour...

Puis je me retrouvai, complètement nu, au milieu de quelques douzaines d'autres jeunes gens de toutes les tailles et de toutes les formes. On nous poussa vers des dentistes qui regardèrent vaguement nos bouches, vers des oculistes décidés à s'assurer que nous n'étions pas daltoniens, et, finalement, vers un vieux médecin jovial et corpulent. Celui-ci m'entoura le torse d'un mètre en ruban, et me demanda d'expirer puis d'inspirer. Il parut surpris du résultat et recommença sa mesure.

— Dix centimètres, fit-il. Comment expliquez-vous cela ?

— Je suis acteur. Cela fait travailler les poumons.

— Je vois, dit-il, l'air impressionné.

Il se livra à une exploration assez intime.

— Toussez ! Maintenant, penchez-vous.

Comme je m'exécutais, il me demanda soudain :

— Vous connaissez Ivor Novelto ?

Je lui répondis par la négative.

— Vous aimez sa musique ?

— Oui, fis-je.

— Redressez-vous. Accepté A I.

Il gribouilla quelque chose. Quant à moi, je me rhabillai et ressortis au grand jour, un peu perplexe sur ce que je venais de faire et un peu effrayé par les conséquences, mais, d'une certaine façon, heureux et soulagé. Une dizaine de semaines plus tard, j'étais convoqué comme simple matelot pour l'entraînement au « H.M.S. Raleigh », un établissement à terre à quelques kilomètres à l'ouest de Plymouth.

A l'époque, Merula et moi vivions avec notre fils, né en juin 1940, dans un petit bungalow en bordure d'un bois, près d'Ockley, dans le Surrey, que nous louions sept shillings par semaine. Lampes à pétrole, bougies, alcool solidifié et pompes à eau faisaient partie de notre vie quotidienne, ce qui nous convenait admirablement. Nous pensions notre bungalow hanté, mais d'une manière point trop déplaisante. Petits oiseaux, souris, hiboux, lapins et autres animaux y étaient comme chez eux, mais ils semblaient fort bien admettre notre présence, comme si nous avions eu, à leurs yeux, autant de droits qu'eux à nicher là. Les nuits résonnaient toujours de petits sons furtifs, de bruits d'ailes, de grattements et de tapotements.

Ayant récemment embrassé l'anglo-catholicisme, j'avais tendance à interpréter tout cela comme des signes de quelque autre monde. C'était sans doute là une sorte de défense psychologique contre les incertitudes de la guerre et la crainte de l'avenir, et ce me fut précieux tant que cela dura. Je consacrais la plus grande partie de mes soirées à lire sous la lampe : les œuvres de sainte Thérèse d'Avila, de saint François de Sales, de William Law, de William Temple ou de Gore. Nourritures hautement spirituelles que je délaissais parfois pour revenir sur terre avec Dickens ou Beachcomber. Un jour, aussi, je revins sur terre — ou plutôt à terre — pour de bon. Me dirigeant tranquillement à bicyclette vers la gare d'Ockley, je me fis mitrailler par un chasseur de la Luftwaffe volant en rase-mottes. Je me précipitai dans un fossé, dont je ressortis indemne mais enragé et prêt à tout.

Quand, finalement, mon ordre de route arriva, je fus repris par mon sens très excessif de la ponctualité et je partis pour Plymouth avec un jour d'avance. Peut-être sentais-je que si j'attendais le dernier moment, je ne partirais pas du tout et que l'on devrait venir me chercher.

Je me suis rarement senti si seul et si perdu qu'en descendant l'allée de gravier de notre bungalow cet après-midi-là. Des larmes coulaient sur mes joues comme je pensais à la triste période qu'allait traverser Merula. Mais, au moins, elle avait le bébé pour l'occuper. Je n'arrivais pas à détacher mes pensées d'eux deux pour envisager l'avenir immédiat. Je passai la nuit dans un hôtel de Plymouth et assistai, tôt le matin, à un office anglican. J'étais seul à communier. Le jeune prêtre était si couvert d'ornements et si outrecuidant que j'eus envie de lui enfoncer sa barrette sur le crâne. Ce fut le premier et faible indice de mon détachement de l'anglicanisme Haute-Eglise.

Le « H.M.S. Raleigh (1) » se présentait comme un vaste terrain de manœuvre, avec une esplanade bétonnée et plusieurs rangées de baraquements en bois abritant les dortoirs, les bureaux, le gymnase, le réfectoire et les abris antiaériens. Mon univers se trouva soudain envahi de bruits divers, d'ordres aboyés et de termes d'argot maritime difficiles à saisir. Il n'existait pas de lieu tranquille, à l'exception de la chapelle. Briquer les planchers, pousser des brouettes de déchets de cuisine, cirer des souliers, faire l'exercice et suivre des cours sur le règlement constituaient la routine de chaque jour, seulement rompue par les corvées et les séances de gymnastique.

A deux ou trois exceptions près, je trouvai mes camarades marins — si tant est que nous méritions ce titre à l'époque — sympathiques et généreux. Nous venions de tous les milieux sociaux et professionnels ; il y avait parmi nous des commis bouchers, un peintre en bâtiment, un facteur de pianos, deux instituteurs — que leurs airs condescendants me rendaient intolérables —, un employé des postes de Manchester agressif et fort en gueule qui eût été beaucoup plus à sa place dans les armées de Hitler, un aristocrate écossais d'une grande distinc-

(1) Le sigle H.M.S. (« His Majesty Ship ») désigne généralement les navires de guerre britanniques, mais il s'applique aussi aux établissements de la Royal Navy à terre. (NDT)

tion et une douzaine d'autres. La plupart étaient de grands buveurs de bière. Quand ils se trouvaient en petit comité, ils bavardaient paisiblement de leurs mères et de leurs sœurs. Dès que le groupe s'élargissait, le ton montait, le vocabulaire changeait sensiblement et les deux sujets à l'ordre du jour devenaient le football et le sexe, envisagé sous sa forme la plus directe. Presque tous, au bout de quelques jours, voulaient passer pour de vieux loups de mer ; pendant des heures entières, ils tentaient de décolorer leurs cols bleu nuit pour qu'ils paraissent avoir été blanchis par le soleil et les embruns. Ils inventaient d'admirables histoires destinées à aguicher les « poupées » dans les pubs de Plymouth, mais les sorties étaient rares. Et, quand nous allions « à terre », nous devions nous contenter le plus souvent de thé léger et de « buns » servis dans un foyer local par de vieilles dames méthodistes qui nous traitaient tous comme des enfants du Christ et avaient peine à accepter nos deux pence.

Au bout d'une semaine passée au « H.M.S. Raleigh », je découvris que Peter Bull, qui devait devenir l'un de mes meilleurs amis, se trouvait à l'infirmerie, souffrant de quelque affection à la jambe. Je ne l'avais alors rencontré qu'une fois, quelque quatre années plus tôt. Il m'avait proposé un rôle à son théâtre d'été de Perranporth, rôle que j'avais refusé pour des raisons financières. Dans le même temps, j'avais refusé une autre proposition : celle de jouer, avec deux jours de préavis, le capitaine Fluellyn dans un *Henry V* à distribution entièrement féminine. Et, cette fois, ce n'étaient pas des raisons strictement financières qui avaient occasionné mon refus. Peter fut assez rapidement debout et notre amitié se noua étroitement sur le terrain d'exercice.

Un jour, l'officier chargé des loisirs, ayant appris que Peter et moi étions comédiens, vint nous proposer de monter une pièce au théâtre du camp. Lui-même et quelques-unes des WRNS (1) eussent bien aimé se montrer dans *la Corde* de Patrick Hamilton et il nous demanda si nous pouvions assurer la mise en scène et jouer nous aussi. S'ensuivirent deux tempêtes sous deux crânes : nous nous demandions, Peter et moi, si le fait d'accepter cette proposition allait servir ou desservir nos

(1) Auxiliaires féminines de la Marine. (NDT)

ambitions navales — à savoir obtenir le grade d'officier dans la RNVR (1). Si nous ne nous consacrions pas complètement à notre entraînement, nous n'arriverions sans doute jamais à maîtriser les secrets du nœud plat, du nœud de chaise ou du nœud de cabestan. D'un autre côté, la chose était tentante en ce qu'elle nous permettrait certainement d'échapper à diverses corvées peu plaisantes.

Nous répondîmes donc que nous allions faire un essai dans le grand hangar rectangulaire servant de théâtre. Peter, qui avait joué *la Corde* à Perranporth, prenait le rôle de Brandon, et moi celui de Rupert Cadell, pour l'avoir vu interpréter par Ernest Milton au vieux Shilling Theatre de Fulham. La séance fut plus que pénible, et nous sûmes immédiatement que nous ne nous en tirerions pas. Le problème était de battre en retraite sans offenser personne. Nous décidâmes de mettre en cause les dimensions du théâtre et son acoustique, ayant découvert qu'aucune pièce n'avait encore été jouée là.

Je me plaçai au fond de la salle et hurlai à Peter, qui était sur scène, que je n'arrivais pas à l'entendre. Ensuite, il fit de même pour moi. Sur quoi nous annonçâmes que, de notre point de vue de professionnels, il était impossible de jouer là. Malgré l'évidente déception de la troupe présomptive et le sourire amer de l'officier des loisirs, tout fut annulé.

Quelque deux ans plus tard, je retombai sur l'officier des loisirs, qui me dit :

— Vous vous souvenez que Bull et vous aviez exprimé l'opinion que le théâtre de Raleigh avait une mauvaise acoustique et était inutilisable ?

— Vaguement, fis-je.

— Eh bien, c'est drôle, parce que, peu après votre départ, nous avons eu chez nous Michael Redgrave. Il a monté un spectacle merveilleux et n'a eu aucun problème d'acoustique.

— C'est un grand acteur, répondis-je avant de m'éclipser discrètement.

Peter et moi suivîmes ensemble pendant plus d'un an l'entraînement qui devait faire de nous des officiers et gentle-

(1) Réserve Volontaire de la Royal Navy. (NDT)

men, puis nos routes se séparèrent. Je ne le revis qu'en mai 1943, lorsque je me cognai à lui, au sens presque littéral du terme, à Djidjelli, sur la côte algérienne. A l'époque, il commandait un navire antiaérien, avec soixante-dix fusiliers marins à bord, tandis que je tentais péniblement de maîtriser le L.C.I. (L) 124, avec un équipage de vingt hommes et, fort heureusement, un second aussi efficace que charmant, John Bostock. Nous étions tous très jeunes et inexpérimentés et, pour ma part, je suis conscient des dommages médiocres mais certains que mon ignorance et mon impulsivité ont pu occasionner à la cause alliée.

C'était un an avant cette rencontre mémorable que j'avais passé mon ultime examen d'élève officier. Je me retrouvai ainsi au garde-à-vous devant l'un des plus merveilleux décorateurs de théâtre de notre temps, Roger Furse, toujours barbu mais arborant deux larges galons dorés sur les manches de son uniforme. Il était devenu une sorte d'aide de camp auprès de la Commission de l'Amirauté à Portsmouth. Il était, comme toujours, détendu, charmant et serviable, et il ne tarda pas à me le prouver ; avant de m'annoncer aux huit ou dix respectables amiraux installés derrière une longue table à tapis vert, il me murmura :

— Pas de panique. Jouez simplement le rôle.

Le conseil était simple mais admirable, et je l'ai souvent suivi durant le reste de la guerre. Et quand, maintenant, on me demande ce que je considère comme mon meilleur rôle, je réponds :

— Celui d'un officier subalterne de la Royal Navy Volunteer Reserve aussi peu brillant que peu efficace. Et ce dans la plus longue pièce de ma carrière.

Chaque amiral avait devant lui un crayon et du papier, et j'avais à peine fini de saluer qu'ils commencèrent à gribouiller des notes. Celui qui se chargea de l'interrogatoire avait l'air d'une grenouille maligne mais bienveillante. Il regarda les papiers que venait de lui apporter Roger Furse.

— Navigation, pas trop bon, maugréa-t-il. Mathématiques, très faible, à ce que je vois. Les notes de tir sont épouvantables. Vous n'aimez pas les canons ?

Je levai les yeux vers lui.

— Ce n'est pas tellement cela, Sir, dis-je. Ce sont plutôt eux qui ne m'aiment pas.

J'eus l'impression que mon humour passait nettement à côté de la cible.

— Je vois là que vous êtes acteur. Connaissez-vous, par hasard, le lieutenant Gantwhistle ?

— De nom, Sir, mais je ne puis dire que je le connaisse vraiment. Je crois que je l'ai rencontré une fois.

Gantwhistle n'est évidemment pas le vrai nom du personnage. Celui-ci étant mort, il n'est que charitable de le laisser reposer en paix. Il était alors enseigne de vaisseau, mais incapable de prendre la mer, ne serait-ce qu'en raison de ses pieds plats et de sa corpulence. Sa prétention était aussi vaste que son talent était limité.

— Vous l'avez vu jouer ? demanda l'amiral.

— Oui, répondis-je après une légère hésitation.

— C'est un très brillant acteur, n'est-ce pas ?

Je n'hésitai pas à me parjurer par un :

— Oui, Sir !

— Remarquez, je ne suis peut-être pas compétent pour juger de ces choses, mais je pense que Gantwhistle devrait connaître les plus grands succès. Devenir une véritable vedette. Vous êtes de mon avis ?

— Sans aucun doute, Sir.

Autour de la table, les crayons restaient en suspens.

— Il nous a donné un excellent spectacle ici, poursuivit l'amiral, qui ajouta d'un ton rêveur :

« Je crois déjà voir en caractères lumineux : Gantwhistle dans... dans... donnez-moi le titre d'une pièce...

J'inspirai profondément et dis :

— *Bunty tire les ficelles*.

— Ah, oui... Bien, revenons à nos moutons. Ordre serré, bien. Intelligence, oui.

Je fus ensuite remercié de façon abrupte, mais j'eus l'impression que tête-de-grenouille suivait ma sortie avec sympathie. Roger Furse me dit par la suite que l'appréciation griffonnée par l'amiral en travers de ma fiche avait été :

« Vaut probablement mieux qu'il ne paraît. »

J'étais donc officier. Je me précipitai afin de faire prendre mes mesures pour mon bel uniforme bleu nuit d'enseigne de vaisseau, avec son mince galon d'or sinueux (1) sur la manche. Je disais adieu à Devonport, à Portsmouth et aux horreurs de la caserne de Chatham. Dans ma vie de matelot, l'enfer avait été Chatham, Chatham où des milliers d'hommes dormaient, ronflaient ou vomissaient, leurs hamacs accrochés sur trois rangs dans une sorte de tunnel qui servait à la fois de dortoir, d'abri antiaérien et de toilettes collectives, Chatham où il fallait se battre comme un chien pour avoir son repas — chose que je me refusais à faire. Si des camarades à la fois généreux et costauds ne m'avaient pas pris en pitié, je pense que je serais mort de faim, mais, dans la mêlée générale, ils s'arrangeaient pour récupérer des rations pour moi aussi. En fin de compte, gêné de dépendre de leur charité, je renonçai complètement au réfectoire et me nourris de chocolat et de biscuits achetés au foyer.

Adieu à Chatham, donc, mais pas aux ponts huileux, au sentiment d'incompétence, aux ordres absurdes. Et, aussi, au revoir à ma femme et à mon jeune fils — que je ne devais revoir qu'âgé de quatre ans —, bonjour, enfin, à deux ans et demi de service outre-mer. Ce sort, pas aussi horrible, assurément, que celui des victimes de la boucherie de 1914-1918, était celui de dizaines de milliers d'autres.

Certes, jusque-là, la guerre, avec ses menaces et ses revers, ses petites victoires et ses angoisses, avait toujours été présente à nos esprits, mais tout en restant, d'une certaine façon, lointaine. On frémissait aux émissions de Lord Haw-Haw (2) à la radio allemande, on s'indignait du bombardement des villes et des larmes furent versées par beaucoup — et notamment par moi — à l'annonce de la perte de grands navires de guerre comme le *Hood*. Et, cependant, tout cela ne semblait pas encore tout à fait une réalité. C'était un mauvais rêve et, un jour, nous allions nous réveiller pour reprendre notre ancienne vie, nos anciennes habitudes. Les privations et une peur commune nous unissaient — la défaite était impensable — mais on rencontrait trop de gens répondant aux requêtes les plus simples par un cinglant : « Vous ne savez pas qu'il y a la guerre ? » et les trafiquants du

(1) Les galons des officiers de réserve étaient sinueux, contrairement à ceux, droits, des officiers de carrière de la Royal Navy. (NDT)

(2) Sobriquet d'un propagandiste anglais de la radio allemande pendu pour trahison à la fin de la guerre. (NDT)

marché noir — envers lesquels il nous est arrivé, je l'avoue, d'avoir une gratitude coupable — semblaient prêts à prendre l'avenir en main. Beaucoup d'entre nous, dans les forces armées, évoluions comme des zombies, nous languissant de nos familles et sentant nos cœurs battre chaque fois qu'arrivaient des ordres officiels pouvant nous expédier dans quelque coin éloigné, inconnu et désolé.

L'un de mes premiers amusements après ma nomination fut de collectionner les saluts auprès de pauvres soldats d'aviation faisant leur devoir devant le Queen's Hotel de Brighton. Je renonçai à ce jeu stupide après qu'une dame trop élégante, prenant mon uniforme pour celui d'un chasseur, m'eut tendu son billet dans le hall du Théâtre Royal. Je déchirai le billet et l'aiguillai dans une mauvaise direction, mais je compris du même coup que ma situation n'était pas aussi grandiose que je l'imaginais. Je devais découvrir, dans les années qui suivirent, qu'un semblable retour sur terre s'imposait un ou deux jours après avoir reçu un Oscar, un doctorat ou même des félicitations.

Au début de l'été 1942, je fus désigné comme officier en second sur le T.L.C. 24 (1), qui procédait à de vagues manœuvres sur le Loch Fyne, en Ecosse. Le temps était froid, le navire rouillé et sale. Je ne sus jamais exactement en quoi consistait mon travail et je parvins à peine à connaître l'équipage, mais le commandant était simple et amical, et, comme il aimait à passer la plupart de ses soirées à terre, en bonne compagnie, je n'avais rien de mieux à faire, après le travail de la journée, que de lire ou d'écrire, accroupi en duffel-coat devant un petit poêle à charbon, de longues lettres à mes proches ou même à de simples relations, en une tentative désespérée pour rester en contact avec ce monde familier qui me semblait s'éloigner. Bossoirs, taquets et cordages avaient remplacé coulisses, projecteurs et maquillage dans ma vie quotidienne mais non dans mon imagination.

Quand j'allais à terre, c'était généralement pour partager un « high-tea » avec le révérend Penn Collett et ses sœurs Gwen et

(1) Tank Landing Craft : navire transport de chars.

Olive, des anglo-catholiques charmants et hospitaliers, très antiromains, vivant dans un présent plus que modeste mais aussi dans un passé glorieux. Pour Gwen, ce passé était « artistique », pour Olive, il représentait ses souvenirs de gouvernante en Russie, et pour Penn ce que l'évêque Gore avait pu dire à l'archevêque Temple. Ils logeaient le peintre Julian Trevelyan, alors lieutenant dans l'armée, mais je ne l'aperçus que rarement.

— Vous devriez voir sa chambre, me dit un jour Gwen. Il peint !

Ses yeux se révulsèrent d'horreur.

« On n'a jamais vu des tableaux pareils ! *Très* modernes. On n'y comprend rien. Enfin, j'espère qu'il est heureux comme cela...

Dans l'équipage du T.L.C. 24 figurait un jeune et robuste Ecossais plein de charme et de naïveté. Il me prenait pour un puits de science depuis qu'il m'avait vu lire *Bleak House*. Un soir, il frappa à la porte de ma cabine pour me demander d'aller arbitrer une controverse dans l'entrepont : était-il vrai qu'il y avait de grands oiseaux avec des ailes de chauve-souris volant sans cesse autour de la lune ? Il avait vu cela dans une bande dessinée. Non, j'étais à peu près sûr que ce n'était pas vrai...

Un autre soir, il vint me demander très solennellement s'il était exact que lorsqu'un homme mourait, on pouvait voir son âme sortir de sa tête comme un nuage de fumée. Le maître d'équipage n'y croyait pas. Mon Ecossais avait une soif incessante de savoir et de vérité philosophique.

Ma mélancolie s'accentuant, je me souvins que j'avais dans ma valise une petite lunette miniaturisante que Martita Hunt m'avait offerte récemment. Tenu à quelques centimètres de l'œil, ce ravissant objet du XVIIIe siècle procurait une merveilleuse image en réduction. Ainsi, les perspectives les plus sinistres devenaient délicieuses : les montagnes de l'Argyllshire réduites à de petites collines pleines de couleurs, l'eau grise du Loch, et, surtout, les gens, mués en exquises figurines. J'avais presque toujours ma petite lunette en poche et m'exerçais — furtivement et à distance — sur les amiraux, sur les officiers canonniers et, d'une façon générale, sur tous ceux qui m'avaient demandé si je savais qu'il y avait la guerre.

Par une aube blafarde, sur le Loch Fyne, je me tenais à la

proue du T.L.C., impeccablement habillé — pour compenser la tenue du commandant, que je savais mal vêtu et peu rasé — avec un foulard de soie blanche autour du cou. Après quelques manœuvres, nous finîmes par atterrir sur une petite plage déjà occupée par une cohorte d'officiers supérieurs. Le plus supérieur d'entre eux, un capitaine de vaisseau, aboya à mon intention :

— Pourquoi n'êtes-vous pas en tenue correcte ?

— Avec votre permission, Sir, je suis en tenue correcte.

— Vous n'avez pas de col et de cravate !

— J'ai un foulard, Sir.

— Allez immédiatement mettre un col et une cravate !

— Aye, aye, Sir (1).

Je saluai, je fis un demi-tour, j'ôtai mon foulard — sous lequel je portais évidemment un col et une cravate —, refis un demi-tour et resaluai.

— Sir !

Le vieux butor n'eut pas un mot de regret, mais s'éloigna. Je sortis subrepticement ma petite lunette et le regardai partir avec délectation jusqu'à ce qu'il eût atteint la taille d'un moustique.

Bien des années après, alors que je tournais une certaine séquence de *Noblesse oblige* dans laquelle j'incarnais un officier très supérieur coulant avec son navire, je ne pus m'empêcher de me souvenir de ce petit matin sur le Loch Fyne. J'ose à peine dire que je savourai cela comme une délicieuse petite revanche.

Durant la guerre 39-45, les promotions étaient, par nécessité, rapides. Après moins de trois mois comme second sur le T.L.C. 24, je me retrouvai traversant l'Atlantique à bord du *Queen Mary* pour aller prendre aux Etats-Unis le commandement d'un L.C.I. (L).

A la différence du T.L.C., conçu pour transporter et débarquer des blindés, le L.C.I. (Landing Craft Infantry) était un transport de fantassins. Les navires de ce modèle avaient un déplacement de 250 tonnes, 46 mètres de longueur et 6,60 mètres au maître-couple. Ils étaient propulsés par des moteurs Diesel, avec des hélices à pas variable, et pouvaient atteindre une vitesse de seize nœuds. Ils transportaient 200 sol-

(1) Equivalent de « A vos ordres » dans la Marine britannique. Littéralement : « Oui, oui ». (NDT)

dats, avec mission de les amener à terre, à pied sec si possible, sur les plages de débarquement. Lord Mountbatten m'a raconté longtemps après la guerre qu'il en avait lui-même esquissé le dessin au dos d'une vieille enveloppe. Leur seul armement consistait en quatre Oerlikons de DCA. Ils étaient admirables à bien des égards, pas trop inconfortables, mais leurs rampes de débarquement étaient loin d'être au point. Comme ils avaient un tirant d'eau moyen de 1,20 mètre seulement à la proue et de 1,80 mètre à la poupe, traverser l'Atlantique avec eux ne paraissait pas une affaire de tout repos.

Le *Queen Mary* quitta le Firth of Clyde dans le brouillard et dans le plus grand secret. Comme il naviguait selon un savant zigzag pour éviter d'éventuelles « meutes » de sous-marins ennemis, nous eûmes droit à des jours de climat arctique suivis de jours de climat subtropical, avant une rentrée dans le froid.

La seule aventure notable de la traversée survint le matin où l'on me mobilisa comme officier de quart supplémentaire sur le pont.

— Nous avons perdu un Sunderland (1) parti d'Islande, me dit l'officier de quart en titre. Il devrait avoir pris contact il y a cinq minutes. Dès que vous le repérez, donnez de la voix.

Je sortis sur la passerelle, admirant cette superbe construction, si bien conçue que, malgré la vitesse, on ne ressentait même pas les effets du vent. Un Sunderland décrivait des cercles au-dessus de nous.

— Bon, pensai-je, ce ne peut pas être celui-là, car, de toute évidence, il est là depuis un bon moment.

Donc, je ne signalai rien. Or, c'était bien celui-là.

Quand on me convoqua un peu plus tard pour me demander pourquoi je n'avais rien signalé, on eût pu croire que j'étais soupçonné d'être un espion allemand. Si mes interrogateurs avaient pu prévoir les dégâts que j'allais faire aux Etats-Unis les mois suivants, ils eussent sans nul doute trouvé leurs soupçons justifiés. Mais je dus porter mon Sunderland comme une croix jusqu'à l'arrivée à New York.

C'était la première fois que je me rendais aux Etats-Unis, et le spectacle de New York baignant dans une brume légère sous le chaud soleil de l'après-midi fut une vision qui me toucha

(1) Hydravion à grand rayon d'action. (NDT)

profondément, comme elle m'a toujours touché depuis. Puis il y eut l'excitation de retrouver les contours lumineux d'une ville. Nous avions tous oublié cela depuis près de quatre ans ; chez nous, le monde avait été plongé dans l'obscurité, sur terre comme sur mer. Là où nous arrivions, tout brillait et étincelait.

Nous étions une cinquantaine d'enseignes de la RNVR à débarquer du *Queen Mary* et l'on nous logea au Barbizon Plaza Hotel. La première chose que je fis fut de passer au crible les annonces de théâtre pour voir si quelqu'un que je connaissais ne jouait pas à Broadway. J'étais en veine. Ce soir-là, je réussis à me faufiler jusqu'à l'appartement de Gladys Cooper — que je connaissais à peine — et y rencontrai la plus généreuse hospitalité. Gladys abandonna ses autres invités pour me préparer des œufs au bacon, pensant que j'étais épuisé après une terrible bataille sur l'Atlantique.

Le même soir, je tombai sur Peggy Webster, que je connaissais un peu, et, le lendemain matin, je trouvai à mon hôtel une enveloppe contenant cinquante dollars avec un mot de Peggy disant :

« Je sais ce que sont vos soldes. C'est insuffisant pour ici. Le contenu de cette enveloppe vous aidera à tenir un jour ou deux. Téléphonez-moi et je vous emmènerai déjeuner sur le pouce. »

Ce qu'elle fit. Mais les plaisirs de New York furent, cette fois, de courte durée ; quatre jours plus tard, je me retrouvais à Asbury Park, une petite ville sur la côte du New Jersey, avec mission d'aider à transformer le Berkeley-Carteret Hotel en quelque chose ressemblant à un cantonnement naval britannique. Mon L.C.I. était encore en construction dans les chantiers de Quincy Bay, près de Boston, et l'on me dit que j'allais sans doute rester quelque trois semaines dans le New Jersey. Nous étions seulement trois officiers et une douzaine de matelots et la vie était très détendue. Nous avions peu à faire, sauf répartir les lits dans les futurs dortoirs et refuser les trop aimables invitations des dames du cru.

Celles-ci téléphonaient et disaient, par exemple :

— Nous pensons donner une soirée pour vous, Britanniques, samedi soir. Il y aura des tas de filles ravissantes, alors envoyez une vingtaine de vos marins les plus jolis garçons.

Il était vain de leur préciser que nous n'étions même pas vingt en tout et qu'on ne pouvait ordonner à des marins d'aller à une soirée. Le téléphone déversait d'autres invites en flot incessant :

— Chaque marin britannique qui viendra recevra une rose rouge — vous savez, la rose d'Angleterre. Et il y aura plein, plein, plein d'ice-creams...

Je demandai à un matelot mécanicien, qui avait accepté une invitation de ce genre, comment s'étaient déroulées les opérations.

— La bouffe était formidable, me dit-il, mais j'étais un peu gêné. Il y avait une vieille sauterelle qui passait son temps à me coller une rose dans les mains. Peut-être qu'elle pensait que j'étais de la jaquette. Ou peut-être qu'elle était ronde...

Charmantes dames, qui ignoraient les mœurs et penchants de Southend, de Huddersfield ou de Liverpool !

J'étais à Asbury Park depuis quinze jours à peine, lorsque je reçus un coup de téléphone frénétique de Terence Rattigan. Il était à New York, en permission de son escadrille de bombardement, et l'on s'apprêtait à commencer les répétitions de sa pièce *Flare Path* pour le compte des productions Gilbert Miller, dans une mise en scène de Peggy Webster. Personne n'était disponible pour jouer le jeune homme : je *devais* le faire.

Quand je tentai de lui démontrer que c'était impossible pour des raisons militaires, Terry me dit que tout avait déjà été réglé ; Gilbert avait pris contact avec l'ambassadeur de Grande-Bretagne qui avait lui-même pris contact avec l'Amirauté en soulignant la valeur de propagande de la pièce. En fin de compte, on me donnerait huit semaines de permission pour jouer dans *Flare Path* si j'y consentais. Eh bien, j'y consentais. Ce serait là un effort de guerre au moins aussi constructif que de déplacer des lits en attendant qu'un navire veuille bien se construire.

Gilbert Miller me convoqua donc à son bureau de New York.

— Combien voulez-vous ? me demanda-t-il.

J'avais entendu dire dans le passé qu'avec Gilbert, on devait toujours placer les enchères assez haut. Tony Quayle avait perdu un rôle parce qu'il n'avait demandé que vingt livres par semaine. Sur quoi Gilbert avait glapi :

Alec Guinness à treize ans

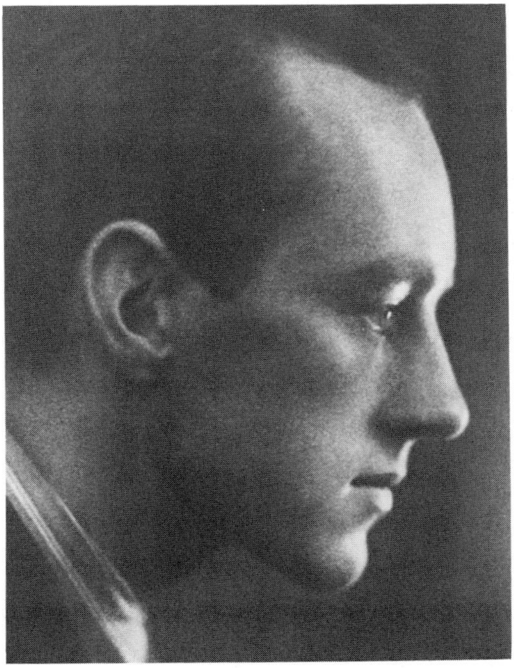

Alec Guinness à vingt-deux ans

Sybil Thorndike
dans *St-Joan* - 1924

Nelly Wallace

Ernest Milton
dans le rôle de Hamlet - 1925

John Gielgud
dans le rôle de Hamlet - 1929

Edith Sitwell,
photographie de Baron - 1956

Sydney Cockerell,
photographie de Dorothy Hawksley - 1930

Martita Hunt
dans *la Folle de Chaillot,*
photographie de Angus McBean

Alec Guinness
interprète Osric dans *Hamlet,*
avec Laurence Olivier - 1937

Vivien Leigh - 1937

Alec Guinness
dans le rôle de Hamlet - 1938

Edith Evans et Alec Guinness
dans *Cousin Muriel* - 1940

Tony et Judy Guthrie

Alec Guinness officier de marine

L'amiral Sir Roderick McGrigor - 1953

Ralph Richardson

Laurence Olivier

Alec Guinness

John Gielgud

(caricatures de Clive Francis)

Alec et Merula Guinness avec Pie XII - 1958

Alec Guinness avec l'abbé de Subiaco

Cromwell - 1970

Lawrence d'Arabie - 1962

La Taupe, T.V. - 1981

La Route des Indes - 1984

La Guerre des étoiles - 1977

Les Dix Derniers Jours d'Hitler - 1972

Le Docteur Jivago - 1965

Le Pont de la rivière Kwaï - 1957

Les Fanfares de la gloire - 1960

Tueurs de dames - 1955

Le Petit Lord Fauntleroy - 1980

Le Cygne - 1956

Noblesse oblige - 1949

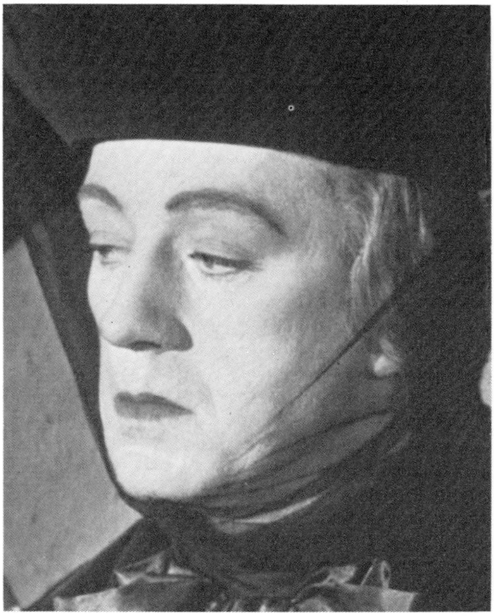

Maquillage pour Dylan. Photographies de S. Schapiro, *Life Magazine*

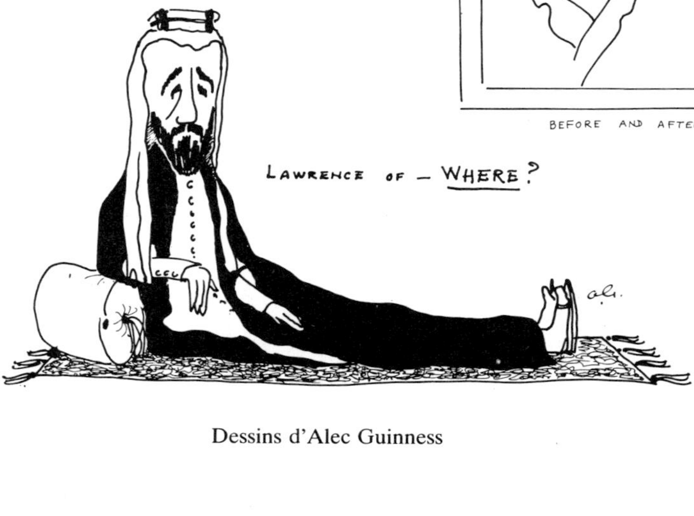

Dessins d'Alec Guinness

Avec Peter Ustinov. Photographie de John Timbers

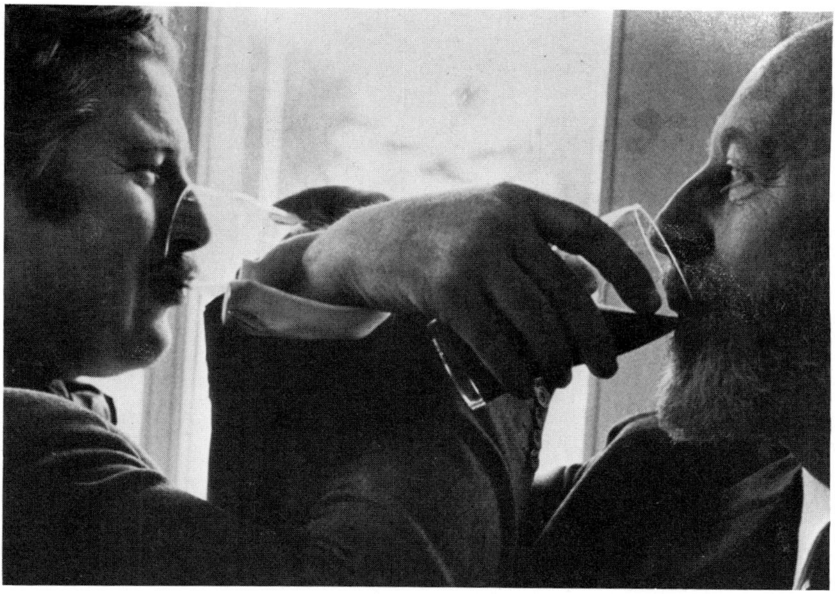

David Lean

Graham Greene

Merula

Matthew

— Je ne prends jamais d'acteurs qui demandent moins de soixante livres.

En conséquence, aussi naturellement que je le pus, je déclarai que quelque chose de l'ordre de cinq cents dollars par semaine me semblerait convenable. La rétribution la plus élevée que j'avais obtenue jusque-là avait été de trente livres. Je pense que Gilbert lui-même fut quelque peu saisi, mais il ne marchanda pas et il prit généreusement à sa charge impôts et frais syndicaux.

Ce n'était qu'un court répit. Nous répétâmes *Flare Path* pendant trois semaines, puis nous jouâmes à New Haven avant la première new-yorkaise — les représentations à New York se déroulant sur trois semaines.

A la répétition en costumes de New Haven, nous fûmes dérangés par des cris de mouettes et des bruits divers qui emplissaient le théâtre et semblaient venir d'un conduit de ventilation donnant dans la salle. On téléphona à Gilbert Miller à New York, et celui-ci apparut le lendemain matin, arborant un chapeau tyrolien, une luxueuse veste de chasse renforcée de cuir, des culottes de golf, des bas de laine et d'épais brodequins, un fusil de chasse sous le bras. Tel quel, il ressemblait à un garde-chasse brusquement enrichi.

— Où est ce satané oiseau ? glapit-il.

Quand on le lui eut indiqué, il introduisit le double canon de son fusil dans le conduit de ventilation et fit feu. Il y eut non seulement une épouvantable détonation, mais aussi, à l'intérieur de la salle, un bruit d'apocalypse : le grand lustre de verrerie s'était décroché du plafond et s'était écrasé en mille morceaux sur les fauteuils. Un grand silence s'ensuivit, au terme duquel on entendit Gilbert proclamer d'un ton éminemment satisfait :

— La sale bête a eu son compte.

Les machinistes passèrent ensuite des heures à ramasser les morceaux du lustre. Et, le soir, quand le rideau se leva, avant que les acteurs eussent eu le temps d'ouvrir la bouche, d'épouvantables cris de mouettes envahirent de nouveau la salle. Ils ne parvinrent toutefois pas à couvrir la voix de la mère de Nancy Kelly, la vedette féminine, lançant de l'orchestre à mon apparition sur scène :

— Mon Dieu, qu'il a de grandes oreilles !

C'était un plaisir que de travailler avec Peggy Webster, et les autres membres de la troupe, d'Arthur Margetson à Nancy Kelly, étaient tous charmants. Mais c'est avec la petite Pixie Hardwicke, l'ex-femme de Cedric, que je sympathisais le plus. Nous allions presque tous les soirs, dans le quartier de Madison Avenue, à la recherche des diseuses de bonne aventure. Nous n'entendîmes pas un mot de vrai ni même de vraisemblable, sauf de la part d'une Roumaine de Greenwich Village, qui utilisait les tarots et me décrivit de façon fort exacte la vie menée par Merula dans le Sussex. J'ai déjà dit la fascination qu'ont exercée sur moi, à une certaine époque, les tarots.

New York, qui peut être aussi cruelle aux solitaires que n'importe quelle autre grande ville, réserve, plus encore que Paris, un généreux accueil à tous les artistes, quelle que soit leur origine. Dans un charmant petit livre intitulé *Voici New York,* E. B. White écrit notamment :

« Les habitants de Manhattan sont, dans une grande proportion, des étrangers qui se sont retirés du jeu quelque part et qui sont venus là chercher refuge ou accomplissement, chercher plus grand ou moindre succès. »

Je découvris en 1942 que, bien que je fusse déguisé en officier britannique, le fait d'être un comédien me donnait accès à un plus large cercle — peintres, écrivains, musiciens, poètes et sculpteurs — qu'en Angleterre. De plus, John Gielgud m'avait donné des lettres d'introduction pour Rosamund Gilder, alors directrice de « Theatre Arts », et pour Ned Sheldon, l'auteur de *Romance.*

Quelques années auparavant, Sheldon était devenu aveugle et avait été atteint de paralysie totale. Heureusement, il était riche et recevait parfois de façon grandiose dans son « penthouse » dominant Manhattan. Etendu sur un lit spécial, le corps simplement recouvert d'un drap, un bandeau de velours noir sur les yeux, il évoquait une statue pour sarcophage romain. Il avait été un homme superbe, mais son corps l'avait trahi.

Il avait beaucoup d'amis dans le monde du théâtre et, en conséquence, certaines pièces de Broadway lui étaient jouées sur sa terrasse, en affectueux hommage. Il riait beaucoup, d'un profond rire de gorge, et son ouïe était étonnamment développée. Prendre un repas auprès de lui pouvait devenir une expérience un peu effrayante ; il était capable, par exemple, de vous demander brusquement si vous vouliez du sel parce qu'il ne vous avait pas entendu saler le contenu de votre assiette. Livres et disques s'entassaient dans sa chambre. Quand je lui rendais visite, il me demandait généralement de lui lire quelques articles dans les quotidiens du jour — ce qui l'endormait invariablement — ou de mettre un disque, la plupart du temps du Schubert. Il me précisait alors qu'à son avis, le disque qu'il désirait entendre devait être le quatrième en partant du haut dans la troisième pile à droite de la porte. Le disque fini, je lui proposais de le remettre où je l'avais trouvé, mais il me disait :

— Non, mettez-le où vous voudrez, mais indiquez-moi l'emplacement. C'est ainsi que j'exerce ma mémoire.

C'est, je pense, l'un des hommes les plus courageux que j'aie jamais rencontrés. Il avait eu la beauté, le talent, le succès, l'argent, les femmes sans aucun doute. Il avait été aussi gâté qu'on peut l'être, et il se retrouvait dans l'obscurité totale, privé de ses moyens et de ses sensations. Et pourtant il ne se plaignait jamais, ne montrait aucun signe d'amertume et continuait à s'intéresser activement à tout et à tous.

La brièveté de la carrière de *Flare Path* m'amena à reprendre rapidement du service, et l'on m'expédia à Boston pour prendre en charge mon L.C.I. enfin terminé — le 124. Il m'attendait aux chantiers de Quincy, prêt à entrer en service dès qu'un équipage aurait été réuni et certainement peu conscient de ce que le sort lui réservait — et notamment de sa fin de carrière comme dock bétonné sur la côte de l'Adriatique.

En attendant mon équipage et mon officier en second, je fus désigné pour participer comme troisième officier à un parcours d'essai de Boston à Brooklyn sur un autre L.C.I. L'hiver était particulièrement rude et la mer, sur les côtes du Massachusetts, était parfois gelée jusqu'à cinq milles au large. Pendant deux jours, le canal de Cape Cod se révéla impraticable. Nous donnions de l'avant dans la glace, gagnant quelques mètres à chaque fois, pour faire machine arrière et recommencer, besogne épuisante qui nous permit à la longue de nous frayer un chemin vers le sud. Un sud qui n'était guère plus chaud que le nord.

Quand nous arrivâmes le long du quai, à Brooklyn, les cordages, transformés en véritables filins de glace, étaient impossibles à manier. L'un de mes amis, sur le quai, reconnaissant à peu près mon visage bouffi, rouge et mal rasé, hurla : « Dieu te préserve, Vieux Marin, des démons qui te tourmentent ainsi (1) ! »

Salut peu courant dans le port de Brooklyn. Et assez peu apprécié de moi, qui devais retourner tout droit à Boston pour faire effectuer le même voyage à mon propre navire, le 124.

Notre première et douloureuse aventure sur ledit 124 consista à embarquer eau fraîche et carburant. Par miracle, nous réussîmes à mettre l'une et l'autre dans les réservoirs appropriés, mais pas avant que j'eusse détruit tous les chandeliers de tribord et gravement endommagé une jetée en bois.

Mes marins, très jeunes et très sympathiques, restaient les bras ballants et la bouche ouverte jusqu'à ce qu'on leur hurlât de *faire* quelque chose. Quelque chose, mais quoi ? Nul ne le savait très bien. Ma seule idée était, conformément aux instructions antérieures, de gagner le milieu de la baie et, là, de « changer de cap ». Je ne sais pas trop comment cela fut fait, et les résultats furent loin d'être satisfaisants.

Les Américains contemplaient la manœuvre en haussant les épaules et en murmurant : « Crétins de Rosbifs ! », mais seules m'importaient les réactions de mon propre équipage. Point n'était besoin d'être hypersensible pour percevoir son angoisse. D'autres équipages, habituellement amicaux, sortaient, en nous voyant arriver, toutes leurs défenses et s'enfuyaient avec les apparences de la terreur. Les chocs retentissants, la vue des tôles se tordant comme du papier buvard, les faibles tentatives pour paraître indifférent ou modeste, comme si tout faisait partie d'une manœuvre soigneusement méditée, tout cela reste en ma mémoire après plus de quarante ans, et me revient les nuits d'indigestion ou quand le vent souffle un peu trop fort.

Je crois que c'est le pont pivotant de Newark qui fut mis hors d'usage pendant vingt-quatre heures par l'action intrépide d'un L.C.I. avant de recevoir de moi-même un léger coup de grâce au moment précis où il recommençait à fonctionner. A l'époque, je commençais à prendre de l'assurance.

Mon premier voyage autonome de Boston à New York ne fut pas, je suis heureux de le dire, trop spectaculaire, encore qu'il

(1) Citation de la célèbre ballade de Coleridge, *The Ancient Mariner*. (NDT)

ait connu une étrange conclusion. Ayant poursuivi une route imprévisible en descendant le Long Island Sound, nous entrâmes dans East River au moment où s'abattait un épais brouillard. Aucune chance de mouiller. Des pancartes péremptoires, éclairées par des fusées, interdisaient de jeter l'ancre en aucune circonstance. La marée montant rapidement et le brouillard s'épaississant, la seule solution pour éviter la catastrophe et se procurer une nuit de sommeil réparateur consista à aller se mettre discrètement le long d'un quai civil surplombé par de luxueuses maisons et à s'amarrer à un réverbère et à un banc public qui semblaient avoir été mis là exprès pour cela. La manœuvre fut admirablement réussie, d'autant que, la même nuit, un peu plus haut dans l'estuaire, une autre unité britannique abordait avec plein succès une péniche de munitions, qui coula à pic.

Il était seulement dommage que j'eusse mal calculé le mouvement de la marée, considérable à cet endroit. Certes, j'avais enjoint au quartier-maître de manœuvre de mettre du mou dans les cordages, mais il était sans doute aussi endormi que le reste de l'équipage. En revanche, il était très éveillé et bouche bée lorsque je montai sur le pont à l'aube. Le brouillard s'était levé et nous étions toujours à la même place. Mais nous avions réussi à arracher le banc, le traînant sur la rive comme une ancre, et le réverbère était tordu en deux comme une épingle à cheveux.

Je fis immédiatement mettre les machines en route et nous gagnâmes sournoisement notre véritable point d'amarrage. Je ne crus pas opportun de signaler l'incident. Nul doute que les heureux riverains, lorsqu'ils sont descendus de chez eux quelques heures plus tard pour aller promener leurs chiens, ont pesté contre le vandalisme ambiant, mais rien de tout cela n'est parvenu jusqu'à moi.

A New York, nous commençâmes à nous préparer pour notre traversée de l'Atlantique. Nous devions procéder au chargement final à Norfolk, en Virginie, d'où nous mettrions le cap sur les Bermudes avant de gagner l'Afrique du Nord. En ce qui me concerne, après l'arrivée de John Bostock comme second, je consacrai tout mon temps libre à New York à des soirées d'adieu organisées par des amis, anciens ou nouveaux, comme Rosamund Gilder, Val Stavredi, Betty Parsons, Guthrie McClintic et

Peggy Webster, qui me fit cadeau d'une énorme gourde de poche en argent destinée à me protéger à la fois des éclats d'obus et du froid.

J'entassai dans ma minuscule cabine quelques cartons de vin et autant de livres que je pouvais y caser. J'avais acheté plusieurs volumes de Dickens et de Jane Austen, tout ce que j'avais pu trouver de Tolstoï, de Dostoïevski, de Proust et de Boswell, quelques William James, quelques Meredith, deux ou trois anthologies de poèmes — j'avais déjà, de toute façon, Shakespeare et Milton — et tous les Evelyn Waugh et les Graham Greene disponibles. Comme candidat à l'île déserte, j'étais abondamment pourvu, et pourtant, lorsque je fis naufrage au Nouvel An 1944, ce ne fut pas un de ces livres que j'enfouis dans la poche de mon duffel-coat, mais un roman policier à bon marché qui traînait sous mes yeux.

Ainsi chargés de vin, de livres, de machines à écrire, de jus d'ananas, et alourdis par la cargaison destinée à l'Algérie, nous quittâmes New York. Pour nous jeter droit dans les ennuis. Dans la baie de Chesapeake, à l'entrée de l'estuaire de la James River, il y avait une grande chaîne de défense. La nuit était tombée, les conditions atmosphériques étaient épouvantables, nous n'avions pas de repères de navigation — je pourrais aligner encore les excuses... Bref, je réussis à placer un tiers de mon navire à cheval sur la chaîne — en principe destinée à empêcher la pénétration ennemie.

Nous nous dégageâmes en une heure environ, grâce à la patience de nos mécaniciens et à l'impassible compétence de notre maître timonier. La visibilité était nulle, aussi décidai-je de jeter l'ancre. Les premières lueurs de l'aube nous apportèrent une troublante révélation : avec une demi-douzaine d'autres L.C.I., nous avions mouillé au milieu d'un champ de mines. La marée étant basse, on pouvait voir les mines osciller doucement à trente centimètres au-dessous de la surface. Je devais revivre la même expérience un an plus tard dans le golfe de Tarente, avec des trombes d'eau en plus.

A Norfolk, on nous engagea à camoufler nos bateaux dans le style de notre choix. J'imaginai un ensemble de rectangles bleus et blancs évoquant vaguement un Braque. Les autres officiers se plaignirent de ce que j'avais fait ressembler mon unité à un navire-hôpital, la rendant beaucoup trop voyante. Mais, quand nous fûmes en mer, ils se plaignirent également du fait que personne ne pouvait m'apercevoir. Si, certains matins, ils ne pouvaient m'apercevoir, c'était en grande partie la faute du gouvernail, qui était à commande électrique et avait la mauvaise habitude de se bloquer pendant des heures. Deux nuits de suite, peu après notre départ des Bermudes, je me suis retrouvé tournant en rond au milieu de l'Atlantique.

Le commandant de notre flottille pendant la traversée vers l'Afrique du Nord était un réjouissant capitaine de corvette de la Royal Navy. Il cultivait à la fois l'humour à froid et la signalisation biblique. Un matin, comme je rejoignais la flottille après l'une de mes manœuvres nocturnes très personnelles, il signala en morse sur sa lampe Aldis : « Hébreux. Chapitre treize. Verset huit. » J'envoyai l'un des matelots de quart chercher une Bible dans ma cabine et lus : « Jésus-Christ est le même hier, aujourd'hui et pour toujours. »

La petite ville de Djidjelli se trouve à quelque deux cents kilomètres à l'ouest d'Alger. Je n'ai aucune idée de ce à quoi elle peut ressembler aujourd'hui, mais, en 1943, elle avait un charme certain. Un petit kiosque à musique en fer forgé ornait la place centrale, les légumes au marché semblaient frais — la viande un peu moins — et il y avait deux excellentes pâtisseries. Des Arabes à belle allure circulaient lentement dans les rues poussiéreuses et, aux tables des terrasses, des vieux sirotaient du café, fumaient et louaient Allah en ne prêtant aucune attention à la présence alliée.

La plupart des soldats britanniques cantonnés là semblaient s'être trouvé des familles d'accueil, où ils apportaient leur linge à laver, buvaient du thé à la menthe, tentaient de vagues flirts ou, simplement, passaient quelques heures paisibles en dehors du service. Ceux à qui ce privilège était refusé ou chez qui une telle fraternisation eût été mal vue se contentaient, lorsque les préparatifs de débarquement ne battaient pas leur plein, d'aller se baigner sur de superbes plages de sable. La vie était presque idyllique après les seize jours épuisants que nous avions passés à traverser l'Atlantique.

La fin du printemps et le début de l'été furent consacrés pour la plus grande part à des manœuvres en mer et à des exercices de débarquement. Chaque soir, quand la nuit tombait, nous nous dispersions dans les criques pour éviter d'être repérés par un éventuel avion ennemi. Quelques bombes isolées tombèrent à proximité de nous, mais il n'y eut pas d'attaque concertée et, à une exception près, pas de dégâts. Notre présence dut être jugée sans conséquence, d'autant que nous ne ripostions pas et restions sans rien faire à nos mouillages. L'avenir pouvait être lourd de menaces, mais le présent, pour moi au moins qui partageais le port et une bonne partie de mon temps avec Peter Bull, était extrêmement plaisant.

La seule vision de la Méditerranée était une merveilleuse surprise chaque jour. Il était difficile, pour nous, de nous souvenir que la guerre était là-bas, au nord, que la France et la Grèce étaient occupées et que l'Italie était un pays ennemi. Nous n'avions aucune idée du moment ni de l'endroit où le débarquement aurait lieu, mais ce serait évidemment dans l'un de ces pays, la Yougoslavie ou l'Albanie semblant moins probables.

Je ne sais comment Vivien Leigh et Beatrice Lillie découvrirent où nous étions — notre situation géographique n'étant pas une affaire d'importance vitale — mais, un matin, l'officier commandant la base de Djidjelli reçut le message suivant :

« Miss Vivien Leigh et Miss B. Lillie requièrent la présence des lieutenants Bull et Guinness au théâtre de la garnison de Bougie, à 14 heures cet après-midi. »

Bougie est à mi-chemin sur la route d'Alger. Il n'y avait aucun moyen de transport disponible, et le commandant de la base ne semblait pas impressionné par notre invitation. Il n'était, en fait, pas enchanté mais il nous donna avec réticence son autorisation à la condition que nous soyons revenus avant la tombée de la nuit afin de faire sortir nos bateaux du port de Djidjelli. Nous nous y engageâmes et, revêtus de nos plus beaux uniformes blancs, nous trouvâmes deux places à l'arrière d'un camion militaire. Nous arrivâmes au théâtre vers trois heures de l'après-midi, couverts de poussière rouge, pour nous entendre dire que nous ne pouvions entrer sans des laissez-passer du major de garnison. Notre qualité d'invités de Vivien Leigh et de Beatrice Lillie ne changeait rien à l'affaire.

Nous trouvâmes sans difficulté le bureau du major de garnison, qui se trouvait à quelque huit cents mètres de là, mais, en revanche, nous n'y vîmes personne. La porte donnant sur la rue était grande ouverte, ainsi, d'ailleurs, que toutes les autres.

Un silence profond régnait, au vol des mouches près, et, sur les tableaux de service, les papiers se recroquevillaient sous l'effet de la chaleur. Puis nous entendîmes une voix — manifestement celle de quelqu'un parlant au téléphone — venant du fin fond d'un lointain couloir. Je la reconnus immédiatement. Elle disait :

— Vous pouvez dire à Basil Dean que, si c'est comme cela qu'il le prend, nous n'allons pas faire de cadeaux. Je répète : pas de cadeaux...

On raccrocha et nous nous guidâmes au son. Pour trouver Binkie Beaumont, en chemise de soie bleu marine et pantalon blanc, occupant pour l'après-midi le fauteuil du major de garnison.

Maître de la firme H. M. Tennent, Binkie était depuis des années le plus puissant producteur de théâtre de Grande-Bretagne, ce qu'il devait rester jusqu'à sa mort prématurée. Il était aussi surprenant que réjouissant de le retrouver dans cette ville d'Algérie, menant ses affaires comme à l'habitude. Il eut l'air de trouver tout à fait normale notre soudaine présence, et il était fort possible qu'il eût été à l'origine du message que nous avions reçu de Vivien et de Bea. Il était trop tard pour assister à la représentation, mais il nous conduisit dans les coulisses dès que le rideau fut retombé.

Là, nous passâmes, Peter et moi, vingt minutes délicieuses avec nos deux amies et Michael Wilding, puis nous commençâmes à nous inquiéter sérieusement de notre voyage de retour. Vivien déclara qu'elle s'en chargeait et passa directement à l'action. Elle se mit à faire effrontément les yeux doux à un amiral qui n'en revenait pas. Après avoir caressé doucement les revers de sa tunique et s'être extasiée sur ses rubans de décorations, elle lui demanda brusquement ce qu'il faisait dans les heures à venir. Les joues écarlates et les yeux brillants, il lui dit :

— Rien !

— Alors, remarqua Vivien, vous n'aurez pas besoin de votre voiture ?

— Elle est à votre disposition, jolie dame.

— Vous êtes *trop* gentil, dit-elle alors. Voyez-vous, j'ai deux amis très chers qui sont ici, et il faut à toute force qu'on les reconduise à un petit coin, tout près d'ici, qui s'appelle Dji-Dji.

Alors, adorable comme vous êtes, vous allez les faire conduire dans votre voiture.

L'amiral se décomposa quelque peu mais il accepta sportivement sa défaite.

— Pour vous montrer combien je suis reconnaissante, reprit Vivien, je vais vous donner un tout petit baiser et puis, peut-être, un très grand verre.

Nous fûmes reconduits en grande pompe par un capitaine de corvette qui se posait visiblement des questions. Et nous arrivâmes juste à temps pour voir nos navires respectifs sortir du port et se diriger vers la haute mer. Nous réussîmes à fréter un canot à moteur pour nous faire conduire à nos bords et je présentai d'abondantes excuses à mon second qui, comme toujours, avait pris mon absence très philosophiquement. Il n'y eut aucun commentaire de la part des hautes instances.

Environ une semaine plus tard, un dimanche matin, tous les commandants de L.C.I. furent convoqués à une présentation ultra-secrète de photographies prises d'un sous-marin et montrant les plages où nous devrions atterrir le moment venu. Les plus grandes précautions avaient été décidées, et il n'y avait, bien sûr, aucun élément pouvant indiquer quel pays devait être envahi. Les photographies étaient présentées en une longue bande d'une dizaine de centimètres de hauteur fixée sur des écrans. Elles avaient été prises au périscope, à environ un mille de la côte et, inévitablement, elles étaient tramées et très sombres par endroits. Certaines zones étaient marquées de lettres rouges. On me demanda d'étudier très attentivement le secteur marqué A-B, et Peter l'étudia avec moi. Son navire, essentiellement porteur de DCA, ne devait pas aller jusqu'à la côte mais assurer une protection de la mer ; son souci était donc moins immédiat que le mien.

Ce que nous contemplions était une longue étendue de terrain assez plat, avec très peu d'éléments caractéristiques. Pourtant, on pouvait distinguer un joli petit phare blanc. Sous ce phare, juste à l'extrémité de la photographie, une inscription en blanc ressemblant au nombre 58. La regardant avec une totale incompréhension, je murmurai à Peter :

— A ton avis, qu'est-ce que ce numéro représente ? La fin de la pellicule ou quoi ?

Peter devint soudain assez pâle sous son superbe bronzage.

— Retournons sur le 124, dit-il.

Nous n'échangeâmes pas un mot pendant le trajet, mais, une fois à mon bord, Peter suggéra que nous feuilletions les deux volumes du *Pilote de la Méditerranée*, un manuel à l'usage des navigateurs de temps de paix, pas toujours très utile en période de black-out. Dans les pages consacrées à la hauteur des phares, nous n'en trouvâmes qu'un mesurant 58 pieds, avec un joli petit dessin pour préciser les choses. C'était le phare du Cap Passero, à l'extrémité sud-est de la Sicile.

Ce dimanche matin, Peter et moi savions où devait avoir lieu le débarquement, renseignement que seules devaient détenir les plus hautes autorités. Nous ne soufflâmes jamais un mot de notre découverte, mais quand j'ouvris mes ordres dûment scellés une heure après avoir quitté Malte, dans la nuit du 9 juillet 1943, je fus incapable, malgré tout mon professionnalisme, de jouer la comédie de la surprise.

Deux semaines environ avant ce débarquement de Sicile, un capitaine de vaisseau de la Royal Navy fut envoyé à Djidjelli pour nous prendre en main. Il nous harangua debout sur une caisse, à l'ombre, alors que nous, ses officiers, étions alignés en plein soleil contre le mur du port. J'avais l'impression d'affronter un peloton d'exécution. Mountbatten, plus intelligent et plus psychologue, eût inversé les positions.

Ce capitaine de vaisseau était grand, bel homme, péremptoire et incapable de comprendre des réservistes. Il essaya sa forme très personnelle d'humour :

— Je ne vais pas tenter, dit-il, de retenir vos noms, car, dans deux ou trois semaines, vous serez beaucoup moins à figurer sur les listes.

Ce ne fut pas un franc succès.

Heureusement, un autre officier supérieur, le capitaine de frégate Villiers, était présent. Je pense qu'il dut signaler à Alger ce discours démoralisant, car le lendemain, nous nous retrouvâmes de nouveau alignés pour entendre, cette fois, le vice-amiral Sir Rhoderick McGrigor, le « Petit Mac », qui était notre véritable chef et que nous n'avions encore jamais vu. Il était minuscule et charmant et il devint très vite notre héros et notre protecteur. Sans faire la moindre allusion à la harangue de la veille, il nous dit :

— J'ai suivi vos manœuvres en mer et, à mon avis, des

officiers de carrière expérimentés n'auraient pas fait mieux. Je n'ai qu'une requête à vous adresser : quand le jour viendra et que nous irons tous, veuillez, s'il vous plaît, ne pas pique-niquer sur le pont.

C'était tout ce que nous demandions à entendre. Nous étions de nouveau pleins de confiance et, bien que sachant que le débarquement à venir ne serait pas une partie de plaisir, nous l'envisagions avec moins d'appréhension.

Les nerfs, quand même, étaient là. On parlait beaucoup des sous-marins de poche italiens et j'étais prêt à en voir partout. Comme nous faisions tranquillement route vers la Tunisie en longeant la côte, un membre de l'équipage signala une forme sombre qui nous suivait. Un sous-marin ? C'était probablement un dauphin, mais j'étais décidé à ne prendre aucun risque et, en pleine panique, j'ordonnai qu'on largue une charge anti-sous-marine. John Bostock me demanda pour quelle profondeur il fallait la régler et, sans hésitation, en toute ignorance de cause, je lui répondis :

— Cent pieds.

Pour moi, les charges anti-sous-marines n'étaient que des espèces de barils à essence particulièrement encombrants et j'étais ravi de me débarrasser de l'une d'elles. Après solution de problèmes techniques complexes et belle accélération du navire, la charge fut enfin larguée. J'attendais un beau spectacle, mais rien ne se produisit ; la charge avait coulé à pic sans exploser. Le dauphin, si dauphin il y avait, ne semblait plus s'intéresser à nous. Nous avions encore trois charges, mais je décidai que l'incident était clos.

Quand je signalai l'affaire, un capitaine de frégate hilare me demanda pour quelle profondeur j'avais réglé l'engin et je le lui dis.

— Et quelle était votre vitesse ?

— Seize nœuds.

— Vous avez eu de la veine. Parce que si elle avait explosé, elle vous aurait fait sauter le cul.

Nous rendant à Sousse avec 200 soldats du 5ᵉ bataillon de la Black Watch (1), nous eûmes droit en route à une nuée de sauterelles, qui envahirent tout y compris nos yeux, et au

(1) Célèbre régiment écossais. (NDT)

spectacle d'un magnifique saumon qui sauta à bord, saignant du côté, immédiatement suivi par un poisson-scie. Je me demandai un instant si les plaies d'Egypte n'étaient pas sur nous et si l'Ange Dévastateur ne nous attendait pas au prochain tournant. En un sens, ce n'était pas complètement faux ; dans le port de Sousse, je grimpai sur l'habitacle pour mieux voir, glissai et me fêlai une côte. Je n'osai pas aller consulter le médecin, car trop d'hommes se plaignaient des maux les plus divers, généralement psychosomatiques. Il m'était toujours pénible de respirer lorsque, quelques jours plus tard, nous quittâmes Sousse pour Malte avec une partie de la flotte de débarquement.

Nous arrivâmes à Malte dans l'après-midi d'un jour gris et maussade. Je n'avais pas vu le port de La Valette depuis la tournée de l'Old Vic au printemps 1939. A l'époque, c'était un merveilleux spectacle, avec les cuirassés et les grands croiseurs soigneusement briqués, les vedettes de l'Amirauté sillonnant joyeusement la rade en faisant jouer leurs sirènes, les couleurs et les lumières, les appels de clairon du port San Angelo et les drapeaux claquant partout au vent.

En 1943, tout était triste, sombre, abîmé. La Valette avait terriblement souffert des bombardements. Ses maisons couleur de miel étaient éventrées, ses rues encombrées par les gravats et ses habitants, dont beaucoup avaient dû se réfugier dans des caves où ils menaient une existence de troglodytes, semblaient faméliques et las. Je devais découvrir, en descendant à terre, que le superbe Opéra où avait joué la troupe de l'Old Vic n'existait plus. La tristesse et l'horreur de la guerre étaient partout évidentes.

Ma tâche immédiate, toutefois, était de m'amarrer là où l'on me l'ordonnait, ce qui se révéla impossible. On me demandait d'insérer péniblement mon bateau, la proue au quai, entre deux autres, ce qui impliquait que ma poupe se trouverait à un mètre de mon navire favori, le mouilleur de mines *Manxman*, une superbe unité avec un équipage d'élite, dont une bonne partie s'était rassemblée le long de la rambarde pour surveiller avec inquiétude mes efforts aussi prudents que vains. Soudain, il y eut un bruit fort déplaisant : je venais d'écraser l'échelle de coupée du *Manxman*. J'envoyai immédiatement un message d'excuses à son commandant, qui répondit avec la même promptitude :

« Celui qui vous a dit de vous amarrer dans cette position est un crétin. Stop. Vous vous en êtes très bien tiré compte tenu des circonstances. Stop. Bonne chance. Stop. Fin de message. »

Un autre ordre me parvint, m'enjoignant d'aller m'amarrer dans quelque crique boueuse, un kilomètre plus loin. La nuit tombait. Nous atteignîmes sans difficulté l'endroit, qui était jonché d'ordures et empestait le fuel et la décomposition, mais je ne vis d'autre point d'amarrage qu'un vieux poteau en bois. Il n'y avait, de toute évidence, aucun moyen de descendre à terre. Près du poteau, sur la pente boueuse, je pouvais voir trois silhouettes mais il faisait trop sombre pour qu'il fût possible de les identifier.

L'équipage ayant échoué à plusieurs reprises dans ses tentatives pour assurer un boute à terre, ce qui était compréhensible dans ces circonstances, je saisis un porte-voix et criai aux trois hommes :

— Ne restez pas là comme ça ! Que l'un d'entre vous prenne ce boute et aille le tourner sur le poteau !

Personne ne bougeant, je hurlai :

— Peur de salir vos bottes ?

Après quelque hésitation, l'un des hommes s'avança et s'exécuta.

— Merci ! lançai-je d'un ton sarcastique.

Comme il se retournait pour aller rejoindre ses compagnons, je le reconnus. C'était Lord Gort, gouverneur de Malte. L'un des deux autres était sans doute l'amiral Sir Andrew Cunningham, commandant en chef en Méditerranée. Je ne pus voir qui était le troisième. Ils s'évanouirent dans l'obscurité et je restai dans ma crique boueuse à attendre la suite des événements.

Dans l'après-midi du 9 juillet, je reçus, contre signature, une enveloppe scellée que je devais mettre immédiatement dans le coffre-fort du navire avec nos ordres d'appareillage pour le soir. Cette enveloppe ne devait être ouverte qu'en mer, à quelque dix milles de Malte. Mais je connaissais déjà l'essentiel de son contenu, — sauf l'heure effective du débarquement — tout comme je savais tout ce qu'on peut savoir du Cap Passero sans y être jamais allé. Le vent se levait et le baromètre baissait. En dépit de la chaleur, tout semblait soudain humide et froid.

Nous passâmes une nuit effroyable en mer. Lorsque nous avions quitté le port de La Valette, tout était calme, malgré les mugissements du vent. A une heure de Malte, le vent s'accrut, la mer, simplement moutonneuse jusque-là, devint brutale et de l'écume blanche apparut à la crête des vagues. Pendant ce temps, des transports de troupes, des destroyers, des croiseurs et un porte-avions, partis de ports aussi distants les uns des autres qu'Alger et Alexandrie, convergeaient vers un point situé à quelques milles à l'ouest de l'extrémité méridionale de la Sicile, où nous devions les rejoindre pour embarquer 200 soldats à bord de chaque L.C.I.

Se mettre à couple avec un transport de troupes par ce temps et dans l'énervement d'un tel moment n'était pas chose facile. Les vagues nous soulevaient et nous laissaient retomber de près de deux mètres chaque fois qu'elles nous frappaient. Les rampes de débarquement, dont le bon fonctionnement allait être essentiel lorsque nous arriverions à destination, s'étaient déboîtées sous l'effet de la mer et ne pouvaient pas être remises en place. Il nous fallait embarquer les soldats comme nous le pouvions, mais, au lieu de monter paisiblement à notre bord, chaque homme devait attendre que la mer nous soulève à sa portée et sauter, avec sac et fusil, ce qui ralentissait considérablement les opérations. Elles prirent trois quarts d'heure de plus que prévu. Dans toute cette confusion, le message retardant d'une heure les opérations de débarquement ne me parvint pas.

Dès que nous eûmes recueilli à bord tout notre monde, dont une partie commençait déjà à vomir, je mis donc directement le cap sur la plage située immédiatement à gauche du phare du Cap Passero. Il y avait huit milles à parcourir sur une mer plus que turbulente, mais nous réussîmes à maintenir une bonne vitesse. J'avais conscience d'exécuter mes consignes à la lettre. A environ un mille des côtes siciliennes, nous rencontrâmes une demi-douzaine d'autres L.C.I. qui semblaient perdus ou tout au moins dans l'embarras. Sachant exactement où j'étais — grâce à Peter Bull, au *Pilote de la Méditerranée* et à mes études préliminaires — je leur signalai cavalièrement de me suivre, ce qu'ils firent.

Puis nous touchâmes la Sicile — il serait plus juste de dire que nous la heurtâmes. Nous nous trouvions sur une étroite plage de sable, avec des vagues battant notre poupe et des eaux de plus d'un mètre balayant la proue. Une ancre flottante avait été lancée à l'arrière pour nous permettre de nous dégager le moment venu, mais un autre bateau, passant trop près, réussit à couper le câble. En un instant, poussée par les vagues, la poupe s'était mise à un angle particulièrement peu commode.

Accroupis sur le pont, les soldats étaient prêts à débarquer, mais les rampes se refusèrent à fonctionner. Il n'y eut d'autre solution que de les descendre dans l'eau à l'aide de cordages. Trempés, misérables et silencieux, ils pataugèrent vers la plage pour prendre leurs premières positions. Ils n'étaient pas à la fête. Le jour se levait et il n'y avait jusqu'ici pas trace d'opposition. Puis, soudain, vint de la mer une spectaculaire suite de salves qui frappaient à cinq cents mètres environ à l'intérieur des terres. D'après mes calculs, ce barrage d'artillerie eût dû commencer une heure plus tôt. Je me demandai ce qui s'était passé.

Les soldats disparurent dans les buissons et sous les oliviers. Les navires voisins se retirèrent sans proposer de nous porter assistance, et, nos machines ne parvenant pas à redresser la poupe, nous restâmes là, à un angle de 45 degrés par rapport à la côte, pensant que dans la matinée quelqu'un finirait bien par nous venir en aide. Avec le lever du jour, le vent tomba, la mer reprit sa sympathique couleur bleue et le soleil se mit à chauffer. J'allai faire un tour sur la plage, bâillant et m'étirant, enchanté de me retrouver en vie, même en territoire ennemi.

Un cri s'éleva de l'oliveraie, et trois soldats apparurent, poussant un petit caporal italien. Les soldats souriaient mais l'Italien, terrorisé, pleurait hystériquement.

— Un prisonnier, Sir, m'annonça-t-on.

— Je n'en veux pas, répondis-je.

Le petit Italien lâcha un flot de paroles amères en se touchant l'épaule d'un air douloureux. Il disait qu'on lui avait tiré dessus après qu'il se fut rendu.

— Pas un mot de vrai là-dedans, Sir, fit l'un des soldats. Personne ne l'a touché. Et personne n'a même tiré un coup de feu. Ils étaient toute une bande dans un abri. Ils croyaient que c'était un bombardement de la RAF. Nous les avons sortis. Ils étaient tout surpris et ils n'ont pas résisté.

L'Italien continuant à affirmer qu'on lui avait tiré dans le dos, je lui enjoignis d'enlever sa chemise. Je ne vis pas de blessure, mais j'aperçus dans l'une des manches de sa chemise une abeille endormie et sur son épaule une petite marque de piqûre. Quand on le lui expliqua, il fut si soulagé qu'oubliant ses larmes, il tenta d'embrasser tout le monde. On l'emmena, babillant allégrement dans un langage que les soldats n'avaient pas encore appris à maîtriser. Tout ce qu'ils lui dirent fut :

— Ecoute, Rital ! Toi venir par ici. OK ?

Dans la matinée, un capitaine de frégate de la Royal Navy apparut, l'air furieux, et me demanda pourquoi j'avais été en retard pour le débarquement. Je lui précisai qu'à mon avis, loin d'être en retard, j'avais été le premier à arriver. De toute évidence, il ne me crut pas et se mit à murmurer quelque chose au sujet des officiers de réserve.

— Que faites-vous dans le civil ? demanda-t-il.

— J'étais acteur, Sir.

La question habituelle et l'habituel petit sourire devant la réponse. Ma patience a toujours été limitée, et elle l'était encore plus ces jours-là. Brusquement, je vis rouge et éclatai :

— Acteur j'étais, Sir, et officier de réserve je suis maintenant. Mon navire a été le premier à arriver ici, en conduisant les autres, ce qui n'était pas inclus dans mes ordres. J'ai touché terre à l'endroit précis et au moment précis où je devais le faire. Et, en tant qu'acteur, vous me permettrez de souligner, Sir, que dans les théâtres de Londres, lorsqu'on dit que le rideau se lèvera à huit heures, il se lève à huit heures et pas une heure plus tard. Une chose dont la Royal Navy pourrait s'inspirer.

— Il faut sortir votre navire d'ici, dit-il presque timidement.

— Impossible sans assistance, répondis-je. Peut-être seriez-vous assez bon pour faire qu'un destroyer ou qu'un remorqueur nous dégage.

Je savais que j'étais impertinent et peut-être passible de la cour martiale, mais je n'en avais cure. Nous dûmes attendre dix jours avant qu'un destroyer nous tire d'affaire, d'autres unités n'y étant pas parvenues.

En laissant de côté la crainte de manquer d'eau fraîche, notre séjour au Cap Passero fut très détendu. Il n'y avait rien à faire, si ce n'est se baigner et organiser des jeux sur la plage. Les paysans de l'endroit commencèrent à se montrer, très timidement, nous offrant, avec des sourires empruntés, des œufs et des melons que nous acceptions avec reconnaissance.

Des enfants vinrent sur la plage et on les persuada vite de jouer avec les marins. Le seul problème qui se posa fut la violente rage de dents dont fut victime un membre de l'équipage.

Je décidai qu'il fallait l'amener au camp militaire le plus proche, dont j'ignorais l'emplacement. Nous partîmes tous deux dans ce que nous pensions être la bonne direction. Traversant un vaste champ de haricots, nous marchâmes le plus prudemment possible afin de ne pas abîmer la récolte. Finalement, nous trouvâmes le camp et un médecin, qui soigna la dent avec succès. Après quoi, il me demanda :

— Comment êtes-vous arrivés jusqu'ici ?

— Par un champ de haricots, lui dis-je.

— Ciel ! C'est un champ de mines. Nous l'avons contourné. Il y a un piège sous pratiquement tous les haricots. Vous feriez mieux de revenir en longeant la côte.

Nous avions marché six kilomètres et demi pour aller au camp. Notre voyage de retour, sur les rochers, fut plus long de cinq kilomètres, en pleine chaleur de l'après-midi. Mais, quand nous regagnâmes le navire, la mer était claire et fraîche, les hommes se baignaient nus et le moral était au zénith. Je me refusai à envisager la situation ridicule dans laquelle se trouvait le 124 et, ce soir-là, John Bostock et moi nous installâmes tranquillement pour jouer au gin-rummy. On viendrait nous chercher quand on voudrait, mais pas trop tôt, espérais-je.

La campagne de Sicile fut rapide. Mussolini fut renversé le 25 juillet, et en septembre, les Italiens signèrent l'armistice. Comme on le sait, l'invasion de l'Italie continentale, commencée à Salerne, fut rapidement victorieuse dans le sud mais se ralentit ensuite, devant une très vive résistance allemande dans le nord du pays.

Je manquai les débarquements de Salerne et de Reggio, étant alors employé à d'innombrables missions de transport entre Syracuse, Augusta et Catane. Le reste de l'année fut occupé en majeure partie par des besognes du même genre sur la côte orientale de Calabre et par des traversées de l'Adriatique pour ravitailler les partisans yougoslaves.

L'activité était intense dans les Balkans. A cette époque, Tony Quayle, qui avait atteint le grade de major, était parachuté dans les montagnes d'Albanie avec des sacs d'or. Peter Bull, avec sa DCA et ses fusiliers marins, patrouillait dans la mer

Tyrrhénienne. Evelyn Waugh, tout en affûtant sa plume, jouait les têtes brûlées héroïques en Yougoslavie. Un colonel un peu excentrique que j'eus l'occasion de transporter avec ses hommes fourbissait son arc et ses flèches en disant :

— Les Boches n'aiment pas cela du tout, vous savez. Je me cache derrière un arbre et, bzz, Fritz mord la poussière, sans même savoir ce qui lui est arrivé.

Sur nos bases arrière, les distractions ne manquaient pas complètement. L'un de mes camarades, Malcolm Harvey, avait découvert que la Société d'opéra amateur de Brindisi, s'étant rapidement remise de la défaite, allait représenter *Madame Butterfly,* et il m'avait persuadé de l'accompagner. Etant tous deux — et seuls de notre espèce — en uniforme britannique, Malcolm arborant, de plus, une superbe barbe rouge, nous fûmes très remarqués dans le petit théâtre aux dorures poussiéreuses. L'orchestre était une fanfare locale, Pinkerton était démesurément gras et tous les Japonais portaient leur perruque à l'envers. Nous nous amusâmes comme des fous. Au début, j'avais redouté que nous ne fussions poignardés dans le dos ou simplement lynchés, mais j'eus ensuite l'impression que le public local était plutôt flatté de notre présence et ravi de montrer un peu de culture italienne aux barbares du Nord. Malcolm et moi regagnâmes nos navires respectifs avec une légère fatigue due à une dégustation prolongée de grappa — aggravée, dans son cas, d'exercices vocaux dont Puccini était la principale victime.

Nous pûmes aussi assister, mais je ne me souviens plus exactement où, à une version des *Barretts of Wimpole Street* mise en scène par Guthrie McClintic, avec comme vedette féminine sa femme, Katherine Cornell. C'était assez épouvantable. A l'exception de Kit Cornell, qui campait une Elizabeth Barrett Browning plantureuse et digne, tous les acteurs tentaient de se mettre à la portée des soldats — en majeure partie américains. Le résultat fut que le traître était sifflé, le héros acclamé et l'héroïne en butte à des propositions sans équivoque, les autres personnages ne soulevant que l'hilarité. Il était bien agréable de revoir les McClintic, mais, tout en rendant hommage à leur courage, je trouvai leur spectacle un peu déprimant, et je ne fus peut-être pas aussi chaleureux qu'on l'attendait.

C'est le 1er janvier 1944 que, en perdant mon navire, j'ai le plus approché la mort. Pendant trente ans, j'ai conservé une copie du rapport officiel rédigé par moi à ce sujet, mais je l'ai maintenant perdue. Toutefois, presque tous les détails me restent en mémoire, et je ne pense pas que le temps les ait grossis.

Le 31 décembre 1943, je reçus l'ordre d'appareiller, de conserve avec le L.C.I. 127, que commandait le lieutenant de vaisseau Nick John, plus élevé en grade que moi, de Barletta pour l'île yougoslave de Vis, d'où nous devions évacuer ensemble quatre cents femmes et enfants, les Allemands menaçant d'envahir l'île à tout moment — ce qu'ils ne firent jamais. Nous étions supposés atteindre Vis dans la nuit et regagner la côte occidentale de l'Adriatique avant le jour.

Lorsque nous appareillâmes, le temps était parfait, chaud, ensoleillé, sans un souffle de vent, et la mer était couleur de nacre. J'aurais dû me douter que de sinistres présages étaient dans l'air. Nous devions nous diriger vers la pointe de Manfredonia et, à la tombée du jour, prendre la direction de Vis qui était située à un peu plus de soixante-dix milles au nord. Sachant que j'allais être debout toute la nuit, je laissai la passerelle à John Bostock pour deux heures, en fin d'après-midi, afin d'aller faire un petit somme.

Je sombrai dans un sommeil lourd et sans rêves jusqu'à 18 heures. Là, je m'éveillai en sursaut, dégoulinant de sueur et terrifié comme je ne l'avais jamais été depuis l'enfance. J'étais tout à fait éveillé lorsqu'il me sembla entendre une voix très déplaisante me dire à l'oreille un seul mot : « Demain ». La voix était insinuante, persuasive et sans nul doute maléfique. Elle impliquait qu'à la même heure le lendemain, je serais mort. Remâchant cette expérience comme je l'ai fait un nombre incalculable de fois depuis, je ne puis l'écarter comme purement imaginaire. L'impression de réalité était trop forte pour tromper, et, quoi qui ait pu m'agiter dans mon sommeil, je sais que j'étais pleinement conscient lorsque le phénomène s'est produit.

Je me précipitai sur la passerelle et trouvai John Bostock aussi pâle sous son hâle que je l'étais moi-même. Nous corrigeâmes le cap, et Bostock descendit, me laissant à mes sombres pensées, cependant que le temps commençait à changer. Un vent léger se leva, faisant se plisser la surface de la mer. Une heure plus tard, celle-ci était démontée et le vent soufflait en tempête. Et, à moins d'un mille de Vis, c'est dans un véritable ouragan que nous nous retrouvâmes. Il eût été impossible d'atteindre le petit port et le lieutenant de vaisseau John ordonna par signaux optiques le retour vers Manfredonia. Ses signaux me vinrent de six bons mètres au-dessus de nous, puis je distinguai la forme sombre de son navire au sommet d'une gigantesque vague. Je ne devais le revoir que plusieurs semaines plus tard.

Je réussis à virer de bord, entouré de vagues qui atteignaient maintenant près de dix mètres et assailli par un vent dont on estima ensuite la vitesse à 190 kilomètres à l'heure. Dans l'obscurité menaçante, je me trouvai soudain en face d'un monde qui semblait entièrement fait d'écume blanche. L'Adriatique est peu profonde et, lorsqu'une tempête frappe, la mer s'y soulève en des montagnes d'eau dont chacune paraît douée d'une vie autonome. L'ouragan venait du sud-est, balayant la mer depuis l'Egypte et la Libye. Je tentai de le laisser sur bâbord et de gagner vers le sud, mais le navire était secoué comme un bouchon et il se révélait impossible de garder un cap comme de continuer à avancer.

Le feu Saint-Elme, phénomène qu'aucun d'entre nous n'avait encore vu, s'empara du navire. Il s'agit d'une décharge électrique, parfois provoquée par les tempêtes, qui se manifeste en rayons de lumière bleue phosphorescente de la dimension du pouce courant le long des structures du navire, se divisant en tronçons sans jamais perdre de son intensité et dégageant une forte odeur d'ozone. Dans notre cas, le feu Saint-Elme attaqua à la proue et se propagea le long de tous les haubans et de toutes les rambardes, illuminant le navire tout entier comme une fête foraine en folie. C'était beau et curieusement séduisant comme une aurore boréale. S'accrochant à côté de moi à la rambarde, un petit matelot de Glasgow me hurla à l'oreille malgré le vent :

— Ce sont des fantômes ?

Nous pensions tous, en fait, que notre fin allait survenir d'un moment à l'autre. Un mécanicien passa la tête une seconde, vit le spectacle et disparut en disant simplement :

— Oh, Ciel !

Avec les premières lueurs de l'aube, la fureur de la mer nous apparut dans toute son horreur, et je me sentis presque résigné. Rien de très original ne me venait à l'esprit : seulement l'épouse et le fils, puis le fils et l'épouse... Comment allaient-ils s'en tirer à l'avenir ? Etait-il honteux de couler dans ces conditions ? Quelqu'un saurait-il jamais ce qui s'était passé ? Serions-nous classés comme « disparus, présumés noyés » ? Pourquoi diable portais-je un col et une cravate ? L'équipage me considérait-il comme un crétin incompétent ? Cela valait-il la peine d'essayer de jeter encore un peu d'huile sur l'eau ? Devrions-nous chanter un cantique ? Merula serait-elle obligée de se charger de ma mère ? Non, elle n'aurait pas assez d'argent pour cela ; seulement sa pension de veuve de guerre...

Des montagnes d'eaux grises, blanches et jaunes continuaient à s'abattre sur nous, l'écume réduisant la visibilité à une centaine de mètres à peu près. Nous avions dû laisser l'île de Pianosa sur bâbord, mais personne ne l'avait aperçue. Puis, soudain, juste devant nous, nous distinguâmes une avalanche d'eaux blanches, d'énormes vagues noyant pratiquement un petit groupe d'îles basses appelées les Tremeti. Normalement, j'aurais dû mettre à tribord toute et fuir avec la mer, mais, dans l'état de panique où je me trouvais et ne sachant pas jusqu'à quel point nous nous étions engagés au milieu des îles, je donnai l'ordre de mettre la barre à gauche et, avec les machines à plein régime, nous fonçâmes tête baissée dans la tempête. Il nous fallut bien une heure pour nous y frayer un chemin et échapper à ce danger immédiat. Puis, à la fois épuisé et soulagé, je renonçai à toute tentative pour gagner Manfredonia et décidai de me diriger, vent et mer arrière, vers le petit port de Termoli, plus haut sur la côte italienne. Je ne me demandai même pas où pouvait se trouver la ligne de front, et même si je l'avais fait, je ne crois pas que je m'en serais soucié. En fait, les Allemands se trouvaient à une quinzaine de kilomètres au nord de Termoli, en retraite.

A trois heures de l'après-midi, je demandais à Termoli l'autorisation d'entrer au port, ce qui me semblait une pure formalité. Il me revint un message disant :

« Mouillez au large jusqu'à nouvel ordre. »

Il n'était pas question de mouiller au large ; la mer avait emporté notre ancre et, de toute façon, il eût fallu, pour nous retenir, celle d'un cuirassé de ligne. J'en conclus rapidement que tout le monde était fou à terre, que je devais ignorer ce message stupide et qu'il me revenait de sauver mon bateau. Nous entrâmes dans le port, suivis par une vague monstrueuse qui nous projeta sur les rochers près d'un transport de chars abandonné.

Le navire n'était plus qu'une épave, mais personne n'avait été blessé. Je donnai l'ordre d'évacuation et celle-ci se déroula dans le calme et la discipline. Mon équipage était de bonne qualité. Comme dans un déménagement, on voyait défiler les affaires personnelles, les petits cadeaux envoyés du pays et récoltés en Afrique du Nord, à Malte ou en Sicile. Dans ma cabine, trempé et épuisé, je me disais qu'il serait raisonnable d'emporter un livre. Non, pas Dickens ni Tolstoï ni la Bible. Sur le pont traînait un roman policier, je l'empochai et dis adieu au L.C.I. 124.

La tempête mit trois jours à s'apaiser. Sur la terre ferme, des avions avaient été retournés par le vent, une douzaine de bateaux de pêche étaient portés disparus et un destroyer avait dû regagner Malte tant bien que mal pour s'y faire réparer. Bostock et moi nous séparâmes. L'équipage fut dispersé et, au bout de quelques jours, on me réexpédia par avion à Malte. Il fut décidé qu'il n'y aurait aucune enquête officielle sur le naufrage. On m'octroya deux semaines de permission, dont je passai une partie avec mes vieilles amies Kay et Ella Warren dans leur petite maison de Mdina, dans le centre de l'île. Je devais ensuite prendre un emploi administratif en attendant qu'on me trouve un autre commandement. Nick, John et moi, louâmes une petite maison presque en ruine à Sliema pour dix shillings par semaine, maison où nous recevions quand nous pouvions, offrant des omelettes faites d'œufs à une demi-couronne pièce, ainsi que notre ration de gin. Nous vécûmes là, loin du tumulte du mess des officiers, pendant plus d'un mois.

Tombant sur une troupe d'acteurs, dont je connaissais certains, en tournée à Malte, nous les invitâmes aussi. Nos œufs et notre gin disparurent rapidement. L'un des acteurs nous dit qu'il ne pouvait vraiment pas rester à son hôtel miteux et nous demanda de le loger. Il jeta un coup d'œil à la maison et décida qu'après tout, il serait mieux à son hôtel. Je commençais à avoir assez vu les acteurs. Curieusement, je ne les enviais même plus.

Avant de recevoir le commandement du L.C.I. 272, je fus envoyé à Alger par le commandant de mon unité, l'admirable capitaine de frégate Sargent, pour enquêter, dans le plus grand secret, sur une ténébreuse affaire de truquage de comptes et de revente au marché noir de denrées militaires. Je ne devais rester, en principe, que quelques jours et si quiconque me posait une question, je devais répondre que j'étais là en permission.

Je ne suis George Smiley qu'à l'écran, ma compréhension des jeux d'écriture est réduite au minimum et je ne pus rien tirer des documents qui m'étaient soumis. Incapable de trouver ce qui eût pu étayer une accusation en règle, je me préparais à regagner Malte lorsque, malheureusement, un amiral en pleine effervescence me tomba dessus, voulant savoir qui j'étais, ce que je faisais et où j'allais. Je lui répondis que ma permission venait de s'achever et que je m'apprêtais à retourner à Malte pour rejoindre mon unité.

— Oh, non ! dit-il. J'ai besoin d'un officier. Un crétin de réserviste vient de craquer et s'est versé une bouteille de Lysol sur la tête. Vous allez reprendre son commandement. C'est un L.C.I. Il n'y a pas d'officier en second, et il est très sale. Occupez-vous-en.

Je protestai vigoureusement mais en vain ; il était déjà parti. J'envoyai un message au commandant Sargent pour lui dire que j'avais été kidnappé et presque violé, puis je partis à la recherche d'un navire particulièrement sale. Il l'était. Avec, en plus, un équipage démoralisé et hargneux. Après quelques jours misérables passés dans une chaleur accablante, on me donna ordre d'amener cette horreur flottante à Messine. Nous nous traînâmes misérablement jusque-là, furieux de tout et de nous-mêmes, malgré la vue réconfortante de cétacés et de tortues par centaines et un passage le long des merveilleuses îles Lipari. A Messine, Dieu merci, m'attendait un message m'enjoignant de rejoindre immédiatement Malte pour prendre le L.C.I. 272.

Je ne réussis jamais à ressentir pour mon nouveau navire l'affection que j'avais pour le 124. Il était parfaitement briqué, il avait pour second un charmant Canadien, John Keys, mais nous n'avions pas traversé ensemble les mêmes épreuves. Avant mon arrivée, le navire était sous le commandement d'un fringant Canadien, très féru de lunettes de soleil dernier modèle et d'appareils photographiques de luxe, qui avait été évacué, à ce que je crois, pour raisons de santé. Nul ne pouvait m'expliquer l'origine des impacts de balles qui marquaient le pont ni le fait que le pavillon était en lambeaux, alors qu'aucun engagement avec l'ennemi n'avait été signalé. Interrogé, Keys se bornait à hausser les épaules et à sourire. Tout était propre et confortable, et je m'installai ainsi dans une existence dont le plus clair consistait à apporter du ravitaillement aux partisans yougoslaves et à évacuer vers l'Italie leurs blessés.

Dubrovnik était une ville belle et paisible et, les premiers temps, nous y reçûmes toujours un accueil chaleureux, encore que les Yougoslaves ne résistassent point à la tentation de nous tirer dessus chaque fois que nous entrions au port. Heureusement, la précision n'était pas leur fort. Régulièrement, je protestais auprès du très jeune commissaire politique et lui expliquais à quoi ressemblait notre pavillon mais peu de choses semblaient pénétrer sous son crâne.

Un jour, quelques-uns des membres de l'équipage furent invités à un bal organisé par des soldats britanniques cantonnés sur place. Ils revinrent aux premières heures de la matinée et je demandai ses impressions au maître timonier.

— Eh bien, me dit-il, il y avait une fille superbe, vraiment sensationnelle, mais habillée en troufion, vous voyez. On s'est bien entendus et j'ai trouvé qu'elle avait des nichons intéressants. Alors j'ai mis la main dessus. Elle n'a pas aimé. Et, en plus, ce n'étaient pas des nichons, c'étaient des grenades. Vous vous rendez compte, si j'avais arraché la goupille...

Je ne crois pas qu'il soit retourné à terre après cela.

De toute manière, nos visites commencèrent à être beaucoup moins bien accueillies. Le jour de Noël, nous arrivâmes avec le grand pavois — en nous faisant encore tirer dessus — pour trouver la sortie du port barrée par des barbelés. Nous débarquâmes des caisses de beurre, de fromage, de couvertures et de chaussures, toutes marquées « Don du Royaume-Uni » ou « Don des Etats-Unis ». De jeunes partisans arrivèrent immédiatement avec des pots de peinture rouge et entreprirent de transformer les inscriptions en « Don de l'URSS », avant de charger les caisses dans des camions qui traversèrent la ville sous des applaudissements bien orchestrés.

Une autre fois, je mis le 272 bord à bord avec un petit cargo soviétique dans le port. L'équipage russe était composé uniquement de femmes auxquelles il ne manquait que les moustaches. Elles ne tardèrent pas à nous faire des signes, indiquant par toutes sortes de mimiques qu'elles voulaient des cigarettes. Certains de mes marins exprimèrent alors le désir de leur faire cadeau de leurs rations du mois suivant. J'étais très réticent mais, touché par ce geste de générosité, je finis par céder. Quelques cartouches furent ainsi offertes. Les cigarettes étaient dans des paquets en carton, ce qui sembla intriguer les robustes dames soviétiques. Elles se mirent à manipuler les paquets assez peu intelligemment sans parvenir à les ouvrir, puis les déchirèrent en deux, détruisant les cigarettes. Après quoi, de rage, elles lapidèrent les donateurs avec les restes des paquets ou jetèrent ceux-ci à la mer d'un air de mépris. Je crois que si elles avaient eu des haches sous la main, elles seraient montées à l'abordage. Je fis mettre les machines en route et nous changeâmes rapidement de point d'amarrage, hors de la portée de nos charmantes voisines.

Le 272 ayant été envoyé à Naples pour une révision de ses moteurs, nous arrivâmes dans la baie juste après une éruption du Vésuve. Sur un mille au moins, la mer était recouverte d'une couche de plusieurs centimètres de poussière de lave, comme si de gigantesques boîtes de talc avaient été renversées à sa surface. L'air était irrespirable et les conduits du navire étaient partiellement obstrués. Au lieu de ne rester que quelques jours à Naples, nous fûmes mis en cale sèche pour trois semaines. On envoya la moitié de l'équipage en permission, et je restai à bord sans rien à faire, si ce n'est supporter la chaleur et les bruits du chantier.

Un camarade dont le navire se trouvait un peu plus haut sur la côte, à Pozzuoli, patrie de Sophia Loren, me prit en pitié et me proposa de venir passer un week-end avec lui dans un cadre un peu plus plaisant. Soit dit en passant, Sophia Loren devait me raconter, bien des années plus tard, qu'elle faisait partie des gosses qui, sur le port de Pozzuoli, assiégeaient nos marins en leur demandant du chocolat. Mon week-end prit une tournure tout à fait différente de celle qui avait été prévue.

— Nous devons aller en Corse, me dit mon hôte. Juste pour une nuit. Nous serons de retour dans un jour ou deux. Venez avec nous.

J'hésitai, puis, pensant qu'aucun ennui ne pouvait en résulter, j'acceptai l'excursion. Nous gagnâmes la côte est de la Corse et allâmes nous ancrer dans une ravissante petite crique entourée de pins nains qui poussaient dans le sable blanc, presque à la limite de la mer. Se baigner là était un plaisir et tout sembla idyllique jusqu'au moment où nous comprîmes que nous allions participer à un débarquement sur l'île d'Elbe. L'ignorance dans laquelle nous avions été maintenus constituait la seule réussite de l'opération dans le domaine du secret militaire. J'avais avec moi une brosse à dents, un rasoir, une chemise de rechange, un maillot de bain et rien d'autre, pas même un casque — obligatoire — ce que je n'allais pas tarder à regretter.

Le débarquement sur l'île d'Elbe fut entrepris par une force composée d'Américains, de Français et de Britanniques à bord d'une vingtaine de L.C.I. Au moment où nous la rejoignîmes, la première vague d'assaut venait d'être repoussée, et la confusion la plus totale, avec messages contradictoires à la clé, régnait.

Nous apprîmes que l'amiral chargé de l'opération avait tenu quelques jours plus tôt une conférence au cours de laquelle il avait déclaré que le seul élément redoutable du dispositif ennemi était une vedette rapide allemande mouillée dans une crique au sud de l'île, et que celle-ci devait être neutralisée avant tout débarquement. Il avait demandé des volontaires pour monter à bord, équipés de coups-de-poing américains, et assommer l'équipage. C'était ce qu'il avait appelé, sous les acclamations frénétiques des Américains, « le style Nelson ». Des volontaires avaient été trouvés. Pour se faire capturer un à un comme ils montaient à bord par des Allemands dorénavant bien éveillés et en alerte. Les premiers navires à entrer dans la baie avaient été accueillis par des obus au phosphore, ce qui avait entraîné leur repli. Lorsque nous arrivâmes, une heure plus tard, les choses s'étaient un peu calmées, mais des tirs de mortiers assez désagréables venaient toujours des collines encadrant la baie. Un de mes amis, atteint par du phosphore, sauta par-dessus bord et coula, flambant comme une torche.

N'ayant pas de besogne précise en cette affaire, je me demandai comment me rendre discrètement utile. Je sollicitai et obtins l'autorisation de servir l'un des Oerlikons, ce que je trouvai plaisant jusqu'au moment où le canon s'enraya. L'artillerie n'ayant jamais été mon fort, je n'arrivais pas à me rappeler comment on remédiait à cette situation. Estimant que me mettre à couvert eût été peu digne d'un officier, je restai comme un imbécile à chatouiller vainement mon canon, me sentant très vulnérable sans casque. Fort heureusement, l'ordre de regagner la base survint avant que je ne me sois fait sauter la figure.

Avant de quitter la baie, nous recueillîmes un Noir américain complètement nu et un jeune Français. L'Américain était indemne mais en état de choc. Comme je l'aidais à monter à bord, il m'accusa de lui avoir volé son portefeuille et commença à me pourchasser sur le pont. On lui donna des calmants et on l'enferma dans une cabine. Le Français ne portait aucune trace de blessure, mais il était devenu aveugle, peut-être pour la vie. C'était un beau garçon de vingt-deux ans, qui nous dit avoir, avant la guerre, travaillé dans une ferme près de Bordeaux. Je lui assurai, dans mon français très scolaire, que sa cécité ne serait que temporaire. Il ne le croyait pas plus que je ne le croyais, mais il resta calme et courageux. Nous transférâmes les deux hommes sur un navire-hôpital. Durant notre voyage de retour, deux marins remorqués à trop grande vitesse dans un canot par un autre L.C.I. se noyèrent : leur embarcation s'était retournée, les laissant prisonniers d'elle. Il n'y eut pas d'enquête officielle. Le débarquement de l'île d'Elbe fut qualifié de succès, mais certains d'entre nous eussent été heureux de voir une ou deux têtes tomber devant une cour martiale — chose peu probable car ces têtes étaient coiffées de casquettes à feuilles de chêne.

Fort heureusement, personne ne s'aperçut de mon escapade à l'île d'Elbe et je pus regagner discrètement le L.C.I. 272 à Naples pour reprendre mes randonnées habituelles dans l'Adriatique. Dans le golfe de Tarente, j'eus la surprise, un jour, de découvrir des douzaines de trombes d'eau jaillissant entre mer et ciel comme autant de cheminées grises, un spectacle sans doute habituel pour des marins chevronnés, mais une expérience nouvelle pour nous qui devions les éviter tout en esquivant des mines italiennes qui n'avaient pas encore été éliminées.

A Tarente, je tombai sur Ben Levy, l'auteur dramatique qui

devait devenir un éminent parlementaire socialiste mais était, à l'époque, lieutenant de vaisseau dans la RNVR. Il avait auparavant servi courageusement dans le convoi vers Mourmansk alors qu'il aurait pu occuper un emploi administratif à Londres. Ben était un vieil ami de la famille de Merula, toujours aimable et souriant, et cultivant la manie d'appeler tout le monde « mon chou ».

— Je peux faire quelque chose pour toi, mon chou ? demanda-t-il dès que nous nous fûmes reconnus.

Il me laissa lui lire une adaptation des *Frères Karamazov* que je venais de faire et supporta admirablement l'épreuve. Nous nous trouvions dans un petit bureau sordide, les volets à demi fermés à cause de la chaleur, des mouches volant de toutes parts et des enfants piaillant dehors, et je poursuivais interminablement ma lecture. Assis sur une chaise, en état de concentration totale, Ben était la patience incarnée. Il fit quelques remarques encourageantes, quelques suggestions utiles, et me dit :

— Aimerais-tu faire quelque chose de risqué, mon chou ?

— Pas trop risqué, répondis-je.

J'étais prudent car je le savais responsable, localement, de diverses opérations secrètes. Il me dit alors que j'allais recevoir sous peu des ordres intéressants. Nous prîmes congé et, sur mon chemin de retour, je ne pus m'empêcher de me demander si tout cela n'était pas une invention de Ben pour éviter de passer à nouveau un aussi pénible après-midi.

Une semaine plus tard, le 272 fut provisoirement détaché de sa flottille. Les ordres envoyés par Ben étaient parfaitement conformes au code maritime, mais j'y relevai quand même des allusions aux *Frères Karamazov*. Le L.C.I. 272 devait quitter Brindisi, passer par le détroit d'Otrante et, au sud-ouest de Corfou, qui était encore occupée par les Allemands, tourner à l'est pour passer entre les petites îles de Paros et d'Antiparos afin de gagner, quinze milles plus loin, une crique où il serait accueilli par des soldats britanniques et des partisans grecs auxquels il faudrait livrer des munitions et diverses autres denrées. Une nuit sans lune avait été choisie. Lorsque nous approcherions de la crique, un canot pneumatique devait quitter la côte, nous envoyer un signal lumineux bleu, et, après réponse de notre part, nous guider. Un silence total devait être observé ; l'équipage et les quelques soldats que nous avions à bord ne devaient s'exprimer que par chuchotements et il était interdit de fumer sur le pont. Il y avait au sud de Corfou une vedette allemande qui balayait constamment la mer avec de puissants projecteurs.

Lesdits projecteurs nous manquèrent de peu comme nous dépassions Paros. Une heure plus tard, nous aperçûmes la lumière bleue et nous nous engageâmes dans la crique. Pendant un instant ou deux, l'obscurité fut complète et le silence presque insupportable. Puis, soudain, toute la crique s'illumina, éclairée par de grands feux sur la plage et dans les collines environnantes. Quelques soldats britanniques, sur la berge, nous saluaient de la main et des partisans, souriants, tiraient en l'air. Ils faisaient le plus de bruit possible. Quand je demandai à un nonchalant officier anglais si ces manifestations étaient bien indiquées, il me répondit :

— Oh, oui ! Les Boches n'aiment pas venir par ici la nuit. Ils pensent qu'ils pourraient se faire couper la gorge, ce qui serait d'ailleurs le cas. Tous ces feux et tout ce bruit vont les convaincre que nous sommes encore plus nombreux que dans la réalité.

Nous déchargeâmes nos caisses, qui furent emportées un peu plus loin à dos d'âne et nous échangeâmes les soldats que nous avions à bord contre ceux qui se trouvaient sur la plage. Le spectacle était somptueux ; les feux se reflétaient dans l'eau, si claire qu'on pouvait distinguer le fond, tout le monde souriait et l'odeur du bois de pin brûlé devenait presque enivrante. Une fois au large et en sûreté, nous décidâmes que c'était là l'une des meilleures nuits que nous ayons passées en Méditerranée.

Si l'on excepte quelques débarquements de nuit sur des îles yougoslaves, le reste de l'année se passa sans événement majeur. Puis je reçus un message m'avisant qu'un officier de relève m'était envoyé et que je devais regagner Naples dès qu'il arriverait, pour y attendre mon rapatriement. Après deux ans et demi loin de chez moi, la route du retour s'ouvrait.

Je dus attendre dix jours à Naples, ville que je n'avais jamais beaucoup appréciée et que j'appréciais encore moins en l'occurrence. D'affreuses petites scènes se déroulaient tous les jours dans les rues : un soldat britannique ivre renversant la charrette de fruits d'un vieil homme et le privant de son gagne-pain, des bandes de voleurs à l'œuvre, des adolescents maquillés s'offrant ou offrant leurs sœurs. Les lendemains de la défaite étaient sordides. Un médiocre *Faust* et une médiocre *Tosca* étaient au programme de l'Opéra.

La présence de Tony Quayle et de Peter Bull me réconforta. Tony jouait le rôle d'aide de camp auprès d'un amiral américain, ancien directeur d'un grand magasin de New York et très déférent envers quiconque était vraiment allé sur mer. Je passais le plus clair de mes après-midi à la résidence de l'amiral, l'ancienne villa du comte Ciano, plus récemment occupée par Goering, un peu au nord de la ville. Dans le petit port privé de la villa, il y avait un canot que Tom et moi utilisions fréquemment pour aller nous baigner. Un après-midi, Tony me dit que nous devions rentrer de notre baignade avant quatre heures et disparaître, car une personnalité importante envoyée par Churchill devait arriver d'Angleterre. Nous calculâmes mal notre retour à la villa, et nous nous trouvions dans l'allée, dans nos maillots de bain mouillés lorsque arriva une grande voiture noire. Un homme de haute taille en sortit, salué par deux « marines » américains et fut introduit dans la maison. Tony prit quelque peu ombrage de notre retard et nous dit avoir appris que le visiteur serait peut-être notre prochain Premier ministre. Nous nous faufilâmes jusqu'à une salle de bains pour nous doucher et nous changer. Tout en me séchant, je me penchai à la fenêtre, contemplant la baie de Naples et méditant. J'aperçus alors, à une fenêtre voisine, un visage qui me souriait sous une moustache très tombante. Je me retournai vers Tony et lui lançai :

— Si c'est le futur Premier ministre, il devrait tailler immédiatement ces moustaches de phoque !

C'était, bien sûr, Mr Macmillan. Et ce fut le secrétaire privé de Mr Macmillan qui m'écrivit à l'automne 1958 que « le Premier ministre avait l'intention de proposer à Sa Majesté » que je fusse fait chevalier « sauf empêchement ». Cela devait se réaliser au Nouvel An 1959, mais je ne pense pas que Mr Macmillan se soit souvenu alors du visage congestionné qu'il avait pu apercevoir à une fenêtre de salle de bains.

Alors que nous nous trouvions à Naples, je signalai à Tony Quayle la présence de Peter, qu'il connaissait à peine mais qu'il invita aussitôt à dîner avec l'amiral américain à la villa. Nous étions les seuls invités. L'amiral était calme, timide et fort courtois, mais j'ai bien peur que tel ne fut pas le cas de Peter et de moi-même, après quelques verres. Je pus voir immédiatement que Tony ne débordait pas d'affection pour Peter et ce sentiment ne fit que croître à mesure que la soirée s'avançait.

La table était immense. L'amiral était assis à une extrémité et Tony à l'autre, tandis que Peter et moi nous faisions face entre les deux, en proie à des fous rires mal réprimés. La conversation était loin d'être facile. Très vite, Peter s'avisa que nos chaises étaient montées sur d'énormes roulettes en parfait état de marche, et lorsque l'amiral émit une parole qu'il ne put très bien saisir, il donna une poussée à sa chaise et arriva, comme sur des patins, aux côtés de son interlocuteur stupéfait. Je fis de même du côté de Tony, puis nous inversâmes les positions. Tony était visiblement furieux mais il se contraignit à ne rien dire.

La soirée était splendide et lorsque le dîner fut fini, au grand soulagement de nos hôtes, Tony suggéra que Peter et moi fissions une petite promenade dans le jardin, ajoutant :

— Je ne pense pas que vous connaissiez la chapelle.

Nous le suivîmes, la démarche assez hésitante, sous les oliviers et les cyprès — l'amiral s'était excusé, arguant d'un travail à terminer — et nous atteignîmes la chapelle, que je n'avais jamais remarquée auparavant. C'était une petite construction gothique avec quelques marches de bois menant à une grande porte de chêne renforcée de ferrures.

— Une minute, dit Tony. J'ai oublié la clé. Oh, Peter, essayez donc de pousser la porte !

Peter entreprit de gravir les marches, la troisième céda sous son poids, déclenchant un mécanisme qui fit s'ouvrir toute grande la porte, tandis qu'un mannequin figurant un gigantesque moine roux surgissait sur le seuil. Peter poussa un hurlement, faillit s'évanouir et, quant à moi, je dessaoulai immédiatement. Apparemment la chapelle était une « folie » construite par Goering pour effrayer ses invitées féminines et les jeter ainsi sur son ample poitrine. Le temps que nous regagnions la villa, calmes, pâles et sobres, l'amiral était allé se coucher. Tony, ostensiblement satisfait de sa petite vengeance, nous dit bonsoir avec une certaine bonne humeur et nous réexpédia à Naples en jeep.

C'est à Liverpool que je débarquai en Angleterre et, à l'Hôtel Adelphi, Judy et Tony Guthrie m'attendaient. Après un accueil chaleureux, ils devinrent rapidement assez froids et critiques comme ils savaient le faire.

— Tu es devenu très grand seigneur, me dit Judy. Je suppose que c'est ton uniforme d'officier qui fait cela.

Ils ne pouvaient dissimuler leur désapprobation devant un acteur qu'ils avaient connu dans de petits rôles et qui, à leur avis, « se donnait des airs ». Ils ne se rendaient pas compte que j'avais un peu grandi. Nous passâmes une heure ou deux assez inconfortables avant que je prenne le train pour Londres, où je devais retrouver Merula.

Nous nous rencontrâmes dans l'appartement de Martita Hunt, dans Upper Wimpole Street, là même où nous avions eu de si longues conversations nocturnes, mis sur pied l'Actor's Company et pris de délicieux repas bien arrosés. Merula portait son nouvel ensemble de laine rouge cerise, extravagance qui lui avait coûté tous ses coupons de textile, et nous fûmes presque abasourdis de nous revoir. Sous la joie de ces retrouvailles, il existait une sorte de tension nerveuse qui mit plusieurs jours à disparaître. J'avais idéalisé l'Angleterre pendant que je me trouvais au loin et je fus choqué par la tristesse qui avait envahi Londres. Je ne parvenais pas à imaginer les privations qu'enduraient encore les gens. Nous passâmes la nuit dans un hôtel sinistre avant de partir pour la campagne. Les sirènes des alertes aériennes, que je n'avais pas entendues depuis longtemps, me semblaient beaucoup plus alarmantes que tout ce que j'avais pu vivre en Sicile ou à l'île d'Elbe.

Merula vivait depuis un an avec Matthew chez sa belle-sœur, dans une ferme non loin d'Horsham, et c'est là que nous nous rendîmes, au milieu des parfums campagnards, des vertes prairies et des chants d'oiseaux. Mais la guerre allait encore durer trois bons mois, et, après une permission de quatre semaines, je fus préposé à quelques tâches symboliques à Southampton, ce qui m'amena à traverser une ou deux fois la Manche en L.C.I. mais sans aucune alerte.

Le théâtre me semblait loin, et je n'osais même pas me demander si j'y retravaillerais un jour. Puis, un mois avant ma démobilisation, arriva un télégramme me demandant si j'étais disponible pour jouer Herbert Pocket dans un film tiré des *Grandes Espérances*. Mon supérieur à Southampton, le charmant Tom Sharpe, me dit :

— Bien sûr que vous devez le faire ! Je vous couvre jusqu'à votre démobilisation.

Ainsi, après un bout d'essai avec David Lean, je m'embarquai pour une nouvelle carrière, dans un monde presque inconnu, en portant toujours l'uniforme de Sa Majesté.

X

LA GRANDE ÉDITH

Elle venait de passer la cinquantaine lorsque je l'ai vraiment connue, au début de la guerre. Elle était immensément grande, bien que légèrement voûtée. Son visage ovale, allongé, était d'un blanc de craie, avec une bouche petite, mince et droite, des sourcils qui semblaient de minces traits de crayon dessinés en arc au-dessus de petits yeux. Le physique était déjà frappant, mais, en plus, de la tête aux pieds, la tenue était bizarre. Elle portait un haut turban noir et or et, malgré la chaleur de ce jour d'été, un manteau d'astrakan noir arrivant au genou, avec, en dessous, une sorte de tunique en soie brodée bleue d'où dépassait une jupe noire arrivant presque au sol, sur deux longs souliers pointus. Le tout était maintenu par ce qui ressemblait à une grande soucoupe en émail bleu-vert et doré, mais était en fait une broche d'or et de jade. Les mains longues et fines étaient surchargées de splendides aigues-marines.

Dans le salon du Sesame and Imperial Pioneers Ladies, dans Grosvenor Street, elle se leva avec une grande courtoisie de sa chaise droite pour me donner deux ou trois doigts à presser. Elle m'offrit également un verre de sherry, que je refusai, avant de me demander :

— Quel est votre poète favori ?

Sa voix semblait venir du fond de la gorge, mais demeurait claire et assez haut perchée, aussi particulière que sa vêture.

— Je ne crois pas, fis-je pompeusement, qu'aucun des véritables géants de la poésie puisse jamais être mon *favori*. J'ai besoin de relations plus familières que celles qu'autorisent les très grands. A l'improviste et sur l'impulsion du moment, je dirais que mon poète favori est Herrick.

Ses lèvres se plissèrent en un sourire affecté. Elle inclina la tête en ce que je pris pour une approbation compétente et me dit :

— Allons déjeuner. Puis nous parlerons de votre cher Herrick.

S'attendait-elle à m'entendre dire que mon poète favori était Edith Sitwell ? Je me le demandai, et m'aperçus avec horreur que j'étais incapable de rien me rappeler d'Herrick, sauf deux malheureux vers où il était question d'un lacet de soulier.

Turban, astrakan et aigues-marines me guidèrent majestueusement vers la salle à manger, où Edith fut accueillie comme si elle était une princesse sortie d'un Livre d'Heures du Moyen Age. De vieilles personnes du club déjeunaient à de petites tables, individuelles pour la plupart, et quelques-unes avec des invités masculins.

— Miss Sitwell, murmurai-je à mon hôtesse, il y a une dame qui vous salue.

Edith Sitwell lança un regard à une femme de taille modeste qui s'était à demi levée de son siège.

— Ne faites pas attention, me dit Edith. Elle a écrit *Une petite maison grise dans l'Ouest*. Pas moyen d'être tranquille !

On nous conduisit à une table ronde dans l'embrasure d'une fenêtre que le soleil illuminait. Lorsque nous nous assîmes, je remarquai que ma compagne semblait faire très attention à ne pas perdre l'équilibre ; la soucoupe de jade qu'elle portait sur la poitrine devait peser une tonne. Elle cligna des yeux à la lumière et claqua impérieusement dans ses mains. Une vieille serveuse apparut immédiatement.

— Miss Sitwell ?

— Gladys, il y a trop de lumière. Veuillez baisser les stores.

Gladys, enchantée d'obéir à son idole, se précipita pour baisser tous les stores de la pièce. Ils étaient bleu marine, et la salle à manger se trouva soudain plongée dans une demi-obscurité. Les autres convives, stupéfaits, étaient contraints de coller le nez à leur assiette pour distinguer ce qu'ils mangeaient, mais personne ne se plaignit.

— Herrick ! fit Edith.

Puis elle prêta l'oreille à un léger son venant de derrière le store.

— N'est-ce pas une mouche bleue que j'entends ?

— Je crois que si. Derrière le store.

— Ils *savent* pourtant que je ne puis supporter les mouches bleues !

Et elle claqua de nouveau dans ses mains.

— Miss Sitwell ?

— Gladys, il y a une mouche bleue ici. *Veuillez* la chasser ; c'est affreux.

Gladys s'introduisit derrière le store et affronta courageusement la mouche, tandis qu'Edith s'effondrait en avant, entraînée par le poids du jade, apparemment évanouie. Je me levai et m'interrogeai sur l'opportunité d'un arrosage à l'eau froide sans parvenir à une décision. La *Petite maison grise dans l'Ouest* posa sa serviette avec l'air de quelqu'un décidé à intervenir, ce qui eût été d'un effet désastreux si jamais Edith avait ouvert les yeux. J'agitai une carafe d'eau vers la « Petite maison » en secouant violemment la tête. Elle prit visiblement cela pour un geste de menace, et se rassit, mordant sa serviette d'angoisse. Toute conversation avait cessé dans la salle à manger, et les fourchettes s'étaient arrêtées à mi-chemin des bouches ouvertes. Gladys vint à la rescousse. Emergeant de derrière le store, elle hurla dans l'oreille d'Edith :

— Miss Sitwell, la mouche bleue est partie !

Les yeux d'Edith s'ouvrirent et, avec un effort manifeste, elle se remit en position verticale. Elle remercia Gladys d'un signe de tête et parut extrêmement surprise de me voir debout, brandissant une carafe d'eau d'un air menaçant.

— Servez-vous de vin, me dit-elle. Et maintenant, Herrick !

Cette invitation à déjeuner était survenue, à ma joie et à mon inquiétude, après que je lui eus écrit pour la remercier d'un livre qu'elle m'avait envoyé. Je ne l'avais rencontrée qu'une seule fois, et très brièvement, lorsqu'elle était venue, avec Osbert, me voir dans les coulisses lors d'une représentation des *Grandes Espérances* durant l'hiver 1939-1940.

Ce fut le premier des quelques déjeuners et thés — sans parler d'un dîner terrifiant — auxquels je fus convié au Sesame Club, et ce fut la seule fois, à ce que je crois, où je fus invité seul.

Edith avait des difficultés d'argent, mais elle recevait somptueusement ; la nourriture et les vins étaient toujours soigneusement étudiés, et nous étions parfois au moins huit ou dix autour de la table. Les invités étaient, à mes yeux, prestigieux : Kenneth Clark et sa femme, Arthur Waley, Beryl de Zoete, Stephen et Natacha Spender, Dylan et Caitlin Thomas, William Plomer, Evelyn Waugh, le père Philip Caraman et, un jour, le redoutable et redouté Somerset Maugham.

— Il n'y a que trois personnes au monde qui me terrifient, me confia un jour Edith, et je les aime beaucoup : Aldous Huxley, Evelyn Waugh et Willie Maugham.

Je trouvai Huxley, que je rencontrai deux fois en Californie et une fois à Londres, charmant et facile d'abord. Waugh, que je connus un peu, se montra toujours d'une grande gentillesse à mon égard sous sa drôlerie naturelle. Mais je dois reconnaître que Maugham me mit quelque peu les nerfs en pelote la seule fois où je le rencontrai.

Edith se comportait généralement avec une majestueuse courtoisie, telle une reine Plantagenêt veillant au bien-être de ses vilains. La conversation se déroulait « sotto voce » et sur un rythme tranquille, avec des sourires à peine esquissés et des airs entendus, s'interrompant lorsque tombait des lèvres d'Edith quelque formule définitive :

— Virginia Woolf ne fait qu'un tricot étincelant ; à mon avis, elle doit avoir un recueil de modèles.

Ou encore :

— Beethoven est le plus grand raseur du monde.

Si outrageants qu'ils fussent, les jugements d'Edith rencontraient toujours une approbation totale, et il me fallut très peu de temps pour comprendre qu'un crime de lèse-majesté pouvait trop facilement se commettre et que la sécurité résidait dans le silence. Je fus frappé du fait que tous ses hôtes, moi compris, la plaçaient à son juste niveau : celui d'une grande poétesse dans les veines de laquelle coulait du sang Plantagenêt. Hommage lui était parfois rendu à genoux, au sens le plus littéral du terme. Merula en fut le témoin un jour, alors que les dames s'étaient retirées pour se repoudrer après le déjeuner ; elle vit une très élégante dame s'agenouiller devant Edith, assise dans un fauteuil, et lui baiser les mains. D'autres suivirent cet exemple, mais non, je suis heureux de le dire, mon épouse. De toute manière, Merula, pouvant prétendre descendre, du côté de sa mère, d'Hereward (1), était traitée par Edith comme une sorte de cousine éloignée et un tel hommage n'eût pas été exigé d'elle.

J'étais encore écolier quand j'avais appris l'existence des Sitwell, ayant dû tomber sur *Gold Coast Customs* chez quelqu'un. Et, quand je découvris *Façade,* je dis adieu à Longfellow, à Newbolt et à Swinburne. Le brio, l'esprit et le sens de l'absurde de ce livre me révélaient, avant la découverte de T. S. Eliot, un monde où je rêvais de vivre.

A ma connaissance, il n'existait alors aucun enregistrement sonore des poèmes de *Façade,* ce qui me conduisit à tâtonner pour les dire, mais les rythmes étaient si prenants et si variés que je finis, je le crois, par saisir quelques lignes directrices.

J'avais beaucoup apprécié les œuvres d'Edith durant les années de la guerre, mais les avais longtemps négligées ensuite. Ayant relu tout récemment ses *Poèmes choisis,* je fus frappé de nouveau par leur brio et leur profondeur.

Durant l'été 1940, Edith m'invita à Weston Hall, dans le Northamptonshire, où je devais être l'hôte de Sacheverell Sitwell, que je ne connaissais pas encore, et de sa femme Georgia. Le temps était superbe, et les seuls nuages à l'horizon étaient représentés par les lettres furieuses, habituellement adressées au *New Statesman and Nation,* qu'Edith laissait sur la table du vestibule pour qu'on les mît à la poste. Mrs Georgia Sitwell regardait anxieusement les adresses et disait :

— Peut-être pourrions-nous demander à Mr Guinness de les mettre à la poste à Londres.

En ajoutant à mon oreille :

— Rien ne presse, comprenez-vous. Il serait d'ailleurs sans importance qu'elles n'atteignent *jamais* leur destination.

Elle m'adressait alors un sourire entendu.

Assez curieusement, j'ai peu de souvenirs de ce bref séjour, mais je me rappelle distinctement Edith se perdant dans l'allée de gravier qui menait à la maison. Le dimanche après le déjeuner, mes hôtes me demandèrent ce que je préférais faire : tailler les rosiers ou cueillir des framboises. La cueillette des framboises semblant moins dangereuse, nous choisîmes cette

(1) Seigneur du Lincolnshire qui prit la tête de la résistance saxonne à l'invasion normande de 1066. Il devint le héros et le roi sans couronne des Saxons face à Guillaume le Conquérant. (NDT)

solution, Edith déclarant qu'elle nous rejoindrait plus tard. Une demi-heure s'écoula sans qu'elle donnât signe de vie.

— Oh, allez donc voir ce que fait Edith, me dit Mrs Sitwell. Elle a une telle tendance à s'égarer.

Je n'eus pas à aller bien loin. Je trouvai Edith tournant en rond dans l'allée devant la maison, coiffée d'un immense chapeau de paille conique qui lui dissimulait tout le visage, à l'exception de la bouche et du menton. Elle ne pouvait effectivement voir où elle était, son champ de vision se limitant à ses pieds et à un mètre carré de gravier.

— Je suis perdue, proclama, de sous le chapeau, une voix grave mais stoïque.

Je la conduisis vers les framboisiers, mais elle ne pouvait distinguer les framboises. Quelques minutes plus tard, le sommet pointu de son chapeau se prit dans un filet et une autre opération de sauvetage s'engagea. Je la ramenai avec son panier vide à la maison, où elle annonça qu'elle était épuisée et se retira dans sa chambre pour rédiger, sans aucun doute, une nouvelle lettre au vitriol à quelque directeur de journal.

Ce soir-là, après le dîner, Sacheverell Sitwell me tendit un ravissant pot en argent empli à ras bord de ce qui ressemblait à des clous de girofle avariés.

— Du tabac à priser de George IV, annonça-t-il. Essayez-le.

J'en reniflai un grain qui vint se loger dans mes sinus où il demeura plusieurs heures. Nous étions installés dans le bureau, sous le vaste pavillon d'un phonographe à remontoir. On mit un morceau de Berlioz sur la machine et, pendant que les autres écoutaient, dans un état d'intense concentration, j'essayais de souffler par le nez afin de déloger George IV.

Un peu plus tard cette année-là, Edith persuada Osbert de nous inviter, Merula et moi, à Renishaw Hall pour un week-end. Je jouais alors en tournée la pièce de Robert Ardrey, *Thunder Rock,* et nous nous trouvions à Leeds, ce qui n'était pas très loin. Nous avions avec nous Matthew, qui était encore un bébé, et l'on nous avait avertis qu'Osbert ne devait être informé sous aucun prétexte de sa présence dans la maison, car il était allergique aux bébés. Matthew fut donc introduit clandestinement à Renishaw et transporté à l'étage comme un panier de linge sale. Dans la journée, si le temps s'y prêtait, il devait être installé dans un jardin clos de murs, hors de portée d'oreille du bureau d'Osbert et hors des itinéraires habituels de promenade de celui-ci. David Horner, l'autre invité d'Osbert, fut mis dans l'affreux secret. J'avais les plus grandes craintes, mais tout alla bien jusqu'à l'heure du dîner.

Il n'y avait pas d'électricité à Renishaw, l'on y passait la soirée au milieu des ombres dansantes projetées sur les murs par les bougies et du sifflement des grandes lampes à pétrole. La maison semblait vaste et très sombre et, au dîner, on parla beaucoup d'un fantôme qui apparaissait périodiquement dans la cage d'escalier sous la forme d'un morceau de dentelle noire. Lorsque nous en arrivâmes au fromage et aux fruits — un délicieux raisin provenant de la serre — Merula et moi nous sentions déjà un peu nerveux. C'est alors que Robins, le vieux maître d'hôtel de la maison, pénétra dans la salle à manger et chuchota à Merula :

— Le jeune Monsieur Guinness pleure.

Osbert sembla un peu surpris, mais ce fut la remarque faite alors par Edith qui se révéla la moins rassurante.

— Pas d'inquiétude à avoir, ma chère, dit-elle à Merula. Je pense que le babouin s'est occupé de lui.

Sans prendre le temps de s'excuser, Merula jeta sa serviette sur la table, se précipita hors de la pièce, traversa le hall et monta l'escalier sans se soucier du moindre fantôme. Pendant ce temps, Edith expliquait :

— C'est une vieille servante tout à fait inoffensive et pleine d'attentions.

Quant à moi, il me semblait tout à fait possible que, dans cette maison, on emploie des babouins comme servantes et je ne fus entièrement rassuré que lorsque Merula revint dans la salle à manger.

— Elle ressemble vraiment à un babouin, n'est-ce pas ? demanda alors Edith.

Le « Oui » de Merula fut catégorique.

Osbert prit bien la présence de Matthew et ne sembla pas offusqué d'avoir été trompé.

— Je vous assure, dit-il, que cela ne me dérange pas le moins du monde tant qu'on ne me demande pas de m'en occuper.

La conversation revint sur des sujets plus frivoles lorsque nous repassâmes au salon, où Edith reprit son tricot pour fignoler le talon d'un bas de mer à l'aide d'interminables aiguilles.

Soit dit en passant, les maisons Sitwell étaient à peu près les seules où, durant la guerre, on ne nous demandait pas nos cartes d'alimentation pour y découper des coupons de beurre, de confitures, de sucre ou de viande.

Quand j'étais dans la Marine, Edith m'écrivait régulièrement des lettres de deux ou trois pages auxquelles elle joignait souvent la copie d'un nouveau poème et qui contenaient toujours une diatribe contre les raseurs qui la persécutaient ou les monstres qui osaient venir la voir enrhumés. Malheureusement, dans mes pérégrinations de l'époque, j'ai perdu la plupart de ces lettres. Et, stupidement, je n'ai pas gardé un long télégramme, reçu à la fin de juillet 1955, où elle m'annonçait qu'elle allait officiellement rejoindre l'Eglise catholique romaine le 4 août et m'invitait à la cérémonie, suivie d'un déjeuner au Sesame Club.

Le 4 août était un jour très chaud et ensoleillé et, en m'habillant pour me rendre à Londres, je me demandais quoi mettre. Finalement, je décidai que mon complet léger bleu marine conviendrait mais qu'il paraîtrait trop sévère avec une cravate noire ou grise. Je pris donc une cravate bleu vif que je trouvais plus appropriée à un événement que je supposais heureux, bien que ne partageant pas encore la foi d'Edith. Je pense que j'avais vu juste. A l'exception d'Evelyn Waugh, qui devait servir de parrain à Edith, tous les autres hommes étaient habillés comme pour un enterrement. Evelyn, lui, portait un complet pied-de-poule noir et blanc assez voyant, une cravate rouge et un canotier avec des rubans rouges et bleus.

L'église de Farm Street était vide lorsque j'y arrivai, mais j'y fus bientôt rejoint par Evelyn Waugh, que je ne connaissais pas encore, et, un peu plus tard, par une vieille dame étrangère dont je ne saisis pas le nom lorsqu'elle l'aboya dans notre direction, et qui marchait difficilement avec l'aide de deux cannes. Ses bras nus étaient encastrés dans toute une série de bracelets métalliques qui la faisaient ressembler à quelque guerrier de la Perse antique. Tentant de s'installer sur un siège assez compliqué, moitié prie-Dieu et moitié transatlantique, elle fut trahie par le mécanisme ; le siège s'effondra sur le sol, les cannes suivirent et, glissant le long de ses bras, les bracelets tombèrent et roulèrent dans toutes les directions.

— Mes bijoux ! hurla-t-elle. Prière rapporter mes bijoux !

Waugh et moi obéîmes du mieux que nous pûmes et, à quatre pattes sous les chaises et sous les bancs, au milieu des tronçons de cierges consumés, nous nous efforçâmes de rattraper tout objet rond et brillant passant à portée.

— Combien de bracelets aviez-vous ? demanda Waugh à la vieille dame.

— Soixante-dix, répondit-elle.

— Quelle nationalité ? me demanda-t-il à voix basse.

— A vue de nez, russe, répondis-je en me glissant à plat ventre sous un banc et salissant mon beau complet.

— Ou bien roumaine, remarqua Waugh. Elle s'est signée à l'envers. C'est peut-être une maronite, auquel cas, attention !

Nous étions tous deux pris de fous rires difficilement contrôlables. Les bracelets ramassés, nous les lui remîmes en les comptant au fur et à mesure. Elle nous regardait d'un air soupçonneux comme si nous étions susceptibles d'en avoir mis quelques-uns dans notre poche.

— C'est tout ? demanda-t-elle.

— Soixante-huit, lui dis-je.

Et Evelyn ajouta :

— Vous en avez encore deux sur vous.

A ce moment, l'orgue se fit entendre et les autres assistants se présentèrent, sinistres dans leurs tenues de deuil. Puis, revêtue de soie noire, Edith fit sa très majestueuse entrée. Quelque trois ans plus tard, l'hebdomadaire américain *Time* m'attribua à tort une description de la cérémonie où j'étais censé affirmer qu'Edith avait traversé l'église revêtue de dentelle blanche et portée sur une couche de satin blanc. Nous y reviendrons plus tard.

Edith fut reçue dans le sein de l'Eglise par le père Philip Caraman, de la Société de Jésus, qui lui avait donné son instruction religieuse et devait, comme on le sait, devenir l'un de mes très bons amis. Le déjeuner, dans la salle à manger du Sesame Club, fut superbe. Edith présidait la longue table avec l'allure d'une mariée en noir et le père Caraman levait les yeux au plafond, comme en extase. La dame aux bracelets revendiqua des liqueurs fortes, mais Evelyn la persuada de s'en tenir au vin blanc, qui coulait abondamment.

— Pas question d'affronter une autre catastrophe de sa part, me glissa-t-il ensuite.

Notre conversation et nos préoccupations étaient badines. Allions-nous devoir boire à la santé du pape ? Si Edith mourait sur-le-champ, irait-elle tout droit au Ciel ? Devions-nous nous réjouir sur un plan religieux ou nous désoler sur un plan artistique et mondain ? Le vin blanc continua à couler tard dans l'après-midi, et je ne puis me rappeler comment nous avons quitté la table.

L'un des côtés inattendus d'Edith était la compassion qu'elle pouvait montrer. Le sort des déshérités hantait son imagination et provoquait chez elle une authentique détresse. Elle fut, pendant un temps, obsédée par l'œuvre de Léon Bloy et m'envoya, comme cadeau d'anniversaire, l'étude que lui avait consacrée Albert Beguin. La souffrance sous toutes ses formes était devenue un sujet d'élection dans sa conversation et dans sa correspondance.

Néanmoins, elle restait prompte à châtier les menues offenses qui pouvaient lui être faites, comme j'en fis moi-même la malheureuse expérience. Pendant les deux années qui avaient précédé sa conversion au catholicisme, j'avais été rejeté aux ténèbres extérieures. Comme elle l'avait dit à Max Adrian, qui me l'avait répété avec une joie maligne :

— Alec Guinness n'est *pas* un Plantagenêt.

Son invitation à l'église de Farm Street était sa manière de m'absoudre d'un horrible crime de lèse-majesté.

Celui-ci remontait à une soirée musicale et poétique organisée par la Société Apollon un dimanche, dans un théâtre de Londres. Les récitants étaient Cathleen Nesbitt, Dylan Thomas et moi-même, et le pianiste était Franz Osborn, qui devait jouer du Beethoven. Le programme comprenant des poèmes des trois Sitwell, Edith organisa un petit souper à son club après la séance. A table, Dylan était placé à sa droite et moi à sa gauche. Il y avait également là Stephen Spender et sa femme Natacha Litvine, Caitlin Thomas et, à ce qu'il me semble, David Horner et deux autres personnes.

Tout se passa admirablement jusqu'au moment où, vers

la fin du repas, Edith exprima sa désapprobation à l'égard de la partie musicale de la soirée et de Beethoven en particulier.

— Beethoven est assommant, proclama-t-elle. Ce n'est pas un grand artiste. Je suis sûre que tout le monde ici reconnaîtra que Beethoven est *mortel*.

Il y eut un murmure d'approbation autour de la table et j'en fus choqué. Sur quoi, malheureusement, Edith décida de faire préciser leur condamnation de Beethoven à toutes les personnes présentes.

— Dylan, vous reconnaissez qu'il est terriblement ennuyeux ?

— Oui, Edith.

— Et vous, Stephen ?

— Bien sûr, Edith.

Pourvu qu'elle ne me pose pas la question, pensais-je. Elle fit ainsi le tour de la table, de la droite à la gauche, recueillant à chaque fois des signes d'approbation. Toutes les personnes présentes se rendaient probablement compte qu'elle était devenue d'humeur agressive et qu'il n'était que sage, pour préserver la paix, d'approuver tout ce qu'elle pourrait dire, mais, sur le moment, tel n'était pas mon avis. Je pensai un instant avoir, ma notoire inculture aidant, échappé à l'épreuve, mais elle se tourna vers moi et me demanda :

— Et vous, Alec, vous pensez aussi que Beethoven est un raseur ?

— J'ai eu plaisir à entendre le récital de ce soir, répondis-je évasivement.

— Mais, sur Beethoven, vous êtes *bien* d'accord ? insista-t-elle.

Je me sentis rougir et la colère me prit subitement.

— Pas du tout, déclarai-je. Je pense qu'on jouera et qu'on aimera encore Beethoven bien longtemps après que tout le monde à cette table aura été complètement oublié.

C'était là, évidemment, une déclaration impardonnable. Les autres invités retinrent leur souffle, et les Spender me lancèrent un ou deux regards voulant clairement dire :

« Ciel, tu as perdu une bonne occasion de te taire ! »

La conversation s'éteignit pratiquement, à quelques banalités près. Et Edith ne m'adressa plus la parole jusqu'au jour où elle prit la religion catholique, comme si, escomptant le pardon de ses offenses, elle avait décidé de pardonner à ceux qui l'avaient offensée. Au nombre desquels je devais figurer, je le crains.

Sa faculté de pardon se manifesta clairement lors de l'affaire de l'article de *Time* que j'ai évoquée plus haut. Fort heureusement, *Time* eut la courtoisie de m'expédier à l'avance un exemplaire, que j'eus au courrier le matin même de la publication. Horrifié par ce que je lisais et très inquiet des conséquences possibles, je téléphonai immédiatement à Edith pour lui demander si je pourrais la rencontrer au plus tôt au Sesame Club. Elle m'invita à déjeuner le jour même, mais je refusai en lui disant qu'elle ne souhaiterait sans doute pas partager un repas avec moi après notre entrevue ; ainsi, elle serait prévenue dès avant mon arrivée.

Je la trouvai assise, seule, sur un vieux divan dans le vestibule. Je lui remis le magazine en lui assurant que je n'avais jamais fait cette description ridicule de sa cérémonie de conversion. Elle lut l'article en silence et rougit violemment en arrivant au passage offensant. Puis, elle posa le journal à côté d'elle et me dit :

— Restez à déjeuner. Je ne me soucie pas de ce que peut dire la presse.

Je ne pus que lui exprimer mes regrets devant le fait que mon nom avait été associé au sien de façon aussi grotesque. Elle inclina la tête avec grâce et me dit :

— Restez. J'attends un excellent poète portugais que vous avez peut-être déjà rencontré.

Elle avait à peine prononcé ces paroles qu'arriva un jeune homme brun brandissant *Time*. Je me souvins immédiatement de l'avoir vu le jour de la cérémonie de conversion d'Edith mais lui ne me reconnut pas.

— Edith, ma chère, dit-il en lui baisant la main, avez-vous vu *ceci* ?

Il lui tendit son exemplaire de *Time*.

— N'est-ce pas honteux de la part de cet acteur ?

— Je viens de le lire, répondit-elle. Alec me l'a apporté. Je n'ai nul besoin de le relire.

Le poète devint tout pâle et nous échangeâmes un signe de tête. Il tenta d'enfouir *Time* dans sa poche mais n'y arriva pas et dut se résigner à le dissimuler sous son veston, tout près de son cœur. Il ne savait que dire. Comme je prenais congé d'Edith en l'embrassant, elle me demanda :

— Mettez un cierge pour moi à Farm Street l'un de ces jours.

Je l'ai fait une ou deux fois, mais, surtout, il m'est souvent arrivé d'évoquer Edith dans mes anarchiques prières. Et, quand je passe devant l'église où elle fut baptisée, je puis encore revoir sa haute silhouette noire et le père Caraman versant l'eau bénite sur son front. Elle ressemblait à une princesse revenue d'exil.

XI

DES CANONS TOUJOURS BRAQUÉS

C'est un soir de 1946 que, pour une raison dont je n'arrive plus à me souvenir, j'emmenai Edith Evans en taxi au théâtre où elle jouait une adaptation du *Crime et châtiment* de Dostoïevski. Peut-être étais-je allé prendre le thé à son appartement de l'Albany. Peut-être était-ce le jour où je lui dis que je ne pouvais essayer de vendre de sa part une édition très abîmée des œuvres complètes de Dickens que son défunt mari s'était procurée avec des bons des cigarettes Ardath. Peut-être avait-elle simplement voulu faire un tour en voiture dans Green Park sous la pluie.

Quoi qu'il ait pu se produire avant, elle était d'humeur grincheuse et j'aurais dû savoir, après douze années d'amitié, qu'il convenait de s'exprimer un peu plus prudemment. Nous remontions Lower Regent Street en direction de Piccadilly Circus dans un climat morose. J'avais l'impression qu'elle n'était contente ni de la pièce ni de son rôle — elle répugnait toujours à jouer des femmes malades car cela contredisait ses positions d'adepte de la Christian Science. Dans la pièce figurait avec elle une jeune actrice que je connaissais un peu et qui était douée d'une appréciable beauté fragile — sujet à éviter avec Edith — et d'un assez joli talent. Stupidement, pour rompre le silence, je demandai :

— Comment va Audrey ?

— Audrey ? demanda-t-elle, comme si Audrey était ce qu'elle appelait en son jargon personnel « un sac ».

Ses grands yeux pivotèrent dans ma direction comme des canons de marine.

— Audrey Fildes ? reprit-elle d'une petite voix haut perchée, imitant bizarrement l'intéressée.

Puis elle ouvrit le feu, comme si elle visait la base de la statue d'Eros que nous contournions à ce moment dans Piccadilly Circus.

« Elle n'est pas *bonne* !

Le jugement n'était pas moral mais purement artistique. Elle avait utilisé ses canons lourds pour couler une périssoire. La tourelle pivota de nouveau et le regard se reporta sur Shaftesbury Avenue.

Les paroles avaient eu l'effet d'une retentissante détonation, mais il m'apparut ensuite que la voix était restée claire, égale et tranquille. L'effet détonant venait seulement de l'intention dont elle avait chargé son propos. Les personnes imitant Edith ont souvent commis l'erreur très compréhensible de charger la voix et l'intonation. Ce n'était pas cela. C'était une série de voyelles haut perchées qui balayaient tout un théâtre en déchaînant le plus grand comique.

Sa déclaration dans le taxi revenait à cela. C'était un propos d'une dureté extrême quant au fond, pouvant venir d'une exaspération sincère, qu'elle regretterait peut-être par la suite, mais dont, sur le moment, elle s'était amusée, sachant que sa bordée de 210 avait été tirée avec une nuance d'esprit. Je surpris d'ailleurs l'amorce d'un sourire sur ses lèvres au moment où elle s'installa plus confortablement dans la voiture, en s'emmitouflant et en redressant son béret fauve de chez Jaeger.

Au début des années trente, et plus encore, sans doute, dans les années vingt, aucun acteur débutant n'aurait eu l'idée d'appeler la vedette du spectacle par son prénom, ou même de s'adresser à elle sans qu'on lui eût préalablement adressé la parole. C'était : « Oui, Miss Evans », « Bien sûr, Miss Compton », « Après vous, Miss Baddeley », « S'il vous plaît, Miss Brathwaite », « Désolé, Miss Ashcroft », « Bonsoir, Miss Lawrence » ou « Si vous le permettez, Miss Jeans ».

Quand beaucoup d'entre elles devinrent Dames de l'Empire britannique, tout sembla plus simple : « Permettez-moi, Dame Edith », « Bonjour, Dame Peg », « Puis-je vous aider, Dame Lillian ».

Maintenant, évidemment, règne la légende du « tous

copains » et le travail et les succès de toute une vie sont très démocratiquement ignorés.

Dès le moment où je vis jouer Edith Evans, je devins l'un de ses fervents admirateurs et ne manquai pratiquement plus, ensuite, ses créations. Pour moi, elle était l'une des plus grandes comédiennes du monde anglo-saxon — je n'ai jamais vu Laurette Taylor. Quand, finalement, j'eus l'occasion de jouer dans la même troupe qu'elle — un très modeste rôle dans le *Roméo et Juliette* de Gielgud — j'avais le privilège de l'observer tous les soirs, mais jamais elle ne m'adressa la parole. Je lui ouvrais les portes sans même obtenir un signe de tête en retour, pour ne pas parler d'un remerciement. Cela ne me dérangeait pas ; j'étais déjà assez fier de contribuer à la faire entrer en scène.

Elle me parla pour la première fois lors d'une répétition en nocturne de *la Mouette*, que dirigeait Komisarjevsky. C'était au New Theatre en mai 1936. Je doublais Stephen Haggard dans le rôle de Constantin et apparaissais aussi — en muet — pour jouer le machiniste manœuvrant le rideau de la petite scène en plein air, au premier acte. Ce soir-là, durant les répétitions du dernier acte, je me trouvais assis dans la salle obscure, quelques rangs derrière Edith. Peggy Ashcroft et Stephen semblaient en difficulté sur la scène et Komis faisait la mauvaise tête. Je pouvais voir sa calvitie s'agiter devant moi. Edith, qui estimait avoir vu où se situait le problème, voulut exprimer son opinion sans troubler la répétition et regarda autour d'elle, à la recherche d'un auditoire. Elle repéra un visage inconnu — le mien — dans l'obscurité et dit :

— Vous voyez, jeune homme, il faut imaginer un grand tube de verre et souffler dedans.

Puis elle reporta son attention sur la scène, très contente de sa perspicacité mais me laissant totalement dans le brouillard. Plus tard, je crus comprendre ce qu'elle avait voulu dire : à savoir qu'on doit diriger les émotions par quelque mécanique invisible qui les concentre, leur donne forme et puissance. Je pense, du moins, que c'était là le sentiment qu'elle voulait exprimer.

Elle ne m'adressa plus la parole pendant plusieurs semaines et ne s'avisa sans doute même plus de ma présence. Les répétitions de *la Mouette* m'ont laissé le souvenir d'un moment de théâtre historique, avec de formidables acteurs à observer : Gielgud,

Ashcroft, Haggard, Martita Hunt, Leo Quartermain, Freddy Lloyd, Ivor Barnard. Après deux semaines de répétitions, les acteurs sachant leur texte, nous eûmes une représentation « à blanc » du premier acte. Komis avait fait disposer les spectateurs de la « pièce dans la pièce » sur un long banc, le dos tourné au véritable public. Vint le moment de la réplique d'Edith. Silence. Gielgud, qui était assis à côté d'elle, lui murmura :

— Edith, c'est à toi.

D'où je me trouvais, je pouvais clairement voir une chose : elle n'avait pas l'intention d'ouvrir la bouche. Le régisseur fit un signe qui fut parfaitement ignoré. Komis, dans la salle, attendait. Un profond silence s'était installé sur la scène, où personne ne bougeait. Je regardai ma montre. Au bout de quatre minutes, Edith sembla parcourue d'un léger frisson, comme si elle avait été soudain touchée par une brise froide, et dit calmement :

— Rentrons.

Avec une infinie tristesse et, cependant, une certaine dureté.

Et c'est ainsi que la scène fut dorénavant jouée, tout au long des répétitions puis au cours des représentations. Avec cette pause de quatre minutes, d'une durée sans précédent dans l'histoire du théâtre, au cours de laquelle acteurs et spectateurs semblaient retenir leur souffle. L'audace, l'assurance et l'imagination d'Edith avaient parlé.

Ce fut durant les répétitions de *la Mouette* que je reçus, par l'intermédiaire de Peggy Ashcroft, un compliment qui me troubla infiniment. Revenant un jour de déjeuner, Peggy me trouva dans un coin de la scène, mâchonnant une pomme.

— Je viens de me disputer avec Komis à votre sujet, me dit-elle.

Je me sentis défaillir, mais elle poursuivit :

— Je lui ai demandé s'il ne trouvait pas merveilleuse la façon dont vous faisiez croire au public que vous tiriez effectivement sur une corde pour ouvrir le rideau, au premier acte, et il m'a dit qu'il n'y avait rien de merveilleux, que vous vous contentiez de tirer sur une corde pendant des cintres. Quand je lui ai dit qu'il n'y avait pas de corde, il n'a pas voulu me croire.

Elle me regarda alors d'un air presque dubitatif et demanda :

— Il n'y a pas de corde, non ?

— Bien sûr que non, répondis-je. Il n'y a rien.

— C'est bien ce que je lui ai dit. Il va être furieux.

Elle partit en souriant — et me laissa souriant moi aussi. J'entrevoyais soudain un monde nouveau, un monde où l'art du mime pourrait créer l'illusion, un monde où les décors deviendraient d'importance secondaire pour l'acteur, où celui-ci se servirait de son corps, de son regard et avant tout de son imagination pour faire naître l'illusion. Je pense maintenant que si l'on m'avait donné une poussée de plus, en cette période de formation, j'aurais pu tenter d'évoluer dans cette direction. Je crois que j'en avais la capacité, mais je n'avais pas d'autre moyen de survivre que de continuer à faire ce que je faisais à ce moment-là.

Un an plus tard environ, ce talent particulier et inexploité revint en force alors que, tout en continuant à jouer chaque soir au théâtre, je suivais les cours de Michel St-Denis. Michel avait loué, avec George Devine et quelques autres, les anciennes salles de répétitions de Diaghilev dans Beak Street, près de Regent Street, là où devait se fonder le London Theatre Studio, qui émigra ensuite à Islington. Le mime et l'improvisation n'étaient nullement l'essentiel pour Michel mais je crois aussi que mes goûts personnels en la matière étaient jugés trop peu sérieux à Beak Street. J'avais envie de travailler dans l'absurde et le clownesque. Mes imitations d'un vieil homme traîné par le vent jusqu'à l'extrémité d'un quai en se cramponnant à un parapluie ouvert — et imaginaire — ou d'un jeune garçon attrapant un gros poisson et le gardant vivant dans une boîte en carton parce qu'il s'était pris à l'aimer étaient à peine tolérées, peut-être parce que j'avais tendance à les trouver trop drôles moi-même. Lorsque je rêvais de mime, je voyais toujours un visage blanc et impassible, un personnage à sens unique et immuable. Buster Keaton et Stan Laurel étaient mes modèles plutôt que Charlie Chaplin.

Je passai un peu plaisant après-midi à Beak Street le jour où Michel me persuada, contre ma volonté, de mimer Piccadilly Circus un jour de pluie. La rage au cœur, je m'efforçai de représenter la circulation, la foule pressée, les averses, la statue d'Eros dégoulinant d'eau, les gens sortant du métro et tout le reste. Il me fallut des semaines pour m'en remettre.

Gielgud abandonna *la Mouette* au bout de quelques semaines pour se rendre à New York, et le rôle de Trigorine fut repris par

Ion Swinley, un bel acteur ayant beaucoup de présence, une voix superbe, mais qui n'eut malheureusement pas la carrière qu'il méritait. Edith, qui était, de toute évidence, séduite par le côté tweed-et-fumeur-de-pipe de Swinley, s'en réjouit infiniment. Quant à moi, bien qu'attristé par le départ de John pour les Etats-Unis, je bénéficiai dans une certaine mesure de l'opération. Je fus désigné pour jouer Yakov, le maître d'hôtel, le jeune homme qui détenait le rôle auparavant étant passé à la régie. Il n'y avait qu'une demi-douzaine de lignes à dire, mais Komis les avait, dans sa mise en scène, arrangées de façon amusante, avec des rires assurés à la sortie. J'avais concentré mon attention là-dessus, pensant que je pourrais y ajouter un peu.

Le premier soir où je jouai Yakov, je forçai l'effet et obtins non seulement un franc éclat de rire mais aussi des applaudissements nourris. Je rentrai en coulisses fier comme un paon et mon regard rencontra celui d'Edith, qui était assise sur une caisse, attendant d'entrer en scène. Je ne pus réprimer un sourire triomphant. Elle me rendit mon sourire de façon assez énigmatique et inclina la tête. La mienne enflait à vue d'œil.

Le lendemain soir, il n'y eut pas de rires et, à coup sûr, pas d'applaudissements. Edith était en coulisses, mais elle évita mon regard intrigué et désolé. Le surlendemain, ce fut la même chose. Le troisième soir, elle me fit signe et me murmura :

— Vous avez perdu les rires.

— Qu'est-ce qui ne va pas ? demandai-je en chuchotant moi aussi.

— Vous forcez trop. Vous ne savez pas comment vous avez réussi la première fois. Mais c'est en vous et un jour cela vous reviendra. Prenez les choses comme elles viennent. Oubliez tout. Mais quand cela reviendra, enregistrez ce que vous ressentez *à l'intérieur*.

Je la remerciai et j'allais m'éloigner quand elle me rappela.

— Il faudra environ une semaine pour que cela revienne, dit-elle d'un ton très assuré. Et une fois que vous aurez eu de nouveau le truc, vous ne le perdrez plus.

Elle avait parfaitement raison. Une semaine plus tard, j'avais de nouveau les rires pour moi. J'étais de nouveau heureux, détendu et curieusement calme. Edith ne semblait pas me voir, mais regardait rêveusement les autres acteurs en scène.

Je ne suis pas sûr du contenu exact de la leçon qu'elle m'avait donnée, mais c'était bel et bien une leçon, une leçon dont j'ai fréquemment à me souvenir.

Par la suite, il nous arriva souvent d'échanger quelques mots en coulisses. Elle apprit mon nom et commença à s'intéresser d'un peu plus près à moi. Ce fut le début d'une plaisante amitié, pas d'une véritable intimité, bien sûr, car j'étais beaucoup trop jeune pour cela, mais de relations enrichissantes pour moi qui durèrent jusqu'à la dernière période de sa vie, période au cours de laquelle je la vis malheureusement trop peu.

Quand je pense maintenant à elle, morte depuis plusieurs années, j'oscille entre des sentiments divers, entre mon admiration pour son immense générosité dans les choses importantes et l'exaspération devant sa mesquinerie dans les petites choses, entre mon amusement devant son égocentrisme, mon respect pour son talent et mon ébahissement devant des crises occasionnelles d'aveuglement artistique pouvant presque aller jusqu'à la malhonnêteté. Mais lorsque je vois une faille chez Edith, elle est toujours cinq fois contrebalancée par ses manifestations de chaleur humaine, d'affection et de sagesse.

Comme la plupart des acteurs, elle avait une personnalité qui se modifiait de façon subtile selon le rôle qu'elle préparait ; elle transportait inconsciemment dans la vie de tous les jours un peu de ce qui bouillonnait dans son imagination de comédienne. Peu avant de commencer les répétitions de *The Dark is Light enough*, elle vint dîner avec Merula et moi à St Peter's Square, baignant dans une telle piété et un tel spiritualisme que j'en avais du mal à avaler. Elle touchait à peine au contenu de son assiette, souriant comme une nonne de l'ordre contemplatif le plus austère et nous présentant un visage où une mélancolie de commande était parfois contrariée par un brusque éclair de satisfaction. Avant *la Sorcière d'Edmonton*, elle gémissait beaucoup sur ses amis et sur la vie en général. Avec *Waters of the Moon*, elle était toute gaieté, tout raffinement et tout snobisme. Ce n'étaient là, bien sûr, que des essais, qui se trouvaient modifiés et perfectionnés au moment d'entrer en scène.

A l'époque où elle jouait, de façon superbe et définitive, Rosalind à l'Old Vic, durant le deuxième semestre de 1936, elle nous invitait souvent, Michael Redgrave et moi, à passer le week-end à Washenden Manor, sa maison du Kent. Nous partions en voiture le samedi soir, après la représentation, et nous nous réveillions le lendemain dimanche dans la paix et le soleil. Parfois, il y avait un ou deux autres invités — une actrice australienne amie d'Edith ou Michael Gouch, qui n'avait pas encore vingt ans, faisait des études d'agriculture mais rêvait de théâtre. C'étaient là des jours heureux, si l'on excepte celui, très froid, où Edith décréta que son désir le plus cher était d'aller se baigner sur les galets sans fin de la plage de Dungeness. Il existe une regrettable photo, sans doute prise par le chauffeur d'Edith, qui nous montre, elle, Redgrave et moi, claquant des dents mais souriant bravement, bras dessus, bras dessous, dans nos vieux maillots de bain mouillés. Elle figura pendant bien des années, à ma grande gêne, sur la cheminée de l'appartement d'Edith à l'Albany. Il y eut également une désastreuse sortie en direction de la plage de Margate, où Edith fut épouvantée de voir combien la terre était peuplée et où nous battîmes en retraite sans même prendre le temps de manger une glace.

Le dimanche soir, après un excellent repas froid de poulet, de jambon et de tarte aux pommes, nous regagnions Londres ; il y avait répétition le lundi matin. Mais jamais, quel que soit notre nombre autour de la table, il n'y avait assez de crème pour accompagner la tarte aux pommes. Cela finit par me porter sur les nerfs et, commettant l'erreur de me sentir un peu chez moi, je le fis remarquer un soir. C'était malheureusement le jour, où, par inadvertance, je m'étais assis dans le fauteuil du défunt mari d'Edith.

— C'est le fauteuil de Guy ! avait-elle hurlé. *Personne* ne peut s'asseoir dans le fauteuil de Guy !

Des regards noirs m'avaient poursuivi pendant des heures, mais, le soir, pensant l'incident clos, je soulevai le problème de la crème :

— Edith, nous pourrions peut-être avoir un peu plus de crème ? Nous sommes six et il y en a à peine pour un.

— Non ! trancha-t-elle. C'est une ferme, ici. Il faut que je la fasse rapporter.

Nous revînmes à Londres en silence.

Quand, quelques années plus tard, durant le premier hiver de la guerre, nous décidâmes de former l'Actor's Company, nous n'avions, comme je l'ai déjà dit, pas d'argent. Sur les sept cents livres que nous estimions nécessaires à notre entreprise, seul Marius Goring avait pu en apporter cinquante. Merula et moi n'en pouvions fournir que cinq en raclant nos fonds de tiroirs. Toutes les sollicitations extérieures s'étaient heurtées à des fins de non-recevoir, si l'on excepte dix livres envoyées par Mr John Lewis, de l'Oxford-Street-Sloane Square Partnership. Mr Lewis, que je ne connaissais pas, m'avait invité à déjeuner chez Prunier l'été précédent pour me dire que sa société allait acheter trois théâtres dans Sheftesbury Avenue et qu'il souhaitait me donner leur direction. J'avais décliné son offre en toute hâte, en soulignant que je n'étais pas un homme d'affaires et que, de toute manière, je n'avais aucune idée de la façon dont on dirige un théâtre. Je voulais seulement jouer la comédie. Les dix livres de Mr Lewis payèrent les timbres et les communications téléphoniques.

Finalement, George Devine et moi décidâmes d'aller demander conseil à Edith, qui était en tournée dans *l'Importance d'être constant*. Il n'était pas question de solliciter de l'argent ; ce que nous venions chercher, c'était un peu de sympathie, un encouragement et, si possible, une opinion de bon sens. Nous allâmes voir Edith dès que le rideau fut retombé, à la fin d'une matinée, et nous lui expliquâmes ce que nous voulions faire. Elle était assise dans sa loge, portant encore la perruque et le chapeau de Lady Bracknell, et nous écouta avec beaucoup d'attention. Quand George, qui s'exprimait en notre nom, eut fini de parler, un long silence s'installa. La vieille habilleuse d'Edith, qui s'appelait Potter, nous proposa du thé. Nous secouâmes la tête. Puis Edith se tourna vers Potter et lui demanda :

— Potter, combien ai-je payé le manteau de fourrure que j'ai acheté la semaine dernière ?

— Sept cents livres, Miss Evans.

— Potter, apportez-moi mon carnet de chèques.

George et moi restions silencieux, un peu inquiets et certainement gênés. Edith rédigea un chèque de sept cents livres et nous le tendit, en disant :

— Je ne peux pas laisser des comédiens sans travail parce qu'il leur manque sept cents livres quand je donne la même somme pour un manteau de fourrure.

Nous avons certainement exprimé notre gratitude, mais je

pense que nous étions trop sidérés pour avoir fait mieux que bredouiller.

Comme on le sait, la carrière de l'Actor's Company fut brève et pas un sou n'en resta. Edith ne mentionna jamais, au moins en ma présence, sa perte financière, mais je la soupçonne d'avoir su que son argent était sacrifié à tout jamais au moment même où elle dévissait le capuchon de son stylo. Je ne crois pas que ses revenus fermiers ou ses économies sur la crème lui aient rapporté beaucoup d'argent non plus, mais, à sa mort, elle laissa quelque quatre-vingt mille livres au Fonds de Charité des Acteurs. Les comédiens étaient toujours proches de son cœur, même lorsqu'elle désapprouvait leur jeu.

Ma première saison à l'Old Vic, sous la direction de Guthrie, me procura toute une série de petits rôles : Boyet — que je détestais — dans une version très enlevée de *Peines d'amour perdues*, avec Redgrave, Rachel Kempson, Alec Clunes, Margaretta Scott et Ernest Milton, Le Beau — que je détestais encore plus — et William — que j'aimais — dans *Comme il vous plaira*, puis Agucheek et Exeter dans *Henry V*. Mon premier rôle important devait être celui de Mr Sparkish dans *The Country Wife*, avec Edith Evans en Lady Fidget, Michael Redgrave en Mr Horner et Ruth Gordon, qui nous venait d'Amérique, en Mrs Pinchwife. Mon contrat pour la saison, à sept livres par semaine, prévoyait également pour moi de doubler Laurence Olivier comme Hamlet et de jouer Osric — autre rôle que j'en étais venu à détester — et Reynaldo — rôle dont je pensais à tort qu'il ne valait rien.

Il est sans doute salutaire pour tout jeune acteur d'être quelquefois renvoyé dans sa carrière. Quand cela m'arriva, il me sembla que c'était la fin du monde, mais être éliminé de la distribution de *The Country Wife* fut aussi sain pour moi que devait se le révéler plus tard la nécessité d'entrer dans la Marine.

Monter *The Country Wife* était l'entreprise la plus extravagante dans laquelle se soit jamais lancé l'Old Vic. La pièce était destinée à attirer le public du West End, habituellement indifférent à tout ce qui se passait du côté de Waterloo Road, et elle y réussit. En plus d'une distribution superbe, Guthrie avait persuadé Oliver Messel de dessiner les décors et les costumes, ce qu'il fit avec son brio habituel. Lillian Bayliss était encore en vie, cachée dans son petit bureau mal éclairé et priant sans doute plus fréquemment qu'à l'habitude, car elle prédisait toutes les catastrophes dès qu'on dépensait plus de cinq livres :

— Mais il y a *des tas* de costumes ravissants dans la réserve, mon cher. Ce qui était bon pour le cher Ben Greet devrait être assez bon pour vous...

Durant la troisième matinée de répétitions, nous en vînmes à dégrossir la première des scènes que je devais avoir avec Ruth Gordon. La présence d'Edith n'était pas requise ce jour-là et je ne me souviens pas que d'autres acteurs eussent été là. Il était midi un quart et nous devions suspendre le travail à une heure pour aller déjeuner, mais je ne tins pas jusque-là. On avait branché les projecteurs, extravagance destinée à impressionner notre actrice américaine. Soudain, Ruth Gordon baissa son texte, s'abrita les yeux de la lumière et lança à Guthrie, qui se trouvait assis dans la salle :

— Tony ! Tony, je ne peux pas jouer avec ce jeune homme. Voudriez-vous trouver un autre acteur pour le rôle, s'il vous plaît ?

Cela ne ressemblait pas à Tony d'admettre ce genre de déclarations et d'attitudes, mais, cette fois, il capitula immédiatement.

— Ernest Thesiger serait merveilleux, ajouta Ruth Gordon.

Elle avait parfaitement raison, bien sûr ; j'étais trop jeune, trop inexpérimenté et je n'avais pas le brio qu'exigeait le rôle. Tony était, de toute évidence, très embarrassé. Craignant peut-être que je ne pique une crise de nerfs, il se hâta de proposer qu'on aille déjeuner immédiatement.

La pièce devait tenir l'affiche six semaines, et j'allais me retrouver sans travail dès la dernière représentation de *Peines d'amour perdues*.

« De toute façon, pensai-je, j'ai un contrat, et ils vont devoir me payer sept livres par semaine à ne rien faire. »

C'était compter sans Lillian Bayliss. Avec beaucoup de réticence, elle me tendit trois billets d'une livre tout froissés et tout sales.

— Votre indemnité, mon cher.

— Mais, Miss Bayliss, cela devrait faire quarante-deux livres !

— Trois livres, mon cher. Et si vous n'en avez pas l'usage, nous, nous l'aurons dans cette chose que monte Tony. Nous avons besoin de chaque sou — et de plus encore.

Je restais donc avec trois malheureuses livres pour vivre six semaines. En fait, je trouvai presque immédiatement un emploi assez ennuyeux à l'Arts Theater qui tomba juste à point et me permit de survivre.

Quand je me rendis au théâtre, le soir, pour jouer mon triste rôle de Boyet, j'eus la surprise de trouver Edith à l'entrée des coulisses. Je pensai qu'elle était venue essayer un costume, encore que l'heure me parût étrange. Je la saluai avec le maximum de bonne humeur, me demandant si elle était a courant de mon renvoi.

— C'est vous que je suis venue voir, Alec, me dit-elle. J'ai appris que vous arrivez toujours tôt. Venez dehors.

Nous sortîmes dans Waterloo Road et Edith reprit :

— J'ai appris ce qui s'est passé ce matin, et j'en suis désolée. Mais, vous savez, c'est probablement aussi bien ainsi. Ce rôle ne vous convient pas tout à fait. Dans dix ans peut-être, mais pas maintenant. Je suis venue vous dire que je crois en vous. Tony croit en vous, et je sais que Johnny Gielgud aussi. Dans dix ans, vous ne jouerez pas des rôles comme Mr Sparkish, sauf si vous y tenez. A ce moment-là, vous aurez votre nom en grosses lettres lumineuses, mais, chose plus importante, vous serez un bon acteur. C'est tout. Bonsoir.

Elle m'embrassa et monta dans le taxi qui l'attendait.

Je ne pus en vouloir à Ruth Gordon — pas plus d'un jour ou deux, en tout cas, et certainement pas après l'avoir vue en Mrs Pinchwife et avoir vu Thesiger dans « mon » rôle. Tous deux étaient superbes. Les années passant, j'en vins à connaître un peu Ruth, ainsi que Gar Kanin, et j'espère maintenant pouvoir les compter parmi mes bons amis. Il y a quelques années, à un déjeuner organisé par Merle Oberon à Hollywood, Ruth et Gar se trouvaient à une table et moi à une autre. J'essayais d'entendre ce que disait Ruth et je pus saisir quelques mots :

— Je l'ai fait chasser d'une pièce un jour, il y a quarante ans, mais je ne crois pas qu'il se souvienne que c'était moi.

Comme si une personne saine d'esprit pouvait confondre Ruth Gordon avec quelqu'un d'autre...

Edith vint me voir jouer dans le *Hamlet* en costumes modernes de Guthrie en 1938, mais je ne connus sa présence dans la salle que lorsque John Gielgud m'en eut informé après coup, montrant là une discrétion qui n'était pas toujours dans ses habitudes.

— Edith, me raconta Gielgud à cette occasion, m'a dit que ce qu'elle avait aimé chez toi, c'est que tu n'essayais jamais de faire ce que tu savais être hors de ta portée, et qu'ainsi, tu restais toujours toi-même.

Ce qui m'enchanta infiniment.

Edith fut la première personne à laquelle je dis, au printemps 1938, que je venais de me fiancer. Nous jouions dans des théâtres voisins et je vins lui annoncer la nouvelle, tout excité. Je pensais qu'elle allait être enchantée, mais quand je lui eus appris la chose, son visage se défit et elle poussa un cri :

— Oh, non ! Vous êtes un artiste ! Vous ne devez pas vous marier !

Elle nous envoya comme cadeau de mariage quelques bols à soupe parfaitement hideux, qui ne survécurent pas à la guerre.

Michel St-Denis me choisit — sans, je crois, l'approbation de Binkie Beaumont — pour jouer Trofimov, l'étudiant, dans *la Cerisaie,* entreprise qui n'aboutit jamais alors qu'elle devait me rapporter vingt-huit livres par semaine, le plus gros cachet qui m'eût jamais été offert.

La distribution était spectaculaire, avec Edith dans le rôle de Mme Ranevsky, Peggy Ashcroft dans celui d'Anya, Cyril Cusack en Firs, Ronnie Squire en Gaev, et quelques autres acteurs distingués. Je sentis dès le début que j'allais être mauvais dans mon rôle, et je l'aurais été. Rétrospectivement, l'interprétation que j'eusse aimé donner du personnage eût été celle de Ian Holm, quelques années plus tard à l'Aldwych.

En tout état de cause, je trouvais difficile de maîtriser le rôle, et je trouvais encore plus difficile d'affronter Edith dans la scène où Mme Ranevsky et Trofimov dansent brièvement ensemble. Edith, excellente danseuse, était résolue à exécuter de gracieuses évolutions et voulait que son partenaire fît de même.

— Vous devez danser comme il convient, me répétait-elle.

— Mais je danse comme il convient, lui répondais-je.

Trofimov n'est pas bon danseur. Il y a une réplique où vous dites vous-même qu'il est très maladroit.

Elle ne voulait rien savoir.

— *Tous* les Russes sont bons danseurs, affirmait-elle. Ils ont cela dans le sang.

La situation eût pu dégénérer si la guerre n'avait pas éclaté au bout de deux semaines de répétitions, entraînant l'annulation du spectacle. Le matin du samedi 2 septembre 1939, Binkie nous réunit dans le théâtre et nous dit qu'il s'agissait d'un cas de « force majeure (1) ». Il était désolé mais il ne pouvait continuer : les théâtres allaient être fermés, Londres bombardée, etc.

Nous nous dispersâmes. Edith resta un moment assise sur la scène, l'air désespérée. Puis, se retournant, elle me vit.

— Alec, dit-elle, emmenez-moi faire un tour.

Et, ayant tristement pris congé des autres, nous partîmes lentement, en nous donnant le bras, vers Hyde Park. Nous n'échangeâmes pas un mot avant d'avoir atteint la Serpentine. Là, prenant à peine le temps de respirer, Edith laissa échapper une longue plainte :

— Que vais-je faire ? Je suis une comédienne. Je ne puis jouer avec des bombes qui tombent ! Que dois-je faire ?

Il n'y avait, dans son propos, pas la moindre allusion à ce qui pourrait arriver aux jeunes hommes et à leurs femmes, aux gens moins privilégiés, au pays lui-même. Elle ne se lamentait que sur son propre sort. Elle me glaça — mais la journée même paraissait glaciale malgré le soleil et ses reflets sur l'eau.

Avec la guerre vinrent la grossesse de Merula et l'apparition de barrages de ballons dans le ciel, mais ne vinrent ni bombes ni argent. L'Actor's Company monta *les Grandes Espérances* puis se disloqua. En mars 1940, commença à se monter une pièce de Winifred Dane intitulée *Cousine Muriel,* dans laquelle Edith devait jouer une kleptomane. Apparemment, Noël Coward, grand ami de Winifred Dane, lui avait suggéré d'écrire une pièce qui ne soit pas dans le style raffiné qui caractérisait son *Will Shakespeare* mais dans laquelle on pourrait trouver des répliques comme : « Pourriez-vous me passer le sel ? » Le conseil fut suivi à la lettre, et ce fut à Peggy Ashcroft qu'échut, dans la pièce, cette phrase immortelle. Peggy, décidément

(1) En français dans le texte.

gâtée, devait également dire, en contemplant un énorme bouquet de delphiniums en papier : « Oh, c'est à peindre ! » On ne pouvait dire, cette fois, que le dialogue était trop subtil.

Le solide et charmant Frederick Leister — qui avait été merveilleux dans le rôle de l'empereur François-Joseph de *l'Auberge du Cheval Blanc* — était la vedette masculine, Peggy jouait sa fille, Edith sa gouvernante et, quant à moi, j'étais le fils de cette dernière, agent de publicité de retour des Etats-Unis pour découvrir que maman volait tranquillement dans les magasins. Edith ne voulut jamais admettre le fait qu'elle incarnait une voleuse.

— Non, non, disait-elle, elle aime simplement les jolies choses. Elle ne vole pas.

Ce qui retirait tout sens à la pièce et créait quelques difficultés aux autres acteurs.

Le décor comportait de grandes portes-fenêtres aux rideaux jaunes, des fauteuils Regency recouverts de tissu rayé, un piano demi-queue supportant les delphiniums en papier et des photographies dans des cadres d'argent et un divan duquel on pouvait observer une salle rarement très pleine.

Assez imprudemment, comme on put le constater ensuite, Winifred Dane assistait à toutes les répétitions, habillée de longues robes flottantes en satin noir avec quelques chiffons d'allure gitane ici ou là. A sa manière impérieuse, elle se montra très amicale envers moi et me fit cadeau d'une grande boîte de peinture à l'huile sur laquelle elle avait écrit, entre guillemets : « Oh, c'est à peindre ! » La vue de cette boîte faillit rendre Peggy malade.

Norman Marshall assurait sans trop de fougue la mise en scène et les répétitions confinaient souvent au désagréable. Norman me donna une seule indication et elle était négative.

— Que penseriez-vous, lui demandai-je, comme je suis seul en scène sans rien à faire que prendre l'air préoccupé, si j'ouvrais le piano et frappais une note ou deux ?

— Cela ferait très ordinaire, répondit-il.

Du coup, je cessai de me montrer créatif.

Binkie, qui produisait *Cousine Muriel*, me payait trente livres par semaine, ce qui me semblait fabuleux — jusqu'au jour où Diana Wynyard me dit que j'aurais dû gagner soixante-dix livres. Il annonça qu'il allait également me faire confectionner un très beau complet de flanelle grise rayée de blanc, des souliers marron et un petit toupet, car je perdais mes cheveux. Tout cela fut fait, mais quand j'allai essayer le toupet, je trouvai une grande perruque avec de longues mèches de cheveux noirs pendant de chaque côté. J'en restai bouche bée et dis au perruquier qu'il y avait sûrement une affreuse erreur ; cela ne ressemblait en rien à ce qui avait été convenu.

— Je suis désolé, Mr Guinness, répondit le perruquier, mais c'étaient les instructions de Mr Beaumont. Il dit que vos oreilles dépassent tellement qu'il faut les cacher avec des mèches de chaque côté.

— Mais elles seront encore plus visibles, protestai-je. Et, en plus, cela va me faire ressembler à l'auteur !

Nous aboutîmes à un compromis à base de coups de ciseaux ; après tout, il était en bonne partie tributaire de Binkie pour l'exercice de son art.

Durant une répétition d'après-midi se produisit un incident beaucoup plus dramatique que tous ceux qui pouvaient être évoqués dans la pièce. Nous répétions au Globe Theatre, avec les principaux accessoires en place. A un certain moment, j'étais assis sur le divan et Edith m'apportait un cocktail. Ce jour-là, elle resta devant moi, souriant, le verre à la main. Quand je pris le verre, je fus si frappé par sa totale apathie que je me crus obligé de lui pousser légèrement le bras. Il pendait mollement à son côté et, sous ma poussée, se balança, comme poussé par une brise. Elle sembla à peine remarquer mon geste. Je m'excusai, expliquai et nous continuâmes. Elle semblait enchantée ; j'étais dans ses bonnes grâces ce jour-là.

Mais je ne l'étais plus un jour ou deux plus tard, quand nous refîmes cette scène. Je ne me rappelle plus ce que j'avais à dire, mais le propos était dur, car, dans la pièce, je venais de m'apercevoir des indélicatesses de ma mère et de sa kleptomanie, et je le dis sur le ton qui s'imposait. Edith se raidit. Je pensais qu'elle jouait. Puis, soudain, d'une voix à la fois furieuse et peinée, elle me dit :

— Comptez-vous dire cela sur ce ton ?

— Eh bien, oui, répondis-je. Je crois. Pas vous ? Il est furieux contre elle. Il sait maintenant qu'elle a volé...

Elle me regarda un instant, puis poussa un long vagissement qui fit trembler tout le théâtre. Et, les bras au ciel, elle se mit à hurler

— Alec ne m'aime plus ! Il ne m'aime pas ! Il me *déteste* !

Puis elle se jeta de tout son long sur la scène, frappa des pieds et, prenant entre ses dents le coin d'un petit tapis persan, se mit à le mordre. Un numéro grandiose ! Je restai sur le divan, raide et terrorisé, m'efforçant de m'enfoncer le plus possible entre les coussins de chintz.

Du fond de la salle s'éleva la voix de Winifred Dane, hurlant :

— Edith, calme-toi ! Calme-toi, Edith !

Et, lentement, majestueusement, un nuage d'étoffe noire s'avança vers la scène. Peggy, qui se trouvait en coulisses, vola jusqu'à la scène et se jetant sur Edith, la cloua au sol et lui arracha le tapis de la bouche. Edith continuait à gémir. Entretemps, Winifred Dane était parvenue jusqu'à la balustrade de cuivre de la fosse d'orchestre et avait entrepris de l'escalader. Elle n'y parvint qu'à moitié et resta à cheval dessus, hésitant entre la perspective de se rompre les os et celle d'une retraite ignominieuse tout en continuant à lancer ses appels au calme. On eût dit une gigantesque mère pigeonne en détresse. Les gens de la régie finirent par lui porter secours.

Quant à moi, j'avais gagné à pas prudents les coulisses, où je trouvai Freddie Leister fumant calmement sa pipe en lisant un journal du soir

— Des ennuis ? demanda-t-il.

Le régisseur apparut et chuchota :

— Ce sera tout pour aujourd'hui. On vous donnera l'heure, pour demain, quand on aura retrouvé Mr Marshall.

A quelques halètements près, le silence régnait sur la scène.

Aucune allusion à l'incident ne fut faite le lendemain. Nous étions tous très calmes, très polis, un rien guindés et peut-être un peu froids. La carrière de la pièce fut brève et assez peu satisfaisante. Le seul bon moment pour moi survint le jour où, en scène, mon maquillage se mit à fondre, provoquant de ma part un fou rire incontrôlable pour lequel je fus justement réprimandé

Les acteurs de vocation travaillant uniquement au théâtre manifestent souvent beaucoup de mépris pour ceux qui travaillent au cinéma — jusqu'à ce qu'ils soient eux-mêmes amenés à faire un film et découvrent que l'argent peut donner autant de satisfactions que l'intégrité artistique. Je pense avoir eu moi-même cette attitude et pouvoir y revenir à tout moment.

Un jour d'été, quelques années après la guerre, j'emmenai Edith déjeuner à La Mirabelle. Elle allait fort bien mais se montrait inquiète pour moi du montant probable de l'addition.

— Ne vous inquiétez pas, lui dis-je. Je fais un film.

Elle me regarda de côté et, mobilisant tout son courage, finit par me demander timidement combien j'étais payé. C'était *De l'or en barres* que je tournais à l'époque et je lui dis que je touchais six mille livres pour ce rôle. J'aurais pu aussi bien la poignarder avec ma fourchette à poisson. Elle se laissa retomber sur sa chaise, le visage torturé.

— Six *mille* livres ? fit-elle.

Je répétai le chiffre en pensant que j'avais peut-être sous-estimé ma valeur et que j'aurais dû exiger dix mille. Mais c'était, tout au contraire, l'ampleur de la somme qui avait stupéfié Edith.

— Il faut que je fasse un film, dit-elle d'un ton grave. A moins que l'on n'appelle cela production cinématographique ?

— L'argent est le même, quel que soit le nom.

— Et cela vous plaît ?

— Tout à fait, répondis-je très sincèrement.

Durant tout le reste du repas, un brin d'impatience fut décelable dans son attitude. Elle expédia sa « bombe surprise » en un éclair, ayant, je le suppose, hâte d'aller téléphoner à son agent.

Quand elle commença à faire du cinéma, elle aima cela et fut aussi remarquable à l'écran que sur la scène, montrant que si l'on est véridique à travers un moyen d'expression, on peut l'être à travers tous, à condition de savoir tenir tête à certains metteurs en scène, le corollaire étant qu'un jeu fabriqué le sera aussi bien sur scène qu'à l'écran. Le talent est indivisible. Celui d'Edith l'était, tout comme sa personnalité, avec toutes ses nuances allant du noir au blanc, de la hauteur à la simplicité, de l'égocentrisme à la plus grande générosité. Et, ce talent, elle le chérissait et le protégeait comme s'il était la chose la plus importante du monde ; à ses yeux, en tout cas, il l'était.

Sans aller tout à fait jusque-là, l'art scénique d'Edith a énormément compté pour beaucoup d'entre nous. Elle nous a donné des créations capitales, comme Rosalind, Millamant, Lady Bracknell, la nourrice dans *Roméo et Juliette*, Lady Utterword dans *Heartbreak House*. Elle a joué quelque cent trente rôles entre 1912 et sa mort.

Je l'ai vue pour la dernière fois, je crois, à une réception à l'Association des Comédiens, dans Harley Street. Elle était très vieille, assez frêle, plus petite que dans mon souvenir et le cérémonial l'exaspérait. Pendant un discours, elle s'accrocha à moi et déclara, beaucoup trop fort :

— Dites à cet homme de se taire !

On tenta immédiatement de lui imposer silence, mais elle ne s'en laissa pas conter :

— Je ne veux pas écouter cet homme, cria-t-elle. Je veux parler avec Alec.

Horrifié, je l'entraînai hors de la salle. Sur le palier, je m'efforçai de la calmer et elle devint très douce et très paisible.

— Avez-vous vu Bra-a-hn ? me demanda-t-elle.

Je ne comprenais pas ce qu'elle voulait dire.

— Coral Browne ? hasardai-je.

— Non, dit-elle d'un ton impatient. Bra-a-hn !

Je ne comprenais toujours pas. Elle tapa du pied.

— Vous savez bien ! reprit-elle. C'est un charmant, très charmant garçon !

Je tentai un coup au jugé :

— Bryan Forbes ?

— C'est bien ce que j'ai dit, fit-elle, visiblement soulagée. Chè-é-rr Bra-a-hn !

Je descendis avec elle. Sa Rolls et son minuscule chauffeur attendaient de l'autre côté de la rue. Il faisait noir. Il n'y avait pas de circulation. Le chauffeur ouvrit la portière, sortit un escabeau recouvert de tissu brodé et l'installa au milieu de la rue. Edith mit le pied sur l'escabeau, trébucha et alla s'affaler au milieu d'un amas de couvertures et de manteaux de fourrure. Elle y arriva indemne et l'air à peine surprise.

Comme la voiture s'éloignait, elle tenta de me faire un signe de la main, enfouie dans le vison et les peaux d'ours.

Depuis sa mort, j'ai souvent pensé à elle. Pas toujours,

peut-être, avec une totale affection, mais toujours, en revanche, avec un profond respect et une immense gratitude. Je remercie le Ciel que mon petit sentier ait pu traverser à quelques reprises la voie royale qu'elle parcourait.

XII

LES PAROLES DE MERCURE

— Celia Johnson, c'est Belzébuth !

Sur quoi Ernest Milton se remit à attaquer son morceau de canard, but un peu de vin et s'essuya les lèvres avec sa serviette. Merula, Robert Flemyng, qui était notre autre invité, et moi-même posâmes nos couteaux et nos fourchettes dans un silence stupéfait.

— Belzébuth ! répéta Ernest avec une sorte de délectation maligne.

Comprenant qu'il tentait de nous faire marcher, je sentis une brusque colère monter en moi.

— Mais, Ernest, lui dis-je, Celia est l'une des femmes les plus aimées et les plus admirées de la profession, que ce soit en tant que personne ou en tant que comédienne. Comment pouvez-vous dire une chose aussi monstrueuse ?

— J'ai mes raisons, répliqua-t-il — il prononçait « raisins ». Elle a descendu le Grand Canal en gondole en faisant les mots croisés du *Times* et sans jeter un seul regard aux palais vénitiens.

— Elle est myope comme une taupe, fis-je remarquer, et elle n'a sans doute même pas vu le canal. Et puis, de toute façon, pourquoi ne ferait-elle pas les mots croisés du *Times* dans une gondole ? Elle a la passion des mots croisés.

— Je dis que cette femme a l'esprit du mal en elle.

— Oh, arrêtez un peu ! fis-je, en tentant de rire.

Mais peut-être son dry martini d'avant le dîner avait-il été trop fort pour lui, qui était plutôt abstinent à l'ordinaire.

— Alors, je suis un menteur ? clama-t-il.

Il repoussa vigoureusement son assiette, se leva d'un bond en renversant sa chaise, se précipita dans le vestibule, saisit son chapeau vert, sortit en claquant la porte et disparut dans les jardins de St Peter's Square.

Bobby Flemyng, Merula et moi nous regardâmes, sidérés, nous demandant ce qui avait bien pu provoquer cette soudaine tempête. Celia et Ernest venaient de revenir d'une tournée européenne, mais aucune rumeur de différend ne nous était parvenue et, Celia étant la plus charmante et la plus attentionnée des femmes, il nous semblait très improbable qu'elle se fût querellée avec quiconque. Peut-être avait-elle eu un fou rire en scène, sur quoi Ernest, devenu très susceptible au fil des ans, avait pris cela pour une offense personnelle.

Cinq minutes plus tard, on frappa violemment à la porte. Ernest avait toujours l'air furieux, mais je jouai le jeu de la compréhension et du pardon.

— Je ne suis pas revenu pour m'excuser, précisa-t-il. Je suis revenu pour finir mon canard.

Sur quoi, il se précipita dans la salle à manger et s'assit, tandis que Merula allait rechercher son assiette à la cuisine. Nous fîmes quelques efforts de conversation, mais il se refusa à dire un mot. Il dévorait avidement son canard. Quand il eut nettoyé son assiette, il quitta majestueusement la pièce, remit son chapeau à la façon d'un Grand d'Espagne et claqua de nouveau la porte derrière lui.

Sur le moment, j'étais enclin à penser que c'était un bon débarras, et, cependant, je savais que je n'arriverais pas à lui en vouloir longtemps. Il y avait une forte touche de génie chez lui, et, malgré toutes ses affectations, son égocentrisme et sa manie de la persécution, il était capable de se faire adorer. Il avait beaucoup d'esprit et, lorsqu'il n'expliquait pas interminablement comment John Gielgud, Binkie Beaumont et toute une série d'autres avaient comploté toute leur vie pour ruiner sa carrière, il se révélait passionnant.

Ernest Milton était né à San Francisco en 1890. Il fut toujours fier de ses origines américaines et de son sang juif. Il fit sa première apparition à Londres en 1914 dans une pièce intitulée *Potash and Perlmutter* au Queen's Theatre et revint en scène un an plus tard pour jouer Oswald dans *les Revenants* et Marchbanks dans *Candida*.

— Je n'ai jamais joué de petits rôles, me dit-il un jour. J'ai toujours été une vedette.

A croire qu'il avait réussi à transformer en rôle de vedette celui du premier chamelier dans *Joseph et ses frères,* qu'il avait joué à New York avant de venir en Angleterre. En tout cas, il fit de celle-ci sa patrie d'adoption, entrant en 1918 dans la troupe de l'Old Vic pour interpréter la plupart des grands rôles shakespeariens, et particulièrement Hamlet et Shylock, qu'il continua à jouer régulièrement au fil des ans. Il remporta son premier grand succès personnel dans le domaine du théâtre commercial avec *Loyalties,* en 1922, et joua ensuite le *Henry IV* de Pirandello et *la Corde.*

Au printemps 1932, il fit une brève et désastreuse expérience de direction, reprenant le St James Theatre pour y représenter *Othello* et *le Marchand de Venise.* Je vis cette pièce en matinée dans une salle complètement vide. Le seul autre véritable Shylock que j'aie vu fut feu Henry Baynton, au Pier Theatre d'Eastbourne quand j'étais encore écolier. Baynton était de ces acteurs qui tournaient sans cesse en province pour jouer du Shakespeare devant des enfants stupéfaits. Il avait tendance à se glisser hors du théâtre, maquillé et costumé, pour aller siffler rapidement une pinte de bière au pub du coin, et, un jour demeuré célèbre, il calcula mal la durée de la scène de somnambulisme de Lady Macbeth. A la fin de celle-ci, on chercha vainement Macbeth, et la régisseuse dut paraître sur la scène, où elle eut la folle audace de déclarer aux écoliers venus étudier *Macbeth* pour leurs examens :

— La pièce est finie. Vous pouvez rentrer chez vous.

En redescendant le quai sous la pluie, les chers petits se heurtèrent à Macbeth en personne, le casque de travers et la perruque flottant au vent, qui, stupéfait de voir son public se défiler ainsi, leur lança :

— Vous ne partez pas déjà ?

Il n'y eut pas de réponse, car les maîtres, affolés, avaient entrepris d'évacuer leurs élèves en toute hâte.

Dans Shylock, Baynton avait la réputation de faire une bonne imitation d'Henry Irving (1), avec lequel il avait travaillé, mais

(1) Sir Henry Irving, mort en 1905, fut l'un des plus grands et des plus célèbres comédiens de l'histoire du théâtre britannique. (NDT)

Milton, lui, avait sa propre interprétation. Je me rappelle peu de chose de cet après-midi au St James Theatre, si ce n'est la délicieuse Nerissa campée par Athene Seyler, les superbes décors de McKnight-Kaufman et surtout la terrifiante interprétation par Ernest du monologue du Juif. Mais son interminable et insupportable sortie finale gâchait tout.

Dans ses préfaces à Shakespeare, Granville-Barker évoque avec mépris la façon dont trop d'acteurs interprétant Shylock recherchent exagérément l'effet lorsqu'ils quittent la scène. Il a dû principalement penser à Ernest. Car Ernest n'avait pas seulement horreur de quitter la scène ; il s'arrangeait pour donner l'impression qu'on ne le reverrait plus jamais et qu'on avait été plus que privilégié de l'avoir vu.

Compte tenu de mon jeune âge, beaucoup de la subtilité de son Shylock m'avait échappé et j'avais été hérissé par sa personnalité d'acteur, mais je fus conquis quand je le vis dans *la Corde* au vieux Shilling Theatre de Fulham, où il réussissait à exprimer de façon dangereusement parfaite la combinaison du raffinement et de la décadence.

Puis, en 1933, au théâtre de Sadler's Wells, il y eut la reprise, pour quelques représentations seulement, de son *Hamlet*. C'est resté pour moi, et peut-être pour quelques autres, le spectacle le plus stupéfiant qui soit. Quelqu'un comme Sir John Clements, qui le vit également et dont il me semble que les goûts diffèrent souvent des miens, partageait mon enthousiasme. Je serais bien en peine de définir exactement ce qu'on peut appeler « le jeu grandiose », mais, quand on y assiste, on le reconnaît immédiatement.

— Je *hais* le jeu grandiose, me disait il y a peu Alan Bennett.

Et je sais ce qu'il entendait par là : le gonflement de la personnalité, la position péremptoirement prise au centre de la scène, la pause dramatique mais sans objet, le geste spectaculaire mais hors de propos, les effets vocaux trop brillants, la transformation des autres acteurs en de simples mannequins, l'exigence d'avoir tous les projecteurs braqués sur soi et, par-dessus tout, ce sous-entendu : « Vous n'êtes pas venus voir une pièce, vous êtes venus me voir jouer. »

Ernest s'est peut-être rendu coupable de toutes ces attitudes, et a même pu les faire se développer chez d'autres, mais, pour Hamlet, c'était autre chose : il cherchait la vérité, et non l'effet théâtral ou le succès personnel. Shakespeare et lui ne semblaient faire qu'un en représentant le prince de la Renaissance « par excellence (1) », un homme conscient des limites de l'homme, pouvant toujours voir les deux faces de chaque chose, torturé par sa conscience et accablé par son devoir, un homme d'esprit aigu mais d'exquises manières. C'était une interprétation qui faisait sortir le spectateur de lui-même et où soufflait l'esprit. La voix, bien que plaisante, avait des accents affectés et lassants, surtout lorsqu'il étirait une voyelle au-delà de toute compréhension. Le physique ne frappait pas, sauf lorsque l'esprit venait imposer au corps une totale concentration ou une immobilité lourde de sens. Son Hamlet était peut-être un homme « enfermé dans une coquille de noix », mais il peignait un prince aux vastes horizons.

Cette interprétation brillait comme un diamant, tranchant sur la banale et triste mise en scène de Ben Greet, vieux spécialiste de Shakespeare, beaucoup plus respecté par la précédente génération que par la mienne. Il s'agissait d'une version intégrale de la pièce, montée à grand renfort de draperies noires sous un éclairage plat et incertain. La distribution regorgeait d'acteurs éminents, dont Sybil Thorndike, mais aucun d'entre eux ne s'enflamma, si l'on excepte un Osric très cocasse de Robert Speaght, et je trouvai ridicules la scène du cimetière et le duel final. Peu importait. Je quittai le théâtre bouleversé. Je regagnai mon studio de Bayswater, incapable de parler pendant près de vingt-quatre heures, sachant que je venais d'assister à quelque chose d'exceptionnel, combinant la transcendance et l'humanité, traits qu'Ernest portait au fond de lui-même, si absurde que fût la manière dont il les exprimait parfois. Il n'avait pas « servi » Shakespeare, comme certains comédiens laissent volontiers entendre qu'ils le font, non plus qu'il ne s'était servi de lui. Tous deux s'étaient rencontrés, à travers Hamlet, en terre de connaissance.

En 1936, il joua Don Armado dans *Peines d'amour perdues* à l'Old Vic, et c'est à cette occasion que j'en vins à le connaître un peu. Il n'était pas vraiment au sommet de son talent dans ce rôle et recherchait avec trop d'application des effets comiques un peu épais. Il peut paraître difficilement concevable de sauver

(1) En français dans le texte.

une interprétation de la platitude par la façon dont on dit les derniers mots d'une pièce, et c'est pourtant ce que réussit à faire, cette fois-là, Ernest, nous donnant à tous le frisson. Les derniers mots de *Peines d'amour perdues* sont les suivants :

« Les paroles de Mercure
Sont dures après les chants d'Apollon.
Toi ici ; nous là. »

Les poils se hérissèrent sur ma nuque, tant il avait mis là de douceur et de nostalgie. Peut-être ne l'avait-il même pas prémédité. Comme tous les grands interprètes, il brillait souvent sans en avoir conscience. Edith Evans avait la même caractéristique ; elle faisait d'instinct un prodige mais, si on l'interrogeait ensuite, elle était capable d'analyser ce qu'elle avait fait de façon presque imbécile. La différence entre eux, à mon avis, était qu'Ernest avait de l'esprit et Edith aucun. Il arrivait toujours, quant à lui, à justifier intellectuellement son interprétation d'un texte, si bizarre qu'elle ait pu être.

J'ai éperdument admiré plusieurs acteurs, mais trois seulement ont exercé sur moi la même fascination qu'Ernest Milton : Pierre Fresnay, Charles Laughton et Cyril Cusack. Quand il n'était pas contraint de jouer des comédies de boulevard — où il excellait d'ailleurs —, Fresnay était le comédien le plus superbement austère, le plus sobre et le plus riche intellectuellement que j'aie pu voir. Laughton, boudé par la critique les derniers temps parce qu'il avait fait carrière à Hollywood, était un génie qui, comme tous les génies, pouvait se tromper, mais en n'étant jamais indifférent. Ernest, je le sais, se voyait toujours au centre de la scène — c'était dans la tradition de sa génération vouée au vedettariat — mais Fresnay, Laughton et Cusack semblaient toujours au centre de la scène, où qu'ils fussent, même en tournant le dos au public.

A la fin de la guerre, mon incertaine adaptation des *Frères Karamazov* fut mise en scène par Peter Brook — qui fêta son vingt et unième anniversaire à ce moment — au Lyric d'Hammersmith. L'excellent comédien tchèque Frederick Valk, sorte de taureau sympathique, fut engagé pour jouer le vieux Karamazov. James Donald, Pierre Lefèvre, Raymond Jacquerello et moi étions les fils, et l'on me confia la tâche difficile entre toutes de persuader Ernest de jouer le père Zosime. En conséquence, je lui rendis visite dans un petit appartement sinistre de Charing Cross Road et, au bout d'une heure d'intense flatterie, je réussis à le convaincre. Mais la flatterie n'avait pas été seule à opérer ; j'avais eu également l'idée de lui dire que, s'il jouait ce rôle, il serait impitoyablement attaqué par la presse anticléricale. Il se vit soudain en martyr de la foi, conduit au bûcher en plein Hammersmith.

Il n'était pas particulièrement bon dans le rôle du père Zosime et il se montrait violemment jaloux de Freddie Valk. Heureusement, ils n'avaient pas de scènes ensemble. Ernest et moi partagions une petite loge aux murs blanchis à la chaux. C'était un plaisir pour moi malgré les inquiétudes que me procuraient ses entreprises de maquillage hasardeuses et ses incessants problèmes de fausse barbe.

— Dans quel sens faut-il la mettre, Alec ? me demandait-il chaque soir.

— La pointe en bas, répondais-je d'un ton las. Et les poils en avant.

Certains acteurs se conduisent comme des nouveau-nés dès qu'il s'agit de se maquiller, ignorant à peu près tout des produits à employer et de la façon de les appliquer. Je crois me souvenir qu'Ernest, comme beaucoup de vétérans, conservait dans une vieille boîte à cigares d'une saleté repoussante tout un fatras de fards hors d'âge, de crayons cassés et de houppes en lambeaux qui semblaient généralement avoir fait la guerre de Crimée. Chez moi, en revanche, la table à maquillage trahit encore l'amateur avec un équipement disposé dans un ordre parfait, comme pour une vente-démonstration de cosmétiques.

La critique fut tiède sur *les Frères Karamazov,* à part un flamboyant article de James Agate sur Freddie Valk et un autre, épouvantable celui-là, du *New Statesman* sur Ernest. Le jour où ce dernier parut, je priai le Ciel pour que l'intéressé ne le voie pas ; il n'y avait aucun espoir que l'éloge de Valk par Agate lui ait échappé. J'étais à moitié maquillé et je gardais un œil attentif sur la porte, lorsqu'il pénétra lentement dans la loge. Il dit à peine bonsoir, accrocha son vieux chapeau vert à la patère comme s'il faisait ses adieux au monde entier, s'assit pesamment à sa table et se mit à contempler le miroir d'un air abattu.

« Il l'a vu », me dis-je et je feignis aussitôt d'être très occupé à fignoler l'un de mes sourcils. Puis, soudain, un murmure tragique :

— Avez-vous *vu* le *New Statesman* ?

Me tournant vers lui d'un air triomphant, je lui dis :

— Oui ! Et vous devriez être fier. Rappelez-vous que, quand je vous ai demandé si vous auriez le courage de jouer ce rôle, je vous ai averti que Zosime serait attaqué par la presse anticléricale. Cela veut dire que vous avez gagné !

Il se leva, mit son chapeau et quitta le théâtre. Pensant qu'il allait revenir quelques minutes plus tard, j'attendis le dernier quart d'heure avant la représentation pour signaler son absence. Nul ne savait où il était passé, et la panique s'installa. On enjoignit à la doublure d' Ernest de se préparer : le malheureux allait devoir ouvrir la pièce et il n'avait participé à aucune répétition. A la caisse, on installa un petit écriteau : « En raison de l'indisposition de Mr Milton, etc. » Je n'avais qu'une crainte idiote : qu'il soit allé se jeter dans la Tamise du pont d'Hammersmith...

A cinq minutes du début, il réapparut, tout enjoué et sifflotant. Il lança son chapeau sur la patère d'un air désinvolte, se déshabilla en hâte et commença à mettre sa barbe — à l'endroit, pour une fois. Au bout de quelques instants, je ne pus résister à la tentation de lui demander :

— Qu'est-il arrivé, Ernest ? Vous avez changé de mine.

— Je vais vous le dire, mon cher Alec, répondit-il en se poudrant inconsidérément. Il y a une petite église catholique — il prononçait toujours « ca-ar-tholique » — au coin de la rue. Je suis allé m'agenouiller devant la Sainte Mère et je lui ai dit : « *Chère* Mère de *Dieu,* pardonne à cet immonde *salaud* du *New Statesman.* » Je me suis aussitôt senti mieux et me voilà.

Il fut charmant ce soir-là et s'arrangea même pour faire sur Valk une remarque qui ressemblait à un compliment :

— Il est plein de sang, non ?

Durant la guerre, j'avais eu à plusieurs reprises l'occasion de longer l'île d'Ischia avec mon bateau, mais toujours de nuit. La belle, romantique et mystérieuse silhouette d'Ischia semblait me fixer rendez-vous dans l'avenir et je me promis que, lorsque la guerre serait finie, je reviendrais voir l'île en plein jour et y passer des vacances. Au tout début de l'été 1948, une occasion se présenta et je retins pour Merula, Matthew et moi-même des chambres dans un petit hôtel donnant pratiquement sur la plage, à deux ou trois kilomètres de Castel San Angelo.

Un soir, à St Peter's Square, peu avant la date prévue pour notre départ, je montrai des cartes de la région de Naples à Ernest et il me dit, à ma grande surprise, qu'il n'était jamais allé en Italie. Sur une impulsion, et sans assez réfléchir, je l'invitai à se joindre à nous. Après que je lui eus réaffirmé qu'il n'y aurait pas de problème financier et que je l'eus averti qu'il s'agirait de vacances très simples, il accepta.

— Mais les vêtements ! s'exclama-t-il avec horreur. Je n'ai pas de vêtements !

Je l'expédiai le lendemain chez Lillywhite, où il acheta un complet de coton beige, un panama et des souliers blancs.

Je crains qu'il n'ait envisagé ces vacances comme une sorte de reconstitution de *Mort à Venise*, se voyant déjà déambuler sur des plages dans le style de celle du Lido et siroter des boissons fraîches dans des verres immenses en contemplant la jeunesse dorée du cru.

— Et Rome, Alec ? me demanda-t-il. Je ne puis aller en Italie sans voir Rome. Ce serait déloyal.

Aussi ajoutai-je, à mon corps défendant, une ou deux nuits à Rome à notre itinéraire. Qu'on n'en retire surtout pas l'impression qu'il cherchait à abuser de la situation. Il n'a jamais rien demandé pour lui-même, sauf de travailler. S'il avait fait cette allusion à Rome, c'est parce qu'il eût été sincèrement malheureux, étant allé si loin au sud, de n'avoir pas eu l'occasion de voir le centre de sa religion.

Il ne m'était jamais venu à l'esprit qu'Ernest pourrait ne pas savoir nager. Comme nos vacances se déroulaient essentiellement sur la plage, près d'une mer bleue, calme et engageante, il était quelque peu gênant d'entendre Matthew, qui venait juste d'apprendre à nager, crier constamment :

— Venez, Mr Milton, elle est très bonne par ici !

Ernest laissait entendre, pour sauver la face devant les jeunes générations, qu'en réalité, il pouvait nager s'il le voulait, mais la plus grande audace qu'il se permettait était de barboter un peu dans moins d'un mètre d'eau. De toute évidence, Matthew n'était pas convaincu.

Tout se passa très bien jusqu'au jour où Ernest renversa une bouteille entière d'huile solaire sur le complet de chez Lillywhite.

— Le désastre ! Le désastre ! hurlait-il, simultanément en proie à la fureur contre sa propre aberration, au mépris pour une île ne recelant aucun teinturier et au désir de se soustraire à la vue des hommes.

Il suggéra, quand il se fut calmé, environ trois jours plus tard, une expédition à Naples aux fins de faire nettoyer le malheureux complet, mais je ne voulus pas en entendre parler. L'incident aurait pu gâcher nos vacances si nous n'étions pas tombés sur Peter Glenville et William Hardy-Smith, également en villégiature à Ischia. Je n'avais rencontré Peter qu'une ou deux fois auparavant et William m'était encore inconnu, mais leur belle humeur et leur habileté à faire sortir Ernest de ses attitudes tragiques sauvèrent la fin de notre séjour à Ischia — et marquèrent en même temps le début d'une longue et solide amitié.

Matthew s'était trouvé un plaisant compagnon en la personne d'un jeune pêcheur nommé Salvatore, qui habitait une cabane sur la plage. Tous deux passaient des heures entières chaque jour à jouer dans le sable avec les voitures et les camions-jouets qui accompagnaient partout Matthew. J'enviais la faculté qu'avait Salvatore de s'absorber aussi complètement dans des jeux enfantins, et, craignant toujours de passer pour un mauvais père, je décelai même en moi une petite trace de jalousie. Ernest fut prompt à remarquer ce détail :

— Quand vous déciderez-vous à apprendre la sagesse, Alec ? me demanda-t-il.

— Quand j'aurai soixante-quatre ans, lui répondis-je sans réfléchir.

Puis je commençai à me torturer sur la signification, s'il en avait une, de ce nombre soixante-quatre qui m'était venu spontanément. D'abord, je décidai que j'allais mourir à l'âge de soixante-quatre ans. Puis que cela voulait peut-être dire que je mourrais en 1964. Ernest se chargea de me rappeler, au fil des ans, cette petite aberration.

— Vous êtes encore loin de vos soixante-quatre ans, me disait-il lorsqu'il m'entendait exprimer une opinion inconsidérée ou qu'il me voyait bouleversé par une vétille.

Nous quittâmes Ischia pour Rome, où la première visite d'Ernest fut pour la basilique Sainte-Marie Majeure. Nous n'avions pas plutôt poussé les doubles portes de cuir qu'il s'arrêta, pétrifié. Reniflant les vapeurs d'encens, il laissa échapper un long sifflement et proclama :

— Pas de Présence Réelle ici !

Rien ne le satisfit pleinement, ni le Forum — où il se vit en Jules César —, ni Saint-Pierre, ni Saint-Clément. Mais il se montra captivé par une fanfare féminine qui jouait des chansons à succès des années trente devant un café, et plus encore par les fontaines très légèrement érotiques de Tivoli. Il se voyait, je pense, dans les plus élégantes parures propres à chaque siècle depuis 70 avant Jésus-Christ : parfois en toge pourpre, parfois en haut-de-chausses bicolore avec une plume au chapeau, parfois en soie cardinalice, et toujours avec de ravissants petits pages autour de lui. Je voyais son regard triste parcourir les collines romaines comme si celles-ci pouvaient receler sa vraie demeure perdue, ce foyer spirituel dont San Francisco, Londres et le XXe siècle l'avaient privé à bien des égards.

Nous allâmes visiter la tombe de Keats au cimetière protestant. Je l'avais déjà vue au début de 1939, alors qu'elle était bien entretenue, et de nouveau après la chute de Rome, où je l'avais trouvée envahie par les herbes folles, avec quelques tiges de fleurs desséchées et noircies piquées dans un petit pot boueux ayant primitivement contenu du pâté — seule offrande faite au poète depuis le début de la guerre. Quand nous la revîmes, elle était de nouveau entretenue mais toujours aussi triste. Ernest éclata aussitôt en sanglots incontrôlables, entrecoupés de hurlements de chagrin, et je dus le traîner jusqu'à un taxi. Keats, combiné à Rome, produit d'étranges effets sur des esprits élevés. Iris Tree avait coutume de réciter l'*Ode* sur une urne grecque avec Lord Butler assis en pleurs à ses pieds. Je regardai, ce soir-là, Ernest pousser ses tagliatelles dans son assiette d'un air désabusé, indifférent à la joyeuse animation de la Piazza Navona et sourd à notre bavardage.

L'hiver suivant, de retour à Londres, Ernest vint dîner un soir. Sentant qu'il se languissait de jouer quelque chose, je lui demandai s'il accepterait de nous lire un peu de *Macbeth* puisque je ne l'avais jamais vu dans le rôle. Il n'avait que Merula et moi comme public et notre salon comme théâtre mais l'idée sembla lui plaire. Après avoir bu un verre de porto, il prit une petite édition de la pièce — il croyait savoir le texte mais préférait l'avoir sous la main pour plus de sûreté — et nous dit qu'il aimerait mieux jouer une scène plutôt que de lire. Circulant à travers le salon quand l'envie l'en prenait mais restant la plupart du temps immobile, il nous joua Macbeth et Lady Macbeth dans les scènes précédant et suivant immédiatement le meurtre de Duncan. Il nous représenta un maudit, en lequel on sentait monter le poison du mal, quelque chose venu d'un monde noir et mystérieux, et, par quelque étrange alchimie, il changea l'atmosphère de notre salon pour bien des jours à venir. C'était presque comme si on avait versé du sang sur le tapis. Nous fûmes extrêmement impressionnés et le lui dîmes.

Je trouvais triste, en même temps, qu'une plus jeune génération d'acteurs n'ait jamais été témoin de sa magie particulière. Aussi proposai-je de le mettre de nouveau à contribution la semaine suivante, avec un public renforcé par deux ou trois acteurs qui apprécieraient la chose. Il accepta et annonça que, la semaine suivante, il nous jouerait *le Roi Lear* plutôt que *Macbeth*. J'invitai Richard Burton et Richard Leech, avec lesquels j'étais récemment devenu ami. Tous deux étaient des acteurs jeunes, brillants, sensibles et presque inconnus, sous contrat avec H. M. Tennent pour de petits rôles.

La soirée se révéla lamentable et assez gênante, avec quelques fous rires mal réprimés. Ernest faisait son numéro de grand acteur, il disait faux et n'arrivait pas à détacher son regard de la belle tête de Burton. En bref, à la place du roi Lear, il nous présentait une vieille reine fatiguée sur le point d'avoir des vapeurs. Il finit par se plaindre d'une migraine et partit tôt. Le lendemain, il me téléphona et me dit en guise d'excuse :

— J'étais *distrait* par tant de beauté. Ah, la poitrine et les yeux de ces jeunes gens !

Puis il raccrocha de façon abrupte.

Peu de temps après, sa femme, Naomi Mitcheson, mourut. Il devint amer et maussade ; il souffrait à un point effrayant de cette maladie des acteurs qui a nom manie de la persécution. Il ne m'annonça jamais vraiment la mort de Naomi et y fit à peine allusion dans les années qui suivirent, mais, un jour, comme je lui rendais visite dans un petit hôtel de Hampstead, il me montra quelques souvenirs d'elle et dit d'un ton très tendre :

— Je l'aimais.

Et il le pensait, bien qu'il eût pris le ton théâtral de Hamlet disant : « J'aimais Ophélie. »

Moins d'une heure plus tard, après s'être restauré, il me déclarait :

— Vous serez surpris, mon cher Alec, si je vous dis qu'une seule femme m'a vraiment excité physiquement. Devinez qui.

Problème insoluble. Alors, il lança triomphalement :

— Lillian Bayliss !

Cela me surprit incontestablement et, très insolemment, je demandai des détails, qu'il se refusa à fournir. Mais il me fit une grimace lubrique et je le crus. Il est vrai que je le croyais toujours...

Il m'emmena un dimanche matin à la messe à St Ephelreda, à Holborn, où il avait ses habitudes, et me commenta l'office de superbe façon, avec sérieux, tact et simplicité. Je lui rendis la politesse quelques jours plus tard en lui offrant un dîner aussi repoussant que prétentieux dans un restaurant qui venait de s'ouvrir à Covent Garden. Là, malheureusement, il se prit d'une fureur peu chrétienne contre l'Hamlet d'un autre comédien, vu quarante ans plus tôt.

— Il m'avait tout volé, dit-il en tapant sur la table. Vous vous souvenez de la façon dont je disais : « Le puissant poison... » ?

Il se leva et, tonitruant dans le meilleur style de Drury Lane, se mit à hurler « Le puissant POISON... », à la consternation des autres dîneurs, qui laissèrent tomber leurs fourchettes avec terreur, en se demandant s'ils avaient commandé le même plat. Des regards furtifs se coulaient vers l'assiette d'Ernest. Je dus l'évacuer en hâte sous les invectives du patron qui nous invitait à ne plus venir souiller son pompeux établissement. Peu après, ledit établissement fermait ses portes. Peut-être Ernest lui avait-il jeté un sort. Moi, en tout cas, je l'avais fait, mais le sort d'Ernest était certainement plus puissant que le mien.

Plus tard, il s'installa à Denville Hall, une agréable maison de retraite pour comédiens dans le nord de Londres. Je lui rendis visite à plusieurs reprises — pas assez souvent, je le crains — en lui apportant toujours une boîte de chocolats fourrés, dont il raffolait. Fay Compton me rencontra un après-midi, chargé de fleurs, de chocolats et d'une bouteille de vin.

— Pour qui est-ce ? demanda-t-elle.

Je le lui dis.

— Attention qu'il ne vous morde pas ! lança-t-elle alors. C'est une teigne quand il s'excite.

Au détour d'un couloir, je tombai sur un charmant vieux comédien, marchant sur deux cannes, le cou dans une minerve de plâtre.

— Pour qui sont tous ces trésors ? demanda-t-il à son tour.

Quand je lui eus dit qu'ils étaient destinés à Ernest Milton, il me déclara :

— Mon cher, vous êtes un homme très, très courageux. Mais donnez-moi le temps de battre en retraite avant que vous ouvriez la porte...

J'étais habitué aux remarques acides de Fay, mais ce deuxième avertissement m'inquiéta. Je me demandai si Ernest n'était pas devenu fou, et c'est avec une légère appréhension que je frappai à sa porte. Je le trouvai dans une chaise roulante, très pâle, frêle et mélancolique. Il prit mes cadeaux en silence et la conversation s'avéra presque impossible.

— J'ai appris, dis-je, qu'on vous emmenait à Lourdes la semaine prochaine.

— Ah, oui ?

— Vous y allez bien ?

— C'est ce qu'on dit.

— Bonne chose. Savez-vous où vous logerez ?

— Non.

— Eh bien, j'espère que ce sera dans un endroit agréable, sans odeurs de cuisine. Et je suppose que quelqu'un vous emmènera à la grotte.

— Quelle grotte ?

— Vous savez, la grotte de Lourdes où la Sainte Vierge serait apparue à Sainte Bernadette.

— Bernie comment ?

— Sainte Bernadette. La petite paysanne.

— Je ne sais vraiment pas ce que vous racontez.

Il ferma les yeux et s'endormit ou feignit de s'endormir. Je quittai la chambre sans bruit. Je ne devais plus le revoir. Peu après, il s'éteignit doucement.

Il y eut un service à sa mémoire à l'église catholique de Maiden Lane, non loin de quelques théâtres qu'il avait honorés de sa présence. Albert Finney et moi lûmes des textes religieux incompréhensibles dans des traductions assommantes. Je crois que nous étions les seuls acteurs présents. Les rares fidèles ignoraient à la mémoire de qui la messe était dite et ils ne firent rien pour le savoir. Si l'on excepte Albert et moi, l'indifférence entourait cet office. Alors qu'il eût fallu à Ernest une chorale entière, des nuages d'encens et des douzaines de cierges.

XIII

PAR LA VOLONTÉ DU PREMIER MINISTRE

La grande femme anguleuse, en chapeau de feutre bleu, qui m'accueillit à l'aéroport de Mexico n'était pas ravie de se trouver debout à deux heures du matin pour faire passer les contrôles d'immigration et de douane à un vague acteur.

— Votre avion a plus d'une heure de retard, me dit-elle d'un ton accusateur, comme si j'étais responsable des vents contraires.

Je me sentis désolé pour elle et remarquai :

— Vous n'auriez pas dû m'attendre.

— Ordre de l'ambassadeur, rétorqua-t-elle, en laissant clairement entendre que le devoir avait parfois de bien douloureuses exigences.

Nous nous dirigeâmes en voiture vers mon hôtel, sous le clair de lune et la plupart du temps en silence. Une centaine de peones mexicains, en vêtements de toile blanche et grands chapeaux de paille, dépavaient d'un air las une grande place que nous traversâmes.

— Ils travaillent toute la nuit ? demandai-je.

— Ils ne sont pas les seuls, répondit la dame au chapeau bleu d'un ton lourd de sous-entendus.

Quand nous eûmes atteint mon hôtel, petit mais élégant et moderne, elle me donna mes instructions :

— L'ambassadeur vous recevra à dix heures du matin. Ne soyez pas en retard. Une voiture viendra vous prendre ici à dix heures moins vingt. Le chauffeur s'appelle Miguel. Et rappelez-vous que Mexico est à très haute altitude ; les nouveaux arrivants ont parfois des difficultés respiratoires.

Elle prit congé sans un sourire et déguerpit avec un évident soulagement. C'était la première fois que je me trouvais au Mexique, et je me sentais excité, enchanté, fatigué et, de fait, à court de souffle.

Deux semaines auparavant — cela se passait durant l'été 1958 — je me trouvais à Venise pour de courtes vacances avec ma femme, mon fils et Peter Bull. C'était l'époque où l'autorisation de sortie de devises était de deux cents livres par an, et, au départ, je m'étais demandé avec un brin d'anxiété comment nous allions nous en tirer en descendant, comme nous en avions l'intention, au Grand Hôtel. Peu avant notre départ de Londres, David Lean me téléphona pour me dire qu'il allait passer par Venise, mais qu'il nous manquerait probablement, et me demanda si je n'avais pas de problèmes de devises. Je lui exposai mon cas, et, très gentiment, il me proposa de me laisser l'équivalent de deux cents livres en lires, ou plus si je le désirais, chez le concierge du Grand Hôtel. Je lui dis que deux cents livres feraient l'affaire, et je pris cet argent dès mon arrivée à Venise. Quelques jours plus tard, le téléphone sonna très tôt le matin dans notre chambre et une voix féminine m'annonça :

— Le consul désire vous voir à quatre heures cet après-midi. C'est très important.

« Ciel ! pensai-je. On va m'accuser de trafic de devises ! »

Il était bien ennuyeux de gâcher un après-midi de vacances, mais je me présentai comme requis au consulat de Grande-Bretagne et y fus reçu de façon affable. La femme du consul, une Ecossaise, nous servit du thé et du cake de Dundee tandis que se poursuivait une conversation assez futile. Après le thé, elle nous dit d'un air entendu avant de se retirer :

— Je suis sûre que vous, messieurs, avez à parler.

Il y eut un long silence, puis le consul me dit :

— J'ai reçu un appel du Foreign Office ce matin. Ils veulent que vous alliez à Mexico la semaine prochaine. Apparemment, il y a là une sorte de festival cinématographique et ils trouvent important qu'un acteur anglais y soit présent. Ils veulent quelqu'un qui sache se tenir. Vous ne le savez peut-être pas, mais nous avons fourni des armes à Batista, à Cuba, et, en conséquence, nous sommes très impopulaires au Mexique en ce moment, d'autant que Castro semble assuré de prendre le pouvoir avant longtemps.

— Et comment diable, demandai-je, ma présence pourrait-elle arranger les choses en quoi que ce soit ?

— Dieu seul le sait, répondit-il. Bien sûr, vos frais de voyage et d'hôtel seront à la charge du Foreign Office. Il faudrait que vous restiez là-bas une semaine.

J'étais si soulagé de n'être pas accusé de trafic de devises que je me sentis soudain plein d'audace.

— Tout cela est très gentil, fis-je, mais c'est très humiliant pour des sujets britanniques se trouvant à l'étranger de ne pouvoir même pas rendre une invitation. Se trouver à Venise à titre parfaitement privé n'a rien de drôle ; j'ai déjà presque épuisé ma maigre allocation de devises. Je suppose qu'on va me la renouveler ou même m'autoriser à prendre plus.

— J'ai bien peur que non, répondit le consul. De toute façon, les acteurs ont toujours quelque moyen de récolter deux cents livres de plus quand ils le veulent. N'est-ce pas ?

— Je crois qu'il faut que je parte, dis-je.

Et c'est ainsi que je m'étais retrouvé à Mexico, manquant d'oxygène et me demandant bien ce qu'on attendait de moi. Debout devant la fenêtre de ma chambre d'hôtel, ce matin-là, j'essayais de respirer à pleins poumons en contemplant l'admirable vue :

« Je me trouvai là où le Popocatepetl
Etincelle au soleil. »

Miguel était là à neuf heures quarante précises, au volant d'une limousine noire, et nous traversâmes paisiblement les quartiers résidentiels de la ville. Il n'y avait pas une âme.

— Où sont donc les gens ? demandai-je. Ce n'est pas encore l'heure de la sieste.

— Les troubles, répondit Miguel. Vous pouvez voir qu'à côté, il y a des barricades.

— Pourquoi donc ?

— Les troubles, répéta mon chauffeur. On s'attend à ce que votre ambassade britannique soit attaquée par la foule. Vous verrez.

Quand nous arrivâmes à l'ambassade, je vis ce qu'il voulait dire : le bâtiment tout entier semblait en état de siège, avec des planches protégeant les fenêtres, des chaînes aux portes et des meurtrières ménagées ici et là. Après un hâtif déverrouillage des portes, on me poussa dans un petit jardin. La dame qui m'avait accueilli à l'aéroport se tenait sur les marches de l'ambassade, regardant sa montre.

— Dix heures précises, fit-elle en guise de salutation. Suivez-moi.

Je la suivis jusqu'à un petit bureau où Son Excellence lisait les journaux. C'était un petit homme assez âgé avec un appareil acoustique dans une oreille.

— Guinness ?

— Oui, monsieur.

— Veuillez vous asseoir. Bon, vous voyez dans quel pétrin nous sommes ?

Il rebrancha les fils de son appareil et poursuivit :

— Ce n'est pas une situation très agréable. Vous êtes déjà venu au Mexique ?

Je répondis par la négative.

— Vous parlez espagnol ?

Encore la négative.

— Dommage.

Je lui dis qu'une fois, pour les besoins d'un film, j'avais fait un long discours en espagnol, mais que je l'avais appris phonétiquement. Je pensais que mon accent était acceptable, mais, bien sûr, je pouvais difficilement resservir toujours ce discours.

— Veuillez répéter, fit-il en triturant son appareil.

— Non, je ne parle pas espagnol, répétai-je, en abandonnant toute idée de commentaire facétieux.

— J'avais entendu la première fois, dit l'ambassadeur d'un air perplexe.

— Que veut-on que je fasse ? demandai-je.

— Je n'en ai aucune idée, répondit-il. Il y a une espèce de festival cinématographique qui se passe ici. Plus votre domaine que le mien. Rendez-vous sympathique. Faites-leur savoir que vous êtes britannique. Nous ne sommes pas du tout populaires, je dois vous le dire. Bon, faites de votre mieux. Bonne chance. Merci d'être venu. Au revoir.

Il me serra la main et retourna à ses journaux. La dame au chapeau bleu m'attendait devant la porte du bureau.

— Ils présentent demain soir un film dans lequel vous jouez, me dit-elle, et nous voudrions que vous soyez là.

— *Le Pont de la Rivière Kwaï ?*

— Non, ce n'est pas ce titre. C'est quelque chose à propos d'un cheval. Le festival est inauguré ce soir, mais vous n'avez pas besoin d'y être. Et, s'il vous plaît, portez cela à votre revers.

Elle me tendit un petit badge rond figurant le drapeau britannique.

— On ne va pas me fusiller à vue si je le porte ? demandai-je.

Elle ferma les yeux d'un air désapprobateur, visiblement plus peinée par ma remarque que par la perspective que celle-ci laissait entrevoir. J'épinglai le badge au revers de mon veston.

Revenant à l'hôtel en longeant les barricades, je me demandai si j'aurais à dire quelques mots le lendemain soir ; j'avais oublié de poser la question. Au bureau de la réception, je griffonnai à tout hasard le texte d'un très court discours où je disais combien il était merveilleux de se trouver à Mexico, quels vœux je formais pour la carrière future du festival et que j'apportais — ce en quoi je mentais effrontément — le salut fraternel de tous les acteurs anglais. Je remis ce texte à la réception en demandant qu'il soit traduit en espagnol, et, quand ce fut fait, je passai le reste de la journée à déambuler dans les rues en l'apprenant. Il est dans mes habitudes de recopier les textes que j'ai à apprendre sur de petits cartons, du format des cartes de visite, et de les mettre dans ma poche de façon à pouvoir y jeter un coup d'œil à mes moments perdus. Je fis de même en cette occasion, mais j'appris d'abord le début et la fin en laissant de côté le milieu pour le cas où je trouverais la chose trop difficile. Je me disais que, de toute façon, j'avais vingt-quatre heures pour en venir à bout.

Ce même soir, alors que je goûtais en grinçant des dents une tequila avec sel et citron au bar de l'hôtel, on m'appela au téléphone. C'était la dame de l'ambassade, qui me dit :

— Il faut que vous alliez au festival ce soir. Miguel viendra vous chercher dans une demi-heure. Portez votre badge.

Fort heureusement, je n'avais pas fait d'autres projets.

Le festival se déroulait dans une vaste salle capable de contenir au moins sept mille personnes. On me donna un siège tout au fond et je remarquai autour de moi des gens portant leurs badges nationaux — Espagnols, Mexicains, Argentins,

Japonais, Français, Allemands, Nord-Américains, Russes — mais je ne pus voir aucune autre personne arborant un drapeau britannique. Je me sentais très seul. Quelqu'un sur la scène fit un discours, sans doute de bienvenue, puis invita différents délégués à se lever pour dire quelques mots.

— Le délégué de Russie ! annonça-t-il.

Un projecteur se braqua sur un grand monsieur grisonnant, impeccablement vêtu de ce qui ressemblait fort à un costume de chez Lanvin. On lui tendit un micro et il grommela un court discours en russe que personne ne comprit avant de se rasseoir au milieu d'applaudissements polis. La même scène se répéta avec les Italiens, les Scandinaves et les autres, à ceci près que, naturellement, les Espagnols et les Latino-Américains réussissaient, eux, à se faire comprendre. Finalement, l'homme qui se tenait sur la scène annonça :

— Et maintenant, le représentant de la Grande-Bretagne !

Un silence s'installa, suivi d'un long sifflement. Je jetai un coup d'œil rapide aux cartes que j'avais dans ma poche et me levai, peu sûr de moi. Le public fut ébahi d'entendre un étranger s'adresser à lui en espagnol et éclata en applaudissements frénétiques. Stupéfait de mon soudain succès, je me rassis. On me tapa sur l'épaule ; c'était la dame de l'ambassade, tout sourire :

— Excellent, me dit-elle.

Le lendemain soir, on projeta *De la bouche du cheval*, ce qui ne me parut pas le meilleur choix pour un public ignorant en majorité l'anglais. *Le Pont de la Rivière Kwaï* eût mieux convenu, mais il était à l'époque interdit au Mexique pour des raisons que j'ai oubliées.

L'ambassadeur de Grande-Bretagne, sa femme et son entourage vinrent voir le film à mes côtés. Les journaux avaient fait état de mon petit discours en espagnol et on avait de plus en plus l'impression que le badge britannique n'était pas un emblème si impopulaire que cela. Des acclamations saluèrent la fin du film — qui n'avait pas été accueilli de façon aussi enthousiaste en Angleterre — et, comme nous nous dirigions vers la sortie sur le tapis rouge, Son Excellence me poussa devant lui en me disant :

— C'est votre soirée. Passez devant.

Il était soit très malin, soit totalement ignorant de ce qui nous attendait. Dehors, des centaines de pauvres gens, dont aucun n'avait pu assister à la projection, se précipitèrent vers moi pour me serrer la main ou simplement me toucher. Les cordons de police furent rompus, et les agents tirèrent leurs matraques pour en frapper la foule. Certains de mes admirateurs furent jetés au sol, mais les autres continuaient à hurler :

— Alecco Guins !

Je tentai de protester auprès de la police, mais on m'écarta. L'ambassadeur disparut dans la mêlée alors qu'on me poussait sans ménagements vers une voiture. Nous n'en étions pas sortis pour autant. Une vingtaine d'enthousiastes soulevèrent la voiture et la portèrent jusqu'à la rue.

— Où est l'ambassadeur ? demanda Miguel pendant ce portage imprévu.

— Perdu dans la foule, lui dis-je.

— Mais c'est *sa* voiture ! Vous devriez être dans celle qui est derrière !

Nos porteurs, suant, soufflant et souriant largement, nous reposèrent finalement à terre, et je vis l'autre voiture, avec son chargement diplomatique, démarrer lentement derrière nous. L'ambassadeur baissa sa vitre et nous cria :

— Continuez ! Je rentrerai à l'ambassade avec celle-ci.

Je tentai de descendre, mais c'était impossible. Je ne pus que crier :

— Je suis désolé !

L'ambassadeur ne m'entendit pas.

Le lendemain, toutes les barricades avaient disparu et l'ambassade avait retrouvé son aspect normal. J'assistai à un déjeuner de presse et fus photographié assis sur des machines agricoles britanniques et essayant des tricots écossais. Le soir, je fus reçu à dîner par un milliardaire mexicain plein de charme qui m'offrit une très belle et très rare figurine précolombienne — que mon chat abyssin devait ensuite casser.

Le jour suivant, je réussis à voir la grande pyramide aztèque, avec le mont Popocatepetl étincelant toujours au loin, et à visiter l'Université — mais toujours poursuivi par des journalistes bon enfant qui voulaient me photographier avec de vastes sombreros lourdement ornés ou imitant les gestes du flamenco. Rien de tout cela n'est exactement mon genre, mais je me pliai de bonne grâce à ces exigences, mourant presque de gêne au service de mon pays.

Le dernier jour, je me retrouvai à déjeuner à côté d'une dame extrêmement élégante et parlant un anglais parfait qui me dit :

— Ne retournez pas en Europe. Venez au Yucatan pour le week-end. J'y ai une gentille petite maison, et nous tirerons le chat.

« On ne peut décidément pas faire confiance à ces gens charmants, me dis-je aussitôt. Ils mangent les petits oiseaux, parlent de serpents à plumes, vénèrent le soleil, se coupent la gorge entre eux et, maintenant, m'invitent à tirer sur des chats. »

— Des chats ? fis-je, horrifié.

— Oui, dit-elle. Le jaguar, bien sûr. Vous ne chassez pas ?

— Pas le jaguar, répondis-je. Ni le tigre, ni le lion, ni quoi que ce soit de ce genre.

Elle eut une moue de mépris qui me donna à penser qu'elle serait capable de faire se dresser de nouveau les barricades.

— Ah, oui, dit-elle, vous êtes anglais...

Dans la soirée, la dame de l'ambassade me reconduisit à l'aéroport. Elle se montra très cordiale, mais, pour me dire au revoir, elle étendit le bras tout droit à hauteur de son épaule, comme si elle bandait un arc, et je fis de même. Nous restions à quelques mètres de distance.

— Au revoir, dit-elle.

— *Hasta luego,* lui répondis-je.

J'ai toujours eu envie de retourner au Mexique. Chimborazo, Cotopaxi demeureront toujours pour moi des noms magiques.

Une semaine après mon retour, triant les lettres à la table du petit déjeuner, j'en repérai une venant du 10, Downing Street. Je l'ouvris, un peu intrigué, et lus deux fois la courte missive afin d'être sûr qu'elle n'était pas le fruit de mon imagination, avant de demander à Merula :

— Que dois-je faire ? C'est du 10, Downing Street et on précise que je dois répondre par retour du courrier.

— C'est à quel sujet ? s'enquit Merula.

— A quel sujet ? dis-je, encore stupéfait et presque effrayé. Elle dit, je cite : « Le Premier ministre a l'intention de recommander à la reine, etc. »... que je sois fait chevalier. Mais je dois dire immédiatement si je suis consentant. C'est signé du secrétaire privé de Mr Macmillan.

— Que vas-tu répondre ? demanda Merula en tartinant son toast de marmelade.

— Que penses-tu que je doive répondre ?

— Tu aimerais cela ?

— Eh bien, oui. J'aimerais beaucoup cela. Mais c'est un peu curieux.

Nous terminâmes notre petit déjeuner en silence, ruminant l'un et l'autre. Puis j'écrivis au secrétaire privé pour lui dire que j'acceptais avec joie cet honneur, si j'en étais finalement jugé digne. Une fois l'enveloppe cachetée et timbrée, je revins voir Merula et lui demandai :

— Crois-tu qu'on va nous faire payer plus cher chez les commerçants ?

— Pas pendant quelques mois, répondit-elle.

Je restai rêveur presque toute la journée, revenant sur les souvenirs de quarante et quelques années, d'où émergeaient tout particulièrement Venise et Mexico.

« Chimborazo, Cotopaxi,
Ont volé mon âme… »

XIV

BOUCLE-LA !

Au fil des années, Ralph Richardson, qui fut toujours la générosité incarnée, me fit nombre de cadeaux auxquels je tiens infiniment, et notamment une édition de Sheridan merveilleusement reliée, une superbe canne de Malacca avec une corne de rhinocéros comme poignée et une autre canne, de la fin du XVIIe siècle, faite d'une dent de narval admirablement gravée. Tout ce que je lui donnai, je pense, se résuma à un livre sur les perroquets lorsqu'il fit en Espagne l'acquisition de José, oiseau haut en couleur s'il en fut, et à une azalée blanche pour son soixante-dixième anniversaire.

Il y a quelque temps, trois jours après avoir été opéré d'une hernie, je me trouvais sur mon lit d'hôpital lorsque la porte de ma chambre s'ouvrit lentement. C'était un dimanche après-midi, et tout était calme et plutôt triste. Je regardai la porte s'ouvrir, m'attendant à une apparition verticale, mais c'était au ras du sol que cela se passait. Poussant devant lui une pile de livres, Ralph entra en rampant.

— Qui, demanda-t-il immédiatement, est Miss Mackenzie ?

— Jamais entendu parler d'elle, répliquai-je.

— Elle est dans la chambre à côté. On la fait venir ?

— Arrête tes sottises ! fis-je. Elle sort probablement d'une opération. Comme moi.

Ralph déposa les livres sur mon lit, traversa la chambre et se mit à tambouriner contre le mur.

— Miss Mackenzie ? C'est Ralph Richardson. Je suis dans la

chambre d'Alec Guinness. Nous voudrions que vous veniez nous voir. Vous m'entendez, Miss Mackenzie ?

Il y eut un lourd silence, mais, en dépit de mes protestations, Ralph continua.

— Vous vous sentez seule, Miss Mackenzie ? Guinness se sent seul aussi. Il apprécierait votre compagnie.

Il s'installa sur mon lit et m'entretint pendant dix minutes des lois de la nature. Après quoi il quitta la chambre, toujours à quatre pattes. Il devait avoir très bien déjeuné. J'oubliai la chose jusqu'au moment où, le lendemain matin, l'infirmière préposée à notre étage m'éveilla.

— C'est affreux, ce qui est arrivé à Miss Mackenzie, dit-elle joyeusement.

— Et qu'est-ce qui est arrivé ? demandai-je avec quelque inquiétude.

— Apparemment, elle a entendu des voix et des sons étranges, et, au milieu de la nuit, elle s'est levée — elle est très malade — et elle s'est enfuie de l'hôpital en chemise de nuit. Elle faisait le tour de Bryanston Square en hurlant quand on l'a rattrapée. Maintenant, elle est sous sédatifs.

— La pauvre, fis-je en ouvrant l'un des livres de Ralph.

Quand j'allais voir Ralph dans sa loge, il avait coutume de me verser une demi-pinte de champagne dans une chope en argent, tandis que lui-même descendait une demi-pinte de gin avec un soupçon d'eau. Un jour, il se dressa, se mit au garde-à-vous et, levant sa chope comme pour un toast militaire, clama :

— A Jésus-Christ ! Superbe gaillard !

Avant de vider le récipient d'un trait.

Il faisait souvent allusion à son éducation catholique et quaker, mais je ne l'ai jamais entendu discuter de religion ou de politique. Il préférait parler de livres, de son furet, de son rat, de son perroquet, de peinture, de son enfance dans l'East Sussex ou de sa passion pour le nord de l'Angleterre. Il évoquait rarement le théâtre ou le cinéma, et sans, à ma connaissance, mentionner ce qu'il avait pu y faire.

Nous ne jouâmes ensemble que dans trois pièces, deux films et une dramatique télévisée. Cette dernière — *la Nuit des Rois* — se passa mal. Ralph prit en grippe, ce qui ne lui ressemblait pas, un jeune acteur qu'il appelait *sotto voce* Fab, qui jouait un petit rôle.

— Que penses-tu de Fab ? me demanda-t-il un jour alors que commençaient les répétitions.

— Ce que j'en pense ?

— Je n'aime pas trop Fab, poursuivit-il.

— Eh bien, il n'a pas beaucoup d'expérience.

Un jour ou deux après, Ralph revint à la charge :

— Fab, tu as remarqué ? Il porte un bracelet.

— C'est une simple chaîne d'or. Probablement une plaque d'identité. Beaucoup de jeunes en portent, aujourd'hui.

Ralph prit un air soupçonneux. Quelques jours plus tard, il me coinça de nouveau.

— Fab, dit-il.

— Eh bien ?

Après un long silence, il proclama :

— Il ne convient pas pour le rôle.

Ensuite, il ne fit plus aucune allusion à Fab — pas plus qu'il ne lui adressa la parole. Il resta abattu durant tout le reste du tournage, mais trouva quand même moyen de me réconforter. Joan Plowright jouait Viola, et Laurence Olivier fut invité à visionner l'ensemble de la dramatique. N'ayant rien de mieux à faire, j'allai moi aussi à la projection. A un moment, Larry me saisit par le bras et dit :

— Fascinant, mon vieux ! Je n'avais jamais pensé qu'on pouvait jouer Malvolio en en faisant un raseur.

J'en fus décontenancé et ce terme de « raseur » se mit à me hanter. Quand j'en parlai à Ralph, il haussa les épaules.

— Il a tort, vieux, dit-il. Il lui arrive d'avoir tort, tu sais. Moi, je trouve que tu es très bon.

Je le remerciai mentalement de ne pas avoir ajouté :

— Il m'arrive de me tromper moi aussi.

Un soir à Madrid, à l'époque où nous tournions *le Docteur Jivago*, je l'emmenai, avec sa charmante femme, Mu, dans un petit restaurant très recherché dont on m'avait parlé, dans le vieux quartier de la ville. La cuisine ne se révéla pas particulièrement bonne, mais la clientèle était pour le moins pittoresque ; elle se composait essentiellement de vieux aristocrates espagnols installés à de petites tables et communiquant entre eux grâce à des cornets acoustiques émaillés.

Ralph, qui avait pas mal bu, commença à parler de son furet bien-aimé, racontant comment celui-ci avait pourchassé dans toute la maison un peintre en bâtiment qu'il considérait comme un intrus et voulait à toute force saisir à la gorge. Il entreprit de mimer l'histoire, se levant, se cachant derrière sa chaise, bondissant vers une autre table, s'accroupissant auprès d'un vieux marquis fort étonné, se dressant sur la pointe des pieds avec un long sifflement et, finalement, courant tout autour de la salle pour imiter le peintre traqué par le furet. Les cornets acoustiques se braquaient dans sa direction avec de grands mouvements de serviettes et des glapissements horrifiés.

Dehors, ne trouvant pas de taxi, Mu et moi le soutînmes pendant ce qui nous parut des kilomètres, dans le froid et l'humidité. Ralph était tout joyeux et il insista pour que nous entrions dans un bar d'aspect minable qui était sur le point de fermer. Nous étions les seuls clients et la charmante dame à l'air très las qui tenait l'établissement nous versa de grands verres de cognac. Malgré la barrière de la langue, Ralph réussit à exprimer toute son admiration pour un chromo représentant la Vierge Marie installé sur une étagère au milieu des bouteilles.

— Vous aimez ? demanda la dame du bar. Je vous montre mieux. Venir, s'il vous plaît.

Nous montâmes à sa suite un escalier dont toutes les marches craquaient et nous aboutîmes dans sa chambre à coucher. Là, au milieu d'un amoncellement de houppes à poudre, de mantilles, d'éventails, de poupées et de drapeaux espagnols se dressait une grande statue du Christ exposant son cœur, avec un ruban bleu en travers et des plumes jaunes et rouges tout autour.

— Vous aimez ? demanda fièrement la patronne.

— Elle est ravissante, fit Ralph.

— Pas elle, il ! dit sèchement Mu.

— Ah ! remarqua Ralph d'un ton de surprise. Je n'avais pas remarqué la barbe.

Au moment de partir, Ralph poussa vers la femme une poignée de billets dont le total devait équivaloir à peu près à vingt livres. La patronne le regarda avec ahurissement, les larmes aux yeux, et, comme nous partions, je la vis se tourner vers la Madone pour la remercier.

Quelques jours plus tard, Ralph et Mu allèrent passer une quinzaine en Angleterre, et je me sentis très seul à Madrid. Le jour de leur retour, je leur téléphonai pour les inviter à dîner de nouveau. Ils refusèrent, mais Mu me dit que nous pourrions partager une omelette si je me présentais très tôt à leur hôtel, proposition que j'acceptai immédiatement. Un garçon d'étage porteur d'un menu m'introduisit peu après dans la luxueuse suite occupée par les Richardson.

— Qui peut-on frapper, proclama alors Ralph, si ce n'est un ami ?

Lorsqu'il traversa le vestibule, je supposai que c'était pour me serrer la main, mais j'avais bien tort. Je reçus un violent coup de poing à la mâchoire et m'effondrai mollement sur le tapis. Le garçon d'étage, qui était venu prendre la commande pour le dîner, s'enfuit, affolé. Mu, qui avait tout vu, me cria du salon, à titre d'explication :

— Il est très fatigué.

— Qu'est-ce que cela veut dire ? demandai-je plutôt piteusement en me relevant.

Mais Ralph s'était déjà jeté dans un grand fauteuil et semblait dormir à poings fermés, ce qu'il continua à faire pendant une bonne heure.

Il n'était certes pas dans ses habitudes d'accueillir ses invités de cette façon, mais cette anecdote montre combien cet homme solide, amical et courtois pouvait être imprévisible à certains moments. Avec lui, on était toujours sur le qui-vive devant une éventuelle excentricité, et cependant, on était toujours pris par surprise. Son organisation interne était impeccable, encore que très personnelle. Il était résolu, pratique et d'une extrême lucidité même lorsqu'il semblait rêver. Ses mobiles étaient toujours honorables, et je ne l'ai jamais entendu faire une remarque malveillante sur quelqu'un — sauf, de façon détournée, sur Fab et sur une doublure qui avait dû intervenir impromptu à l'Old Vic. Ralph l'avait regardé un moment des coulisses en grinçant des dents puis, se tournant vers moi, avait murmuré :

— Oh Ciel ! Oh non !

Après quoi il s'était rendu sur la scène et avait remis les choses en ordre.

Ce doit être en 1936 que je l'ai vu pour la première fois, à une petite réception donnée par Peggy Ashcroft à sa maison de Campden Hill. Nous regardions tous avec anxiété un robuste monsieur d'âge moyen qui semblait sur le point de vomir sur le tapis. Ralph devança la catastrophe en le soulevant comme un enfant, se précipitant en bas et déposant son fardeau dans le caniveau. Il rejoignit ensuite les autres invités en se bornant à présenter, avec une galanterie d'un autre siècle, ses excuses à la mère de John Gielgud pour lui avoir marché sur les pieds.

En tant qu'acteur, il était fascinant et il pouvait atteindre à la grandeur. Son premier Toby Belch, son Cyrano, son Peer Gynt et son Bottom étaient splendides. Il fut également merveilleux dans nombre de rôles modernes mais ce fut dans Falstaff qu'il atteignit le sommet — se montrant tout à la fois spirituel, rusé, plein de lui-même et désespéré, incarnant un homme qui disait à regret adieu aux plaisirs de la chair en braquant un regard interrogateur sur la folie des hommes, à commencer par la sienne.

Tout ce que Ralph touchait se parait de noblesse ; sa fameuse motocyclette elle-même semblait un superbe destrier noir, sorti tout droit du Moyen Age et attendant que son noble cavalier veuille bien charger — au besoin des moulins à vent. De tous les acteurs de haute réputation qui ont peuplé notre époque, il était, à mon avis, le plus intéressant en tant qu'homme : vif, original, cultivé, plein de sens commun et pourtant visionnaire. Il avait l'amour des animaux, le respect des objets inanimés et la passion des livres. Il était sincèrement peiné de ne pas me voir partager son enthousiasme pour Conrad et de constater que je ne le suivais qu'à moitié sur Henry James — auquel je préférais Edith Wharton. Mais il m'a fait connaître bien des livres contemporains que j'ai abordés avec confiance et plaisir.

Des douzaines d'acteurs l'imitent fort bien et de façon amusante — les meilleurs à ce jeu étant Anthony Quayle et Michael Jayston — et, depuis une vingtaine d'années, les anecdotes sur lui se sont multipliées et sont entrées dans le légendaire du théâtre. La plupart d'entre elles sont authentiques, ce qui est assez rare dans notre monde.

Quand je jouais avec lui *Un inspecteur vous demande* de Priestley, il vint un soir dans ma loge pour me dire :

— Tes souliers vernis craquent horriblement. Tu devrais faire quelque chose.

Je lui expliquai que j'avais déjà tout essayé, à commencer par l'huile et la vaseline, et que rien n'avait marché.

— Essaie l'eau, me déclara-t-il.

Le lendemain soir, comme j'arrivais pour mettre mes souliers au cours d'un changement de costume devant s'opérer à toute allure, je les trouvai baignant dans un seau d'eau. Je fis un bruit atroce durant tout le dernier acte et le début de pneumonie que j'attrapai me fit manquer deux représentations d'affilée. Quand je revins au théâtre, j'allai voir Ralph pour m'excuser de mon absence.

— Oh, tu n'étais pas là, vieux ? me dit-il. Je n'avais pas remarqué.

Il ne me parla pas de mes souliers.

Un dimanche, Ralph avait invité Beatrix Lehmann à faire « un petit tour dans les airs » et avait loué un avion pour la journée. Il alla chercher Beatrix en voiture et lui fit traverser Londres à 130 à l'heure en ne prêtant qu'une attention distraite aux feux rouges et aux autres voitures.

— Ralentis ! hurlait Bea en le bourrant de coups de poing.

Lorsqu'ils arrivèrent au terrain d'aviation, elle descendit de la voiture en tremblant encore et vociféra :

— Ne me fais plus *jamais* cela ! Tu vas *beaucoup* trop vite !

Ils montèrent dans l'avion et décollèrent. L'appareil s'éleva très paresseusement, trop paresseusement dans les airs, et Bea, cette fois, se mit à hurler :

— Pour l'amour de Dieu, *plus vite* !

Ils planèrent un moment et durent se reposer dans un champ.

Ralph adorait les belles voitures, mais ne voulait pas qu'elles fussent voyantes. Il m'a raconté un jour, en s'étranglant encore de rire, une sortie qu'il avait faite avec Priestley, qui voulait lui faire les honneurs de son nouveau et étincelant véhicule. Connaissant la passion de Ralph pour les automobiles et sa compétence en la matière, le romancier cherchait le compliment. Il proposa un « petit tour à Brighton » et, après avoir conduit en silence pendant quelques kilomètres, il se tourna vers Ralph et lui demanda, avec son plus bel accent du Yorkshire :

— Eh bien, que penses-tu de mon carrosse ?

Ralph hésita quelques secondes puis se jeta à l'eau :

— Je suis désolé, Jack, dit-il. *Vraiment* désolé. Je ne l'aime pas beaucoup.

— Et pourquoi donc ? jappa Priestley.

— Elle est très belle. Mais ce tableau de bord ! C'est affreux ! Tous ces petits morceaux de verre qui ressemblent à de faux diamants ! Et toutes ces dorures ! Je suis désolé, mais c'est *vulgaire* !

Il y eut un lourd silence, puis Priestley dit :

— Je t'ai emmené pour que tu t'amuses. Pas pour que tu critiques.

Ils firent demi-tour sur place et rentrèrent. Selon Ralph, Priestley mit plusieurs mois à lui pardonner.

Il y a quelques années, Ralph et Mu m'avaient invité à dîner dans un très élégant hôtel de Londres. Comme nous en ressortions après le repas pour regagner sa voiture, je vis Ralph préparer un billet d'une livre pour l'obséquieux chasseur en haut-de-forme qui nous escortait. Sur quoi celui-ci souleva son chapeau en nous disant :

— Bonsoir, Sir Alec. C'était un honneur pour nous. Et bonsoir à vous aussi, Sir John...

— Salaud ! murmura Ralph en rengainant son billet.

Toutefois, quand nous arrivâmes à la voiture, je le vis ressortir subrepticement le billet et le tendre quand même au chasseur. Il semblait perdu dans un rêve et il descendit Oxford Street à dix à l'heure, bloquant le passage à une longue file d'autobus.

Je le vis pour la dernière fois un jour d'été où nous devions, Laurence Olivier, lui et moi, être photographiés pour le numéro de Noël de *Vogue*. Dans la matinée, je lui avais téléphoné pour lui demander si Mu et lui voulaient bien dîner avec moi au Connaught le soir. Ils acceptèrent et j'appelai alors Laurence Olivier pour l'inviter lui aussi avec Joan Plowright, mais Larry me répondit qu'il ne se sentait pas très bien et que Joan était déjà prise. Une voiture devait aller chercher Larry à Chelsea vers le milieu de l'après-midi, me prendre ensuite à mon hôtel, puis se rendre à Chester Terrace pour recueillir Ralph. Quand Larry arriva, je lui trouvai une mine effroyable.

— Je ne suis pas dans un de mes bons jours, me dit-il.

Je tentai de le persuader de rentrer chez lui, mais il ne voulut rien entendre. Le sens du devoir — qui me paraissait un peu exagéré en cette occasion — est toujours passé au premier plan chez lui et son courage n'est plus à souligner. Nous trouvâmes Ralph qui nous attendait sur les marches de sa maison, en complet marron, chapeau melon et gants jaunes, appuyé sur une canne à pommeau d'argent. Je descendis et lui chuchotai à l'oreille que Larry ne se sentait pas bien du tout.

— Oh, pauvre Laurence ! fit-il, visiblement attristé.

Il monta dans la voiture, s'assit auprès de Larry et lui prit la main. Il était très touchant de voir ces deux grands acteurs d'âge certain assis côte à côte, Ralph réconfortant Larry, et Larry niant sa maladie avec esprit et bonne humeur.

Arrivé aux studios de *Vogue,* quelque part près de Theobald's Road, Ralph escalada les étages avec allégresse, mais la montée fut plus lente et plus pénible pour Larry. En haut de l'escalier, se tenait une charmante dame de *Vogue* qui commit, à mon avis, une erreur tactique ; elle portait un plateau chargé de bouteilles de gin, de vodka et de whisky.

— Bienvenue à tous ! dit-elle.

— C'est le mot qui convient, fit Ralph en suivant le plateau jusque dans le studio.

Les bouteilles furent ouvertes et de larges rasades furent versées dans de gigantesques verres. Je refusai en prétendant que je ne pourrais boire au milieu d'un après-midi aussi chaud sans m'endormir ensuite. Ralph, d'humeur très joyeuse, prit toute une série de poses pour le photographe, tout en débitant sans s'arrêter un monologue merveilleusement drôle, destiné, j'en suis sûr, à rendre le moral à son vieil ami. De fait, Larry se réveilla et, à la fin de la séance, il avait rajeuni de dix ans. Quand nous redescendîmes l'escalier, c'était Larry qui ouvrait la marche d'un pas alerte, et Ralph qui devait se montrer un peu plus prudent. Dehors, Ralph refusa qu'on le reconduise en voiture, proclamant qu'il avait l'intention de faire à pied les quelque trois kilomètres le séparant de son domicile. Toujours très élégant, son melon sur la tête, il agita sa canne et partit dans la mauvaise direction.

— Je t'attends avec Mu à huit heures, lui criai-je.

En mon for intérieur, je pensais que, vers sept heures, Mu allait m'appeler pour me dire qu'ils ne pourraient pas venir.

Je me trompais ; à huit heures précises, les portes à tambour du Connaught se mirent à tourner à toute vitesse avant de propulser dans le hall Mu et un Ralph très digne.

— Un verre avant que nous allions dîner ? proposai-je.

— Peut-être un dry martini, fit très sérieusement Ralph.

Mu se mit à rouler des yeux. Nous bûmes nos verres sans autre conversation en commandant notre menu. Ralph ne voulait qu'une omelette espagnole.

— Il prend *toujours* une omelette espagnole, expliqua Mu quand je fis remarquer que c'était un choix un peu triste.

Nous passâmes dans la salle à manger, qui semblait bondée d'Américains, à commencer par tout un groupe de « Belles du Sud » d'un certain âge occupant une table ronde non loin de la nôtre. Ralph se plaignait de ne rien pouvoir entendre en raison du brouhaha autour de nous, mais il entendit quand même lorsque Mu déclara :

— Ce soir, José a mordu le doigt de Ralph. Vous vous souvenez de José ?

José était le perroquet des Richardson, un oiseau au plumage multicolore acheté au marché aux puces de Madrid pendant le tournage du *Docteur Jivago* et ramené en Angleterre, pas exactement par la valise diplomatique mais avec toutes sortes de certificats officiels extorqués à l'ambassade de Grande-Bretagne.

Je pense que c'est mon propre perroquet sud-africain qui avait décidé Ralph à acheter José. En effet, il était tombé amoureux de Percy, que j'avais conservé près de trente ans, et en parlait sans cesse. Un jour, Percy s'était enfui au-dessus d'un champ de blé et n'avait plus reparu. Puis, trois jours plus tard, alors que je prenais le petit déjeuner dehors avec Merula, je l'avais entendu siffler au loin *Speed bonny boat over the sea to Skye* (1), et, me guidant au son, je l'avais retrouvé perché sur une branche au-dessus d'un gîte de renard. Dès qu'il eut entendu l'histoire, Ralph avait voulu à toute force ajouter un perroquet à sa ménagerie habituelle, et José, repéré au cours d'une promenade dans Madrid, était tombé à pic. Les deux jeunes garçons qui vendaient l'oiseau à Ralph le lui avaient apporté au Palace Hotel. Sans cage ni perchoir. Le perroquet s'était donc simplement installé sur le dossier d'une chaise dorée dans la suite des Richardson et avait rapidement commencé à détruire tout ce qui se trouvait à sa portée. Selon Ralph, les deux jeunes garçons avaient, à ce moment, produit un appareil photographique et demandé l'autorisation de s'en servir. Ralph

(1) Célèbre chanson traditionnelle écossaise. (NDT)

avait alors commencé à poser complaisamment, mais les deux garçons s'étaient exclamés en chœur :

— *No, no ! Fotografía de José !*

Dans la salle à manger du Connaught, Mu, toujours belle, élégante et prête à faire face à toutes les situations, fit de son mieux pour mettre quelque animation à notre table, mais rien ne pouvait faire sortir Ralph de son apathie. Finalement, il me demanda :

— Tu ne m'en voudrais pas, vieux, si je rentrais maintenant ?

— Bien sûr que non, répondis-je. Tu te sens mal ?

— Non. Je m'ennuie. Je préfère rentrer.

Il se leva de table et je suivis son exemple. Comme il passait devant le groupe des « Belles du Sud », il se prit le pied dans une chaise et s'étala à plat ventre. Les « Belles » se retournèrent et se mirent à glapir d'excitation :

— Eh bien, si ce n'est pas Sir Rafe Richardson !

Je tentai à ce moment de venir au secours de Ralph mais ne réussis qu'à m'effondrer sur lui.

— Et Sir Alex Gwines ! ajouta alors, l'air ravi, une matrone aux cheveux teintés de bleu.

Comme les garçons nous remettaient debout, Ralph me jeta un regard mauvais. « Boucle-la ! » dit-il en citant les paroles de Toby Belch s'adressant à Malvolio. J'offris à Ralph de lui trouver un taxi, mais il me dit qu'il préférait marcher. Je le vis traverser Carlos Place, l'air absent et rêveur. Il avait dû beaucoup rêver quand il était enfant, et il continua tout au long de sa vie, car il me semblait souvent que ce qu'il disait tout à trac n'était pas inventé sur l'impulsion du moment mais avait été longuement ruminé au fil des ans. Un jour ou deux après notre dîner manqué au Connaught, il me téléphona.

— Tu as fait tout le chemin à pied ? lui demandai-je.

— Oui, répondit-il. Mais je me suis assis un instant sur un banc dans Oxford Street. C'était très plaisant jusqu'au moment où un type à bicyclette s'est arrêté devant moi et m'a dit : « Je vous connais. — Ah, oui ? ai-je répondu. — Oui, a-t-il poursuivi, vous êtes Sir John Gielgud. — Taille-toi ! » lui ai-je dit. Puis j'ai repris ma marche. C'était une très belle nuit pour marcher. Des tas d'étoiles.

XV

PLEINE LUNE A CONNEMARA

Je ne puis dire si ce fut l'intense clair de lune qui m'éveilla avant l'aube ou bien un effort désespéré pour échapper à un cauchemar. Merula et moi séjournions dans un charmant petit hôtel du Connemara donnant sur un bras de mer long d'un kilomètre et demi et ouvrant sur l'Atlantique. Nous occupions au rez-de-chaussée une suite ouvrant sur une pelouse d'un vert éclatant entourée de massifs de roses d'octobre malmenés par le vent. Le clair de lune me fit une telle impression que, répugnant à tirer les rideaux, je passai une robe de chambre, m'installai près de la fenêtre et contemplai pendant une heure les ombres sur la pelouse, qui semblait bleue sous la lune, et les silhouettes diffuses des fleurs. Les sapins avaient cessé de bruire sous l'action du vent et seul le grand eucalyptus planté derrière eux continuait à s'agiter furieusement. Je m'emplissais de la beauté de la nuit et tentais de chasser de mes pensées mon rêve stupide.

Dans mon rêve, j'avais quatre-vingts ans, dix de plus qu'au moment où j'écris ces lignes. Je me trouvais à Hollywood pour jouer un petit rôle, pour lequel j'étais confortablement payé, dans un film réalisé par David Lean. Si j'avais quatre-vingts ans, il devait en avoir quatre-vingt-sept, mais il était toujours aussi vif et fringant. Il était monté sur une sorte de caméra géante qui ressemblait à une moissonneuse-batteuse. Sur cet étrange appareil étaient d'ailleurs installés des sièges divers, en toile, en fer ou en matière plastique, où avaient pris place une douzaine d'assistants metteurs en scène que j'avais connus dans le passé, des cameramen, des script-girls, des producteurs et des représentants de la presse.

J'étais habillé comme une sorte de clochard et abondamment maquillé, avec une barbe très noire et une perruque noire frisée. Mon rôle se réduisait à quelques répliques, la plupart en jargon, et exigeait que je sois tué dans un accident de chemin de fer. La gigantesque caméra faisait face à un wagon de chemin de fer qu'on avait soulevé de quatre ou cinq mètres sur le côté, et David, portant son élégant blouson bleu, avait l'œil collé à un viseur.

— Quand il arrivera, dit-il, mettez-le dans le wagon, mais ne laissez pas tomber celui-ci avant qu'on ait fait une prise.

— Je suppose, demanda un producteur que je ne reconnus pas, que, s'il arrive un accident, nous sommes convenablement assurés ?

— Pour l'amour du Ciel ! intervint quelqu'un. Il a quatre-vingts ans. Alors, quelle importance ?

Maggie Unswoth, une charmante script-girl qui arrangeait toujours avec le plus grand tact les situations difficiles, murmura à David :

— Alec est là.

David décolla son œil du viseur et le braqua sur moi.

— Où étais-tu ? me demanda-t-il d'un ton irrité.

— Je traversais l'Atlantique et les Etats-Unis. Je suis arrivé il y a deux heures. Comme tu le vois, je suis maquillé. Mais il semble que je n'aie pas de loge. J'ai dû me changer dans un couloir.

Tous les assistants metteurs en scène sautèrent de la caméra.

— Pas de loge ? clamèrent-ils en chœur.

— La dernière fois que je me suis trouvé aux studios de la M.G.M., fis-je modestement, on m'a donné la loge de Spencer Tracy. Bien sûr, je n'attends rien de tel maintenant ; c'était il y a quarante ans, et j'étais en vedette avec Grace Kelly.

— On sait, on sait ! dit David.

Mais personne d'autre ne semblait le savoir ; les journalistes sortaient leurs carnets.

— Eh bien, reprit David, monte dans le wagon et nous allons y aller. Quand tu auras dit ton texte — bla, bla, bla — la caméra prendra du champ et le wagon se renversera. Fini pour toi.

— Comment fais-je pour monter ? demandai-je.

Les assistants se mirent à courir en rond, David se frappa la tête de ses deux poings, et tout le monde quitta le plateau pour aller prendre un café.

— Je crois que je vais rentrer chez moi, dis-je, ne m'adressant à personne en particulier.

A ce moment, le wagon se renversa, faisant de gros dégâts. Examinant l'épave du wagon, je me rendis compte que si je m'y étais trouvé, j'aurais été écrasé.

— Foutu endroit pour mourir ! dis-je.

Puis j'aperçus mon double, étendu les bras en croix sur la voie, la tête séparée du corps.

— Est-ce que le maquillage est bon ? demanda la tête.

— La barbe est trop noire, répondis-je.

Je me retournai pour demander son avis à David, mais, entretemps, ils s'étaient tous mis à tourner un autre film, à un autre endroit, et personne ne s'occupait plus de moi. Je m'éveillai en me protégeant les yeux du clair de lune.

Je n'avais encore jamais, me semble-t-il, fait un rêve inspiré par le cinéma. Le théâtre, lui, m'avait régulièrement hanté dans mon sommeil, presque toujours avec des cauchemars où je me voyais arriver sur scène sans savoir une ligne de texte, essayer de rattraper une faute évidente en exécutant une petite danse ridicule, me rendant compte que ma braguette était ouverte ou même me trompant de théâtre face à un public outré et à des acteurs ne comprenant pas ce que je faisais là. Malgré toutes les angoisses qu'ils m'avaient procurées dans la journée, les films n'étaient jamais venus troubler mes nuits. Dans ce rêve idiot, je pouvais discerner de petites touches de la légère paranoïa qui m'avait parfois assailli à la fin de la quarantaine et au début de la cinquantaine, ainsi qu'une tension nerveuse et un manque de confiance en moi qu'il m'avait fallu des années pour surmonter ou au moins déguiser.

Des images confuses de ma vie cinématographique commencèrent à se surimposer à la pelouse éclairée par la lune, puis persistèrent sous mes paupières closes quand j'eus regagné mon lit. Je vis se former à mon chevet une image composite réunissant un certain nombre de ces dames journalistes qui travaillent pour les magazines de luxe.

Ce fantôme braquait un magnétophone dans ma direction et me demandait :

— Qu'est-ce qui vous agite, Sir Alec Guinness ?

— Je ne savais pas que j'étais agité.

— Avez-vous quelques bonnes histoires de tournage à raconter à nos lecteurs ?

— Comme le jour où ma perruque s'est envolée ?

— Oh, oui ! C'est tout à fait cela. Etiez-vous gêné ?

— Pourquoi aurais-je dû être gêné ? Ce n'était pas moi qui avais collé la perruque sur mon crâne ni fait souffler le vent.

— Quelle est la chose la plus gênante qui vous soit jamais arrivée ?

— Madame, vos clichés commencent à se faire trop voir.

Dans mon demi-rêve, la remarque la faisait porter instinctivement la main à son décolleté. Après quoi, elle disparut.

Des souvenirs reviennent en vrac — et des visages aussi. Celui de Robert Hamer, par exemple, qui ressemblait à une grenouille sympathique mais un peu hautaine. J'ai fait quatre films avec lui, dont un, *Noblesse oblige,* était brillant, un autre passable, un assez mauvais et un, enfin, carrément effroyable. Robert et moi parlions le même langage et nous amusions des mêmes choses. Il était fin et sensible, plein de malice et merveilleux envers les acteurs, qu'il savait apprécier et encourager. Malheureusement, au fil des ans, il se laissa de plus en plus ronger par l'alcoolisme et devint un fardeau pour lui-même et pour ses amis. Sa disparition porta un coup très dur au cinéma britannique.

Bien que vouant une reconnaissance éternelle à Michael Balcon pour les comédies qu'il me fit tourner, je dirais volontiers qu'aux studios d'Ealing, on a fréquemment cherché à me tuer — ou tout au moins on s'est parfois montré un peu désinvolte sur la sécurité.

Durant le tournage de *Noblesse oblige,* je devais faire une ascension en ballon, travesti en Lady Agatha d'Ascoigne, en costume du début du siècle. Les prises de vues devaient avoir lieu un après-midi dans un champ voisin des studios de Pinewood. Le temps était ensoleillé, avec une gentille brise d'ouest, et j'étais enchanté à l'idée d'aller faire un tour en ballon. Ma seule inquiétude concernait l'assurance, que je croyais savoir insuffisante pour assurer l'entretien de ma femme et de mon jeune fils s'il m'arrivait quelque chose. J'en parlai aux producteurs.

— Vous êtes bien couvert, m'affirmèrent-ils.

Mais quand je demandai le montant de la somme, on me parla de dix mille livres ; j'estimai que c'était très insuffisant et j'informai les producteurs que je ne m'élèverais pas d'un mètre dans les airs si cette assurance n'était pas portée à cinquante mille livres. Ils se montrèrent furieux et me dirent :

— Vous aurez le plus grand aérostier de Belgique caché dans la nacelle. Il ne pourra donc rien vous arriver.

Ils refusèrent d'accroître le montant de l'assurance. Aussi, lorsqu'on filma la scène, j'exigeai d'être ramené au sol peu après le décollage. Le plus profond mépris était inscrit sur tous les visages. Le plus grand aérostier de Belgique fut alors habillé en Lady Agatha, perruque comprise, et il reprit l'air. Le ballon partit au loin. Puis plus au loin encore. Il prit de la vitesse. Et puis il disparut à l'horizon. Le pauvre Belge fut retrouvé quatre-vingts kilomètres plus loin, baignant avec sa jupe longue dans l'estuaire de la Tamise après avoir été obligé de se poser sur l'eau. J'étais chez moi, bien au chaud, en train de dîner.

— Mais c'est de la corde à piano ! fis-je en regardant le filin qui devait me soutenir pour descendre de quinze mètres le long d'une façade dans *l'Homme au complet blanc*.

— Rien de plus solide, me dit le machiniste. Cela peut supporter des tonnes.

— A moins qu'il n'y ait un nœud, fis-je remarquer.

— Cette corde n'a pas de nœud. N'essayez pas de nous apprendre notre métier.

Mon expérience de la Marine revint en force et j'expliquai :

— Il faudrait un filin d'acier flexible d'environ trente millimètres.

Le charmant Sandy Mackendrick, qui mettait le film en scène, bégaya alors d'un ton rassurant :

— Je suis sûr que tout est au point. Fais un essai.

Ce que je fis. Comme je descendais le long de la façade, suspendu par la corde à piano accrochée à une ceinture, le fil se rompit net à un mètre vingt du sol et j'atterris à plat sur le dos. Un nœud, bien sûr. Nul ne s'excusa. On s'excuse rarement au cinéma, car peu de gens tiennent à revendiquer la responsabilité d'une erreur.

Pendant le tournage de *Tueur de dames,* encore avec Mackendrick, je devais me tenir debout à l'extrémité d'un mur de dix-huit mètres, en prenant appui sur ce qui semblait une rambarde de fer bien solide.

— Est-elle sûre ? lançai-je d'en haut, quand je me fus rendu compte que la balustrade, en réalité, était en bois.

— Parfaitement ! me répondit-on.

Sur quoi elle céda et j'eus simplement la chance de tomber en arrière et non en avant. Je n'ai jamais été intrépide physiquement et, maintenant, je suis devenu plus que prudent, examinant attentivement tous les projets de scénario pour y détecter les situations dangereuses. Récemment, j'ai refusé un admirable scénario après avoir découvert que le personnage qui m'était proposé devait grimper le long d'une gigantesque chute d'eau en s'accrochant à des fougères. Une fin un peu glissante, à mon avis, quand on a survécu soixante-dix ans.

Il arrive toutefois que les épreuves imposées aux acteurs par la technique soient moins dangereuses.

— Un peu plus de vent dans les cheveux de Grace, commanda-t-on un après-midi à la M.G.M.

Grace Kelly et moi, main dans la main, nous tenions derrière une balustrade de plâtre d'où nous étions censés contempler un lac imaginaire. Les techniciens firent marcher un peu plus fort la machine simulant le vent, et celle-ci projeta de la poussière dans les yeux de Grace, qui dut se retirer pendant une heure pour se faire remaquiller. Quand elle revint, le metteur en scène, Charles Vidor, dit :

— Un peu plus de vent, les gars, mais sans poussière.

Le vent se mit à souffler en rafales et emporta ma perruque. Grace pleurait de rire, et on dut encore la remaquiller. De nouveau une heure de perdue. Finalement, on nous gratifia d'une toute petite brise en agitant une planche.

Avant que ne commencent les prises de vues du film de Carol Reed, *Notre agent à La Havane,* tiré par Graham Greene de son propre roman, Noël Coward nous avait aimablement invités, Merula et moi, à passer dix jours avec lui dans sa maison de la Jamaïque. Ainsi, nous pourrions faire mieux connaissance avant de commencer à travailler et nous pourrions ensuite prendre l'avion ensemble pour La Havane. Noël était un hôte charmant et prévenant et les autres personnes présentes, en dehors de Coley et Graham Payne, dont il ne se séparait pas, étaient Anton Dolin et John Gilpin. Gilpin devait danser à la fin de l'année un ballet conçu par Noël, et Dolin et lui étaient là pour discuter des costumes, des décors et d'autres détails.

Le soir de notre arrivée, avec plusieurs heures de retard dues à un vol ajourné, on nous fit visiter tout le domaine avant de nous conduire à notre bungalow près de la piscine.

— Ce qu'il y a de merveilleux à la Jamaïque, proclama Noël en agitant un index érudit, c'est qu'il n'y a absolument pas d'insectes ou de bêtes venimeuses.

— Qu'est-ce que c'est que cela ? demandai-je alors, en désignant quelque chose sur le rebord de la piscine.

Noël jeta un coup d'œil très distrait dans la direction indiquée.

— Je n'en ai pas la moindre idée, dit-il.

C'était un scorpion. Mais Noël cultivait le don de ne voir que ce qu'il avait envie de voir.

Quelques jours après notre arrivée, Merula et moi fûmes victimes d'un vol pendant que nous nous baignions ; nos montres, mon nécessaire à raser, un stylo et quelques autres babioles disparurent de notre chambre à coucher. Quand j'en informai Coley, il faillit avoir une attaque, non en raison des menues pertes que nous avions subies mais par crainte que nous ne le disions à Noël.

— Il ne faut pas que le maître le sache ! Promettez-moi que vous ne le lui direz jamais !

L'affaire n'était pas d'importance, mais il était ennuyeux de ne pouvoir faire de déclaration à l'assurance. D'autre part, nous savions parfaitement bien qui avait pris nos affaires, mais Coley souligna que toute tentative pour les récupérer provoquerait des remous au village et que nous devions prendre en considération la réputation de patron bienveillant et tolérant qu'avait Noël. Nous cédâmes et je passai le reste du séjour à demander l'heure.

Un soir, Noël nous invita à dîner dans le pavillon où, loin de tout, il dormait et travaillait, et, sur la route étroite encadrée de bananiers qui y menait, il écrasa un chevreau. Il éclata en sanglots, confia le volant à quelqu'un d'autre et demeura abattu pendant plusieurs heures. Dix shillings furent remis au propriétaire du chevreau.

— Donnez-leur dix shillings pour une chèvre, remarqua l'un des invités, et ils viendront sur le bord de la route pour jeter leurs enfants sous les roues de la voiture !

— Je ne conduirai plus jamais, proclama Noël, ce qui fit pousser un long soupir de soulagement à son entourage.

Il nous fit les honneurs de ses peintures quelque peu anémiques. Nous eûmes un peu de mal à émettre les borborygmes appréciateurs qui s'imposaient, mais nous finîmes par repérer, dans un coin sombre, une petite toile réellement excellente.

— Ravissant, fîmes-nous.

C'était une gaffe ; la peinture n'était pas de Noël mais de Coley.

Un autre jour, nous descendîmes une rivière de jungle à bord d'un radeau et pûmes admirer deux crabes géants s'affrontant, les pinces menaçantes, pour les beaux yeux d'un gros crabe femelle jouant à sa façon le rôle d'une gente damoiselle du Moyen Age. Nous coulions des jours très heureux, nous baignant, pique-niquant sur la plage, rendant visite à de riches voisins dans leurs superbes demeures et absorbant toute une variété de remarquables cocktails au rhum. Une ou deux fois, la soirée fut difficile. Noël, presque toujours plein d'esprit et de bonne humeur, pouvait se montrer très sévère envers les mauvaises manières de la jeune génération. Aussi fûmes-nous sidérés de le voir entrer dans une épouvantable crise de rage contre Gilpin durant un dîner.

Pour l'une des parties du ballet que préparait Noël, Gilpin voulait être habillé en aspirant de marine. Noël, lui, insistait pour une tenue de simple matelot, avec un pantalon à pont.

— Il n'y a rien de plus joli qu'un pantalon à pont ! se mit-il à hurler, déchaîné.

Nous quittâmes la table en plein désarroi et allâmes prendre notre café en des points différents de la véranda. Il y eut un long silence, puis Noël brisa la glace. Feuilletant une revue mondaine, il se mit soudain à lire à haute voix :

— Mrs Unetelle, figure bien connue de la Cafe Society...

Il s'arrêta et ajouta :

— De la Nescafe Society.

Nous nous mîmes tous à rire et la situation fut sauvée. Dolin, qui avait l'air soulagé, se pencha vers Gilpin et lui murmura :

— Fais des excuses et réconcilie-toi avec lui dans la matinée.

Quand nous vîmes finalement le ballet, au Festival Hall, Gilpin portait, si ma mémoire est bonne, une tenue d'aspirant de marine.

Merula, Noël et moi partîmes ensemble pour Cuba afin de rejoindre Carol Reed, Graham Greene et le reste de l'équipe de *Notre agent à La Havane*. On nous logea dans un hôtel aux multiples dorures et dans de vastes suites à la décoration imposante. Celle de Noël évoquait un palais de mandarin et la nôtre des appartements à la cour de Louis XVI. Merula eut beaucoup de mal à se faire coiffer au salon de l'hôtel, car il était toujours plein d'officiers castristes aux cheveux longs qui, le pistolet mitrailleur sur les genoux, venaient se faire faire des permanentes. Des petites coiffeuses cubaines admiratives leur frisaient également la barbe.

Il n'y avait que deux ou trois semaines que les forces de Castro avaient pris La Havane, et l'excitation et le chaos régnaient encore dans la ville. De riches hommes d'affaires américains battaient rapidement en retraite et il n'y avait pas de touristes. Des tombereaux de ferme ou de vieux camions circulaient lentement dans les rues, chargés de cages grillagées dans lesquelles étaient enfermés des paysans à l'air ahuri qu'on emmenait pour les interroger. Des hommes nous arrêtaient en ville et relevaient une jambe de leur pantalon pour nous montrer les traces des tortures à l'électricité infligées par la police de Batista. Après quoi, ils se mettaient à rire et criaient : « Viva Fidel ! »

Le premier soir à La Havane, avant d'aller dîner, je poussai une porte sur laquelle un haut-de-forme et une canne indiquaient les toilettes pour hommes et faillis renverser un gros monsieur qui était en train de charger son revolver. Toutes ses cartouches s'éparpillèrent sur le sol et roulèrent jusqu'à l'urinoir, où elles finirent par s'immobiliser. J'attendis un moment pour voir s'il avait l'intention de récupérer ses munitions avant que je n'utilise l'endroit, mais, après un moment d'hésitation, il sembla y renoncer. Quand je sortis, il était toujours devant la porte, ayant peut-être changé d'avis.

Peu après, au bar, je tombai sur Kenneth Tynan. Je le

connaissais vaguement depuis plusieurs années et l'aimais bien. Il avait fait partie de la troupe de mon désastreux *Hamlet* de 1951, qui lui avait donné sa chance comme critique dramatique professionnel sinon comme acteur. Cette fois, il me coupa le souffle. Sirotant élégamment son daiquiri et tirant sur sa cigarette, il semblait pâle et tendu. Son défaut d'élocution s'accentua encore lorsqu'il me dit :

— J'ai d-deux b-billets pour le fort ce soir. Une heure. Vous voulez venir ?

— Que se passe-t-il ? demandai-je.

— Ils fusillent deux jeunes gens de seize ans. Un garçon et une fille. J'ai pensé que vous aimeriez y assister. On doit tout voir quand on est acteur.

Je me refusai à le suivre sur ce terrain. Kenneth, habituellement d'esprit ouvert, pouvait devenir dogmatique et frénétique quand cela le prenait, mais il était indiscutablement notre meilleur critique dramatique depuis James Agate.

Un matin, alors que, commençant les prises de vues de *Notre agent à La Havane,* nous tournions dans les rues, nous fûmes convoqués, Carol Reed, Graham Greene, Noël Coward et moi, pour rencontrer Castro dans un bungalow à une vingtaine de kilomètres de la ville. Cela ne nous arrangeait guère, mais Carol pensait qu'il était plus diplomatique de notre part d'y aller.

Quand nous arrivâmes sur place, on nous conduisit dans le salon d'un appartement au premier étage d'où nous pouvions distinguer, à travers les stores du bungalow en dessous, Castro et ses conseillers, tous barbus, arborant tous des cheveux longs et gesticulant dans un épais nuage de fumée de cigare. Toutes les dix minutes, un garde du corps apparaissait et nous annonçait :

— Fidel sera là dans une minute.

Quatre-vingt-dix minutes se passèrent, et toujours pas de Fidel. Nous commencions à perdre patience quand Carol dit d'un ton résolu :

— C'est une sacrée perte de temps. Partons.

Même Graham, fervent admirateur de Castro, trouva convenable que nous nous retirions, ce que nous fîmes promptement. Le garde du corps se tordait les mains de désespoir, mais nous l'écartâmes fermement. Ce fut Noël, je crois, qui trouva moyen de lui adresser un sourire rassurant en lui disant :

— *Mañana*...

Ce film me procura deux grands plaisirs totalement inattendus. Celui de faire la connaissance d'Ernie Kovacs, tué il y a quelques années à Beverly Hills dans un accident d'automobile, qui jouait le chef de la police, et celui de passer une soirée avec Ernest Hemingway.

J'admirais Hemingway en tant qu'écrivain mais je ne l'aurais pas rangé parmi les hommes agréables à fréquenter, je ne l'aurais pas considéré comme un ami possible, et, cependant, je l'ai trouvé extrêmement sympathique. Je pense qu'avec le temps, nous aurions noué une véritable amitié, mais la distance, le travail, puis la mort intervinrent. Le fait que cette mort ait été volontaire, si triste qu'il soit, ne m'a pas surpris complètement. Kovacs, lui, était aussi différent qu'on peut l'être. Outrageusement extraverti, agité, désordonné, bohème, il était peut-être, à sa manière l'homme le plus drôle que j'aie jamais rencontré.

Le premier jour où Ernie et moi travaillâmes ensemble, il multiplia les pitreries et fit constamment des commentaires aussi lestes qu'hilarants sur toutes les personnes assistant aux prises de vues.

« Ciel ! pensai-je. Cela va être un numéro de music-hall permanent et nous n'arriverons jamais à terminer le film. »

En plus, tout cela était épuisant. Carol manifestait une bonne humeur pleine de tolérance, ce qui représentait déjà beaucoup par rapport à certains metteurs en scène. Ce n'était pas, en effet, le genre de comportement qui eût été le bienvenu sur le plateau du *Docteur Jivago*. Les jours passant, Ernie se fit légèrement moins frénétique et je commençai à l'aimer beaucoup. Nous allions nous promener dans La Havane, faisant halte à de nombreux bars, et, un soir, il m'émut en me disant soudain :

— Tu sais quelque chose ? Je redoutais de venir travailler avec vous, les Britishs sucrés : *Sir* Carol Reed, le *grand* Noël Coward, *Sir* Guinness. Je pensais que je n'allais pas me marrer. Mais, finalement, c'est vous qui vous marrez avec moi, et pas tous ces crétins d'Américains.

Ernie Kovacs et moi avions des chambres au même étage, et il me fallait passer devant sa porte pour gagner la mienne. Un après-midi où nous ne travaillions ni l'un ni l'autre, j'empruntai le couloir et vis sa porte grande ouverte. Il était assis à son bureau, un gros cigare aux lèvres, tapant furieusement à la machine — il écrivait souvent des sketches et des textes publicitaires pour la télévision. Il m'aperçut et me fit un salut d'homme très occupé, mais j'eus le sentiment qu'il se passait autre chose. C'est alors que je remarquai une bonne demi-douzaine de jolies filles, toutes complètement nues, étendues en divers points de la pièce et lisant des magazines.

— Dois-je fermer ta porte ? lui demandai-je.

— Non ! Pour l'amour du Ciel ! répondit-il. Que diraient les gens ? Ils diraient que Kovacs est dans cette chambre avec toute une troupe de filles nues. Et ils imagineraient le pire. Tandis qu'avec la porte ouverte, ils peuvent voir eux-mêmes que tout cela est parfaitement innocent.

L'une des filles me jeta un regard langoureux, mouilla son doigt et tourna une page de *Playboy*. Plus tard, Ernie me dit :

— J'ai demandé à l'une d'elles d'aller à ta chambre et de demander une savonnette, mais elle a refusé. Timide, je suppose.

Je le vis pour la dernière fois à une petite soirée qu'il avait donnée à sa maison de Beverly Hills pour Marilyn Monroe et le poète américain Carl Sandburg, un bavard impénitent. Poète et supervedette étaient assis face à face à une petite table, se regardant la bouche ouverte. Pour des motifs différents : Marilyn Monroe était bouche bée d'admiration devant Sandburg qui, lui, ne cessait de parler.

— Ne les dérangeons pas, me dit Ernie. Soit ils sont sur une autre planète, soit ils se font du pied sous la table. On ne peut jamais savoir avec les poètes et les gonzesses.

— Mais il est dans une chaise roulante ! protestai-je.

— Peut-être que ça leur plaît comme ça. Pousse-le et prends sa place.

Quant à Hemingway, je le rencontrai dans un bar de La Havane où je prenais un rhum avec Graham Greene. Il nous invita, avec Noël, Carol et Merula, à dîner chez lui le lendemain soir. Sa femme et lui étaient d'excellents hôtes, mais je remarquai, pendant le dîner, qu'il commençait à paraître un peu morose et quand nous nous levâmes de table, il me fit signe et me dit :

— Venez avec moi, loin des autres.

Il me conduisit dans son bureau et, là, il poursuivit :

— Je ne puis supporter une minute de plus le bavardage inepte de Noël. Qui peut donc s'intéresser à un troupeau de vieilles actrices anglaises qu'il a ramassées dans le ruisseau ? Pas moi, en tout cas. Et s'il agite une fois de plus son doigt stupide, je vais le frapper.

Il contempla un instant les têtes d'animaux africains ornant les murs et dit :

— Superbes créatures. On aime ce qu'on tue. Je ne tuerais pas Noël — je lui astiquerais seulement un peu les côtes. Suis-je saoul ?

— Un peu, répondis-je.

Il se mit à rire et me serra brièvement contre lui.

Merula lui plut beaucoup, ils parlèrent d'animaux ensemble et, comme nous partions, il me murmura :

— Revenez avec votre femme. Nous n'inviterons pas les autres. Sauf Graham, bien sûr. C'est un type formidable.

Mais, à mon grand regret, l'occasion ne s'en présenta pas. Il nous écrivit une ou deux fois et envoya à Matthew un exemplaire dédicacé du *Vieil homme et la mer* en même temps qu'à moi une photo signée.

Carol entendait me faire jouer le rôle de Wormold d'une façon très différente de celle que j'avais envisagée. J'avais vu, un peu à cause du nom même du personnage, un homme d'âge moyen, négligé, traînant les pieds dans des souliers éculés, qui aurait pu avoir des bouts de ficelle dans ses poches et peut-être le *New Statesman* sous le bras, qui aurait eu un air d'innocence et de médiocrité. Quand j'expliquai tout cela à Carol, il me dit :

— Nous ne voulons pas d'un de tes rôles de composition. Joue simple. Ne compose pas.

Le résultat fut désastreux pour moi. Je passais mon temps à me répéter : « Ne compose pas, ne compose pas. » Et, de fait, je m'en suis abstenu. Un metteur en scène, surtout lorsqu'il est aussi célèbre que Carol, a toujours raison. Ou souvent, du moins. A la sortie du film, nous eûmes tous deux droit à un éreintement bien mérité de la part de la presse. Le matin où les critiques nous tombèrent dessus, Carol m'invita à prendre un verre chez lui à Chelsea. Comme nous regardions par une fenêtre, très abattus, des petits enfants qui jouaient dans King's Road, Carol me dit :

— Eux, au moins, ils ne savent pas encore lire.

Puis nous pensâmes à autre chose. La seule personne pour laquelle j'étais désolé était Graham, qui avait eu de la chance avec Carol dans le passé mais devait continuer à ne pas en avoir avec moi.

Il nous restait au moins le séjour à Cuba. Lors de notre dernière séance de travail à La Havane, nous avions fait une pause-repas vers minuit et j'avais emmené la script-girl dans un petit bistrot pour avaler une soupe aux haricots et un peu de café. Nous finissions notre rapide dîner lorsqu'un homme surexcité se précipita dans l'établissement en hurlant :

— Fidel est là ! Sur la Plaza Mayor.

Il ressortit en courant, le bistrot se vida instantanément, mais je continuai à siroter mon café noir. Un moment plus tard, un aide de camp de Castro entra, pointa le doigt vers moi et me dit :

— Fidel vous demande.

Je pensai alors à nos quatre-vingt-dix minutes de vaine attente et décidai que j'avais envie d'un autre café. La script-girl se mordait les lèvres d'angoisse. L'aide de camp revint et déclara d'un ton sévère :

— Fidel attend !

Nous le suivîmes jusqu'à la place, déserte si l'on exceptait une cinquantaine de personnes massées autour d'une haute silhouette, facile à identifier, qui dominait les autres de la tête et des épaules. Il y avait des marches sur un côté de la place et je les montai pour contempler le spectacle, tandis que l'aide de camp continuait à me faire des signes frénétiques.

— Une minute ! lui dis-je.

La script-girl était éperdue d'admiration, répétant :

— Oh, il est merveilleux ! Si courageux ! Il doit y avoir des douzaines de gens qui lui tireraient dessus s'ils en avaient l'occasion, et il se promène sans aucun garde du corps !

— Hum ! murmurai-je. Oui, il est courageux. Mais il y a quelque chose d'un peu bizarre que je n'arrive pas à bien déterminer. Allons voir.

On me conduisit vers Castro, qui serrait des mains à distance. Il était complètement entouré de jeunes garçons — invisibles de plus loin — habillés à la manière des boy-scouts et tenant chacun un poignard pointé vers l'extérieur. La pointe d'un des poignards s'appuya sur ma poitrine, celle d'un autre contre mes côtes et celle d'un autre encore contre mon estomac. Je ne puis me rappeler la conversation qui se déroula alors, mais je sais qu'elle fut brève et que Castro me demanda :

— Pourquoi vous pas parler moi en espagnol ?

Ce à quoi je répondis :

— Votre anglais est bien meilleur que mon malheureux espagnol.

Nous nous en tînmes là.

Le jour de mon cauchemar cinématographique et de toutes ces réminiscences, dans le Connemara, j'avais fini par m'endormir pour de bon avant l'aube. Je fus éveillé par une très souriante femme de chambre irlandaise apportant notre petit déjeuner. Elle contempla par la fenêtre le ciel gris et la pluie qui tombait dru en disant :

— Belle journée, pas d'erreur...

La veille, nous avions, Merula et moi, loué des bicyclettes et parcouru des kilomètres dans les petits chemins pleins de bosses, entre les champs de tourbe. Il ne semblait pas être question de répéter l'opération ce jour-là.

Mais la pluie en Irlande, comme elle est toujours prévue et peut donc être combattue par des vêtements appropriés, est moins exaspérante qu'ailleurs. Quand, vers le milieu de l'après-midi, elle se ralentit un peu, je décidai de me dégourdir les jambes en me rendant, à dix minutes de marche, à l'église locale, paisible et silencieuse si l'on voulait bien ignorer le tic-tac d'une grosse pendule donnant stoïquement une heure fantaisiste. Tout en marchant, je me demandais où, ailleurs, j'avais pu me rendre en quelques minutes à l'église pour dissiper les tensions de la journée. Ségovie, dans le centre de l'Espagne, me revint en mémoire.

Quand, durant l'hiver 1962-1963, commença le tournage de *la Chute de l'Empire romain*, Tony Quayle, qui faisait partie avec moi de la distribution, loua une ravissante ferme du XVIe siècle à deux ou trois kilomètres de la ville et m'invita à la partager avec lui. Elle faisait face à une petite rivière aux eaux turbulentes et aux hautes murailles de l'Alcazar où, en 1623, le futur Charles Ier d'Angleterre était venu en vain chercher épouse. A quelques centaines de mètres seulement se dressait le beau monastère del Parral, encore en voie de restauration après les dégâts subis pendant la guerre civile, et, tout près aussi, de l'autre côté de la maison, se trouvait le hideux et sinistre couvent des Carmes déchaussés, où saint Jean de la Croix repose dans un tombeau de bronze et de lapis-lazuli. Dans le sol, à côté de la tombe, on peut voir le trou, grand comme une niche à chien, où le saint avait d'abord été enterré.

Presque chaque jour, pendant les quelques semaines que je passai à Ségovie, je me rendais dans une église ou une autre pour éliminer les miasmes du petit monde cinématographique. Parfois, je continuais ma route le long de la rivière, dans la neige qui craquait sous les pas, le long des stalactites de glace pendant des remparts de l'Alcazar, en direction de Vera Cruz, là où les croisés partant pour la Terre sainte avaient si souvent monté une garde pieuse.

Il faisait terriblement froid, mais la ferme, où deux feux de bois brûlaient en permanence dans la grande salle, conservait une accueillante chaleur, et la vieille gouvernante-cuisinière y confectionnait les meilleures omelettes du monde. Tony était considéré sur place comme le seigneur du manoir et, chaque fois qu'une nouvelle barrique de xérès devait être mise en perce au village, des hommes en béret noir la faisaient rouler jusqu'à la ferme et, en grande pompe, tiraient le premier gobelet pour le lui faire goûter. Tout cela faisait très féodal et nous éloignait agréablement de *la Chute de l'Empire romain*, dont je n'ai jamais vu plus de vingt minutes après achèvement.

Dans l'avion qui m'amenait en Espagne, je contemplais le scénario d'un air abattu en prenant quelques notes, lorsqu'un grand Américain était venu s'asseoir à côté de moi et m'avait demandé si j'étudiais mes répliques.

— En fait, lui dis-je, j'essaie de les réécrire, quand c'est possible.

— Que pensez-vous du texte ? me demanda-t-il.

— Pas beaucoup de bien. Par exemple, je ne me vois pas, dans le rôle de Marc Aurèle, disant : « Veillez sur mes “ Pensées ” quand je serai mort. » Cela ferait hurler de rire le public.

Je venais de gaffer ; je ne m'étais pas avisé que mon interlocuteur n'était autre que le scénariste. Mon réconfort dans cette aventure, outre la chaleureuse personnalité du metteur en scène Anthony Mann, fut la présence de Sophia Loren, dont j'appréciais énormément la compagnie. Une heure ou deux après notre première rencontre, elle m'avait dit :

— Je viens de téléphoner à Ponti. Il voulait savoir à quoi vous ressembliez. Je lui ai dit : « C'est un Napolitain. »

Ce qui me surprit quelque peu et m'amena à me poser longtemps des questions.

Il y avait beaucoup de traits, en Sophia, qui conduisaient à l'aimer et à l'admirer, mais je conserve un souvenir tout particulier du soir où je vins la chercher pour l'emmener dîner à Madrid. La pluie tombait à verse, poussée par un vent violent. J'avais loué une grande limousine pour venir prendre Sophia. Elle descendit l'escalier dans une longue et chatoyante robe blanche, dont elle était très justement fière :

— Nouvelle ! précisa-t-elle. Première fois que je la porte. Pour vous.

Elle était merveilleusement belle. Brandissant un parapluie, je l'aidai à traverser la large chaussée couverte de boue, mais, à mi-chemin, elle glissa et s'étala de tout son long, salissant sa robe et se meurtrissant les mains et le visage. Je la relevai. Elle resta un instant sous le choc, puis elle déclara :

— Je vais mettre une autre robe.

En la reconduisant à sa porte, je tentai de la convaincre de renoncer à toute sortie un soir pareil, mais elle ne voulut rien entendre.

— Non, non, disait-elle. Je veux venir. Donnez-moi seulement cinq minutes.

Et, moins de dix minutes plus tard, elle réapparut dans une toilette aussi étincelante que la première, recoiffée, remaquillée et parfumée, un petit pansement adhésif sur le menton.

— Vous aimez aussi cette robe ? demanda-t-elle. Je pense qu'elle est plus jolie que l'autre. Mais j'ai des tas de robes, toutes jolies.

Nous dînâmes seuls tous deux, puis je la raccompagnai de bonne heure, pensant que la combinaison de sa chute et de ma compagnie était peut-être trop pour elle en un seul soir.

D'autres accidents, beaucoup plus dramatiques, marquèrent le tournage, sous la direction de mon ami Peter Glenville, du film *les Comédiens,* tiré du roman de Graham Greene. Les premières semaines se passèrent à Cotonou, la capitale du Dahomey — pays qui était, en l'occurrence, appelé à figurer le Haïti de Papa Doc. Signalons au passage qu'il existe une fascinante description du Dahomey par Richard Burton — pas l'acteur, mais l'explorateur du siècle dernier. Les principaux rôles du film étaient tenus par Elizabeth Taylor, Richard Burton — pas l'explorateur, l'autre —, Peter Ustinov et Lillian Gish.

Un bruit sinistre courait, selon lequel Papa Doc, ulcéré par la peinture faite par Greene de son pays et de sa politique, avait envoyé un sorcier vaudou au Dahomey pour paralyser le tournage du film ; apparemment les sorts vaudou ne peuvent franchir les mers et doivent être jetés sur place. Tout cela semblait insensé, mais il est de fait que, le premier jour des prises de vues, un membre de l'équipe s'effondra sur la plage, peut-être à la suite d'une crise cardiaque, et se noya dans trente centimètres d'eau avant qu'on ait eu le temps de lui porter secours. Plusieurs personnes se plaignirent de difficultés respiratoires, de migraines aiguës et de dépression. Une ou deux d'entre elles durent être renvoyées en Angleterre.

Le temps était chaud et extrêmement humide bien qu'on ne fût qu'en janvier, et le ciel, dont nous pensions au départ qu'il serait clair et bleu, était presque toujours d'un gris laiteux. En dépit des visages souriants de la population locale, il y avait quelque chose d'un peu sinistre dans l'air. Les marchés de Cotonou étaient fabuleusement colorés et la vie nocturne était active et bruyante dans les petites rues au sol de terre battue, éclairées au pétrole. La présence française avait laissé ses traces, sous la forme, entre autres, de petits cafés sympathiques et de deux hôtels où l'on pouvait fort bien dîner. Lillian Gish et moi en fîmes plusieurs fois l'expérience.

Peter Glenville m'invita à partager la petite maison qu'il occupait dans un ensemble construit quelques années plus tôt par les Chinois, à environ un kilomètre et demi de la ville. Bill Smith, dont j'avais fait la connaissance à Ischia, résidait aussi avec nous. Une autre maison du même ensemble était occupée par les Burton, une troisième par Lillian Gish, le comédien américain Paul Ford et sa femme. L'ensemble formait une petite enclave au bord de la grande route déserte qui longeait la plage, bordée de cocotiers et de plantations d'ananas, avec la brousse et les marécages au-delà.

En partant un matin, je trouvai Mrs Ford installée dans un rocking-chair sous sa véranda et tricotant. On aurait juré une image idyllique de la vie rurale dans le Middle West, à ceci près que Mrs Fords était entourée de plusieurs jeunes Noirs déployant devant elle une longue nappe.

— Venez donc, Sir Alec, me lança Mrs Ford, et dites-moi combien ces garçons veulent pour la nappe. Je ne comprends pas leur jargon.

La nappe était en mauvais coton blanc, avec des palmiers grossièrement peints au centre. Les jeunes garçons s'esclaffaient autant qu'ils parlaient, mais, jargonnant en mauvais français, je réussis à leur faire dire ce qu'ils demandaient en francs du Dahomey. Cela n'éclaira pas Mrs Ford, sur quoi j'entrepris de convertir les francs dahoméens en francs français, les francs français en livres sterling et les livres sterling en dollars. Cela me prit un peu de temps et m'épuisa.

— Environ vingt-cinq dollars, dis-je finalement à Mrs Ford.

— C'est trop. Faites-les baisser.

Je recommençai les négociations.

— Dix-neuf dollars, annonçai-je un moment plus tard.

— Faites-les encore descendre.

— Quinze dollars, dernier prix.

— Dites-leur que je demanderai à Paul quand il rentrera ce soir. Ils n'ont qu'à revenir demain matin.

Les jeunes garçons s'en allèrent, se tordant toujours de rire. Le soir même, je prenais un verre avec le consul de France, un jeune marxiste à la mine sévère, et je lui racontais, entre autres choses, l'histoire de la nappe. Il prit un air encore plus grave.

— Ce qui les faisait rire, me dit-il, c'était probablement l'idée de faire cuire cette dame et de la manger sur sa propre nappe.

— Vous parlez sérieusement ? lui demandai-je.

— Parfaitement. A vingt kilomètres d'ici, il y a beaucoup de cannibales. Et ne soyez surtout pas assez sot pour croire ceux qui vous diront le contraire. J'espère que cette dame ne reste pas seule toute la journée.

On persuada Mrs Ford d'aller, dans les jours qui suivaient, assister au tournage sur le port, et les jeunes garçons ne se représentèrent pas.

A son arrivée au Dahomey, Bill Smith souffrait d'un début de pneumonie et il était toujours assez faible. Lors d'un de nos jours de repos, j'allai me baigner et, quand je revins à la maison, il me dit qu'il avait bien envie de faire de même. Peter et lui traversèrent donc la route pour aller sur la plage. Je leur dis que je les y rejoindrais un peu plus tard, mais que j'avais eu mon compte de bains pour la journée. On nous avait tous mis en garde contre la traîtrise de la mer à cet endroit et conseillé de ne jamais entrer dans l'eau plus qu'à la hauteur du genou en raison de la violence des courants et de la présence probable de requins très près de la rive. Un quart d'heure plus tard environ, après avoir pris un livre et glissé, pour une raison difficile à définir, un chapelet dans ma poche, je me rendis à la plage et me perchai sur une dune, où je pourrais lire tout en gardant un œil sur les baigneurs. Le vent soufflait fort, mais la mer n'était encore que moutonneuse, avec quelques plus grosses vagues commençant à apparaître au loin. Peter nageait dans le ressac, à cinq ou six mètres de la rive, et je pouvais voir la tête de Bill osciller quelques mètres plus loin. J'ouvris mon livre et époussetai les grains de sable fin qui arrivaient de toutes parts.

Le vent devenait de plus en plus bruyant. Je crus néanmoins entendre Peter crier quelque chose. Levant la tête, je vis son bras s'agiter en ce que je pensai être un salut. Je fis donc signe de la main, moi aussi, et revins à mon livre. Puis j'entendis, sans erreur possible, l'appel « Au secours ! ». Il ne saluait pas, il était en danger de se noyer. Je courus jusqu'à la mer, pénétrai dans l'eau jusqu'à hauteur des genoux, à moins de quatre mètres de l'endroit où il luttait contre le courant.

— Pour l'amour de Dieu ! hurla-t-il. N'y va pas, mais va chercher du secours !

Peter est un nageur de première force, mais, là, il était ballotté de toutes parts par le courant. Près de la plage, il y avait une petite cabane en ruine. J'y courus, tentai d'arracher une planche à la paroi mais ne parvins pas à la déloger. Un jeune homme et une jeune fille se trouvaient à proximité, regardant ce qui se passait. Il n'y avait nulle autre personne dans les parages. Je criai au jeune couple noir de courir à l'hôtel et de téléphoner au port, distant de trois kilomètres, pour demander qu'on envoie un bateau. Les deux jeunes gens éclatèrent de rire et s'éloignèrent, se désintéressant du sort de deux Blancs en train de se noyer.

Je retournai au bord et criai à Peter, qui continuait à lutter vaillamment, de se laisser simplement flotter avant d'être complètement épuisé. En même temps, je priais entre mes dents. Bill était maintenant à une certaine distance de la rive, et ses mouvements semblaient très faibles. Soudain, une grosse vague déferla vers la plage, saisit Peter et le fit rouler jusqu'à la lisière des eaux. Il était assommé et je dus le traîner un mètre ou deux plus loin afin qu'il soit totalement en sûreté.

A peu de distance de l'endroit où se trouvait Bill, je pouvais voir la mer se briser sur ce qui semblait être un banc de sable. Je fis de grands gestes vers Bill pour lui indiquer ce point d'appui possible. Il ne put me voir ou ne comprit pas. Ou, encore plus probablement, il s'était résigné à la mort. C'est alors qu'une deuxième vague miraculeuse surgit, le saisit et le jeta sur la grève près d'où Peter avait déjà abouti. Toussant, crachant, à bout de souffle et complètement épuisés, ils restèrent un certain temps sans pouvoir parler. Toutefois, le visage de Bill exprimait une sérénité complète, comme si toute anxiété l'avait quitté. Je me sentais, quant à moi, abominablement honteux, sachant que j'avais été inutile, m'accusant de lâcheté pour avoir obéi aux injonctions de Peter me commandant de ne pas le rejoindre dans l'eau, et me demandant ce que j'aurais dû faire exactement.

Lorsqu'ils furent en état de tenir debout, nous regagnâmes la maison tant bien que mal et j'insistai pour qu'ils aillent se coucher quelques heures. Dans la soirée, nous nous rendîmes tous trois en silence à la plus proche église catholique. Elle était fermée mais nous nous agenouillâmes à l'extérieur pendant dix minutes en actions de grâces. Ensuite, nous nous offrîmes un dîner au champagne dans le meilleur hôtel de Cotonou, dîner au cours duquel Peter et Bill revinrent inlassablement sur ce qu'ils avaient éprouvé quand ils avaient cru que tout était perdu.

Je me rasais, le lendemain matin, torse nu devant la glace perpétuellement embuée de mon minuscule cabinet de toilette lorsque je remarquai une curieuse marque sur ma poitrine. Je pensai d'abord à des piqûres d'insecte, mais en y regardant de plus près, je vis qu'il s'agissait d'une carte d'Afrique dessinée en rose pâle et mesurant à peu près vingt-cinq centimètres sur vingt. Quand je la montrai à Peter et à Bill, au petit déjeuner, ils étaient encore trop absorbés par leur expérience de la veille pour prêter beaucoup d'attention.

— Sans doute une abrasion, fit Peter en se resservant de thé.

Au bout d'un jour ou deux, cette carte d'Afrique commença à s'effacer, sans pour autant cesser de m'impressionner. Lorsque je rentrai en Angleterre, il restait encore de légères traces de l'Afrique du Nord et de l'Afrique Occidentale que je pus montrer à Merula. Cet incident me laissa l'impression, très empreinte de superstition, qu'on m'ordonnait ainsi de ne plus jamais revenir en Afrique. Depuis lors, j'ai travaillé en Tunisie, j'ai la ferme intention d'aller un jour au Kenya, j'espère revoir l'Egypte et la côte algérienne, mais je sais que je me refuserai à aller où que ce soit entre le Sénégal et le Nigeria.

Deux jours après notre aventure sur la plage, l'archevêque de Cotonou m'invita à venir le voir, ce que je fis. C'était un Noir encore jeune, très grand, très beau, habillé de blanc avec une ceinture de couleur cyclamen extrêmement seyante. Il me reçut avec beaucoup de timidité dans son petit bureau de la cathédrale, ne sachant que dire. Il avait du charme et un sourire éblouissant, mais on croyait sentir chez lui une touche de faiblesse.

Je lui demandai si la sorcellerie lui causait des ennuis dans la région. Il pâlit presque.

— Il y en a un peu, je crois, me dit-il. Je ne sais pas. Peut-être dans les villages. Dans l'intérieur. Loin. Ici, nous sommes catholiques.

— Et le cannibalisme ?

— Le cannibalisme ? Oh, non ! Quelle curieuse idée ! Il n'y a plus rien de tel depuis bien des années. Ici, nous sommes catholiques. Nous ne nous mangeons pas entre nous.

Il parut très soulagé quand ma brève visite toucha à sa fin.

Le film *les Comédiens* ne fut pas une réussite particulière, mais il comportait une remarquable démonstration de talent, qui ne fut malheureusement pas appréciée à sa juste valeur par les critiques. C'était la composition merveilleusement sensible et intelligente réussie par Peter Ustinov. Je fus très impressionné, également, par la générosité du talent de comédien de Richard Burton, qui se donnait à fond, parvenant même, ainsi, à soutenir et à sauver les autres acteurs.

Quelques semaines après la sortie du film, nous reçûmes, Merula et moi, une invitation à aller passer les fêtes de Noël à Haïti comme hôtes de Papa Doc, afin de pouvoir voir par nous-mêmes ce qui se passait *réellement* dans le pays. Ne tenant pas à nous voir finir à l'état de zombies dans les arrière-cuisines de quelque palais haïtien, je déclinai cette invitation avec la plus grande politesse.

Retour en Irlande. Après un excellent dîner à notre hôtel du Connemara, conclu par deux robustes irish coffees, j'allai me coucher. Dès que j'eus éteint la lumière, la dame journaliste sortie le matin même de mon imagination se matérialisa de nouveau pour me bombarder de questions.

— Est-il vrai que... commença-t-elle.

Je ne lui laissai pas le temps de finir.

— Probablement, dis-je.

— Mais vous ne savez pas ce que j'allais vous demander.

— Je puis aisément deviner la nature d'une bonne demi-douzaine de vos questions. Et elles me fatiguent.

— Etes-vous riche ? demanda-t-elle d'un ton sévère. Mes lecteurs veulent le savoir.

— Non, pas riche. Très riche comparé à des mineurs en grève ou à des acteurs sans travail, mais presque pauvre comparé à des agents de change ou à des hommes d'affaires florissants.

— Mais *la Guerre des étoiles* a dû vous rapporter une fortune ?

— Oui. Bénie soit *la Guerre des étoiles*. Mais les deux tiers de cet argent sont allés aux impôts et un bon morceau a été englouti par la T.V.A. Rien à dire. Résumons tout cela en disant que je puis vivre tranquillement le reste de mon existence de la façon raisonnablement modeste qui est maintenant la mienne, que je n'ai pas de dettes et que je puis me permettre de refuser un travail qui ne me plaît pas.

J'espérais qu'elle allait disparaître. Mais non.

— Grace Kelly et le tomahawk, demanda-t-elle.

— Ah, oui ! Brièvement, alors ; cela a déjà été trop de fois raconté. Pendant que nous tournions *le Cygne*, en Caroline du Nord, des Indiens vinrent en ville. Un membre de la troupe leur acheta un tomahawk et m'en fit cadeau. Un jour, je pris l'avion pour aller passer une semaine à La Nouvelle-Orléans et trouvai le tomahawk trop lourd à emporter, de sorte que je donnai un dollar au portier de l'hôtel pour qu'il aille le glisser dans le lit de Grace. Pendant les années qui suivirent, cela devint une sorte de plaisanterie à répétition entre Grace et moi, sans qu'aucun de nous n'y fasse la moindre allusion.

Quelques années après le mariage de Grace avec le prince Rainier, revenant d'une représentation à Londres et me mettant au lit, je trouvai le tomahawk entre mes draps. Ma femme ignorait ce qui s'était passé. J'attendis deux ou trois ans, puis, apprenant par hasard que Grace allait faire une tournée aux Etats-Unis pour dire des poèmes avec l'acteur anglais John Westbrook, que je n'avais jamais vu de ma vie, je téléphonai à celui-ci pour lui demander son aide. Très sportivement, il me l'accorda, et je lui fis tenir le tomahawk par une tierce personne, de façon que nous puissions toujours soutenir que nous ne nous étions jamais vus. Il remplit sa mission avec succès en réussissant à faire placer, dans le Michigan, je crois, l'objet dans le lit de Grace. Il me raconta au téléphone que, le lendemain, Grace s'était arrangée pour mentionner, avec le plus parfait naturel, mon nom dans la conversation en lui demandant s'il me connaissait. Quand il répondit avec une grande véracité qu'il ne m'avait jamais vu, elle avait paru fort intriguée et était restée silencieuse et méditative.

J'avais presque oublié la chose quand j'allai à Hollywood en 1979 recevoir un Oscar d'honneur. Grace était à Monaco, mais, après la cérémonie, je trouvai quand même le tomahawk dans mon lit au Beverly Wilshire Hotel. Le temps passa, puis Grace vint à Chichester pour un récital de poésie, de nouveau avec Westbrook. Elle avait prévenu les amis chez lesquels elle résidait qu'elle comptait faire une petite sieste avant de se rendre au théâtre. Westbrook, qui avait été muni du tomahawk — toujours par l'intermédiaire d'un tiers — réussit à le mettre dans le lit qu'elle devait occuper. Mais, quand Grace descendit pour le thé, il était visible qu'elle n'avait rien trouvé. Westbrook se faufila à l'étage et constata qu'elle avait dû simplement s'étendre sur le lit et non s'y coucher vraiment. Du coup, il plaça le tomahawk au milieu de sous-vêtements, dans une valise ouverte. Avant de partir pour Chichester, Grace déclara qu'elle montait boucler ses bagages. Vint peu après, en provenance de l'étage supérieur, un hurlement bien satisfaisant. Le tomahawk était, si je puis dire, de nouveau dans son camp lorsqu'elle regagna Monaco.

C'est peu après qu'elle rencontra sa fin tragique. A ce moment, un imbécile, qui avait entendu l'histoire du tomahawk, m'écrivit pour suggérer qu'on l'enterre avec elle. Comme si quelqu'un pouvait souhaiter être enterré avec un objet de plaisanterie.

— Maintenant, dis-je à la dame-fantôme, c'est plus qu'assez sur ma vie professionnelle. Il faut vraiment que vous me laissiez.

— Juste une question encore.

— Trop tard, dis-je. Je commence à compter des moutons.

Elle était partie.

Pas de lune, plus de souvenirs. Je sombrai dans un sommeil sans rêves.

XVI

VERS LE RIVAGE

Tout comme les vagues déferlent vers le rivage caillouteux,
Nos minutes courent vers leur fin.

Shakespeare. (Sonnet 60)

A la fin de 1939, Merula fut enceinte et nous passâmes quelques semaines de confort avec mes beaux-parents, Michel et Chattie Salaman, dans leur maison près d'Ockley, dans le Surrey. Appelée « Ruckmans », cette maison était une belle ferme ancienne qui avait été considérablement agrandie et se dressait au milieu d'une trentaine d'hectares de terres.

Dans le vestiaire, en bas, les masques à gaz dans leurs étuis ridicules voisinaient avec les pardessus, les écharpes et les chapeaux de tweed. La maison était toujours pleine, surtout de gens aussi jeunes et même plus jeunes que nous, avec en plus une ou deux tantes fumant cigarette sur cigarette. On comptait toujours huit à vingt personnes autour de la table de la salle à manger. Nous faisions tous beaucoup de bruit. La nourriture ne manquait pas encore, la maison était bien chauffée, mais il n'y avait plus de grandes tasses d'Earl Grey le matin ni de femmes de chambre pour allumer le feu dans toutes les pièces. Sur le buffet, au petit déjeuner, s'étalaient un gros jambon, des assiettes de saucisses et de bacon, des céréales avec des pots de crème et des réchauds à alcool pour qui souhaiterait se faire un œuf à la coque.

Il y avait aussi un grand salon de musique, décoré par Lutyens, où l'on trouvait presque toujours quelqu'un en train de s'entraîner à la danse classique, de chanter des vieilles chansons irlandaises ou de jouer la comédie. Les membres les plus actifs de la maisonnée montaient à cheval, coupaient du bois ou, le fusil de chasse sous le bras, exploraient la campagne à la recherche d'espions ou de parachutistes allemands qui n'existaient pas. C'était le temps de l'Armée de Papa (1).

« Ruckmans » avait longtemps été un havre pour les réfugiés ; des événements comme la guerre d'Espagne ou les persécutions contre les Juifs y avaient expédié de nombreux hôtes, permanents ou semi-permanents, qui y cohabitaient avec les égarés, les solitaires ou les cœurs brisés. A l'époque que j'évoque, il y avait surtout des gens qui s'interrogeaient, comme nous-mêmes. Mes beaux-frères étaient pompiers ou ambulanciers volontaires en attendant de rejoindre l'Armée ou la Marine. J'avais un coupable sentiment d'indécision, passant le plus clair de mes journées dans une mansarde inoccupée que j'avais découverte et que j'emplissais de fumée de tabac à pipe bon marché en écrivant mon adaptation scénique des *Grandes Espérances*. Toute la maisonnée fut finalement réunie *manu militari* autour de la grande table de la salle à manger pour en écouter la lecture à haute voix. Le salon, bien que bondé après le dîner, restait le sanctuaire privilégié du poste de radio, qu'on ne fermait jamais de peur de manquer un bulletin d'information. Mais, malgré cela, la mort et le désastre semblaient très loin.

La BBC, grâce aux bons offices de Barbara Bingham, me fournit quelques cachets qui allaient de douze à vingt livres. En dépit de cet appoint, l'argent demeurait rare. La tension due à l'indécision dans laquelle je restais sur le point de savoir quand et où offrir mes services, aux sombres perspectives d'avenir et, par-dessus tout, à l'inquiétude que me causait ma mère sur le plan financier, finit par se faire sentir physiquement — mais seulement pendant vingt-quatre heures.

Deux ans avant mon mariage, ma mère avait réussi, je ne sais comment, à pénétrer dans mon studio de Notting Hill Gate pendant que j'étais en tournée et à s'emparer des quelques

(1) « Dad's Army » : surnom affectueux donné à la Home Guard, la milice territoriale britannique durant la dernière guerre. (NDT)

affaires que je pouvais posséder. A leur place, j'avais trouvé à mon retour toute une série de reçus de prêteurs sur gage. Ma grande crainte était qu'au cas où je serais tué, Merula et sa famille ne se trouvent contraints de reprendre le fardeau que constituaient les dettes et les menues malhonnêtetés de ma mère.

Il y eut donc un soir où j'annonçai, très joyeusement d'ailleurs, que je me sentais assez malade. J'allai me coucher avec plus de 40 de fièvre. Pas de douleurs, pas de vomissements ; seulement la sueur et le délire. Toute la nuit, je me vis moi-même à l'autre bout de la chambre, mais je n'étais pas une créature humaine. J'étais un petit sous-marin échoué sur la rive à Eastbourne, où j'avais passé quatre années d'école. Le sous-marin gisait dans le noir, ballotté de temps à autre par de petites vagues grises. Il n'y avait pas signe de vie à son bord ; je savais qu'il était vide et, en même temps, qu'il était moi — une sorte de cylindre métallique fragile et abandonné. Il n'y avait de lumière nulle part, et la guerre restait une inconnue qui n'existait, si tant est qu'elle existât, que dans l'imagination.

Merula venait continuellement à mon chevet et je devais pousser alors quelques grognements rassurants, mais, dès qu'elle avait le dos tourné, je recommençais à voir ce sous-marin échoué qui était moi-même. Après tant d'années, ma crise de fièvre se présente à moi comme un vieux fragment de film noir et blanc oublié sur le plancher d'une salle de montage et me donnant une image symbolique et prophétique de mon propre navire échoué sur les rochers de l'Adriatique. Quand je m'éveillai le matin suivant, ma température était normale et je me levai bien décidé à essayer d'aller dans la Marine quand je serais appelé.

Tant d'amis sont morts durant ces quarante dernières années que mon carnet d'adresses commence à ressembler à un vieux cimetière de campagne ; des gens qui m'ont aidé quand j'étais jeune, des gens vers qui je savais pouvoir toujours me tourner aux heures difficiles, des comédiens, des gens sages et drôles qui étaient capables de me faire rire de moi-même quand je prenais les choses un peu trop au sérieux. Et tant, aussi, à qui je souhaiterais avoir montré plus ouvertement, quand ils étaient encore vivants, l'affection que je ressentais pour eux. Mais la Toussaint est une consolation. Et la plus grande amie, la meilleure et la plus aimante est encore, Dieu merci, à mes côtés. Je ne puis imaginer la vie sans elle, ce à quoi eût ressemblé l'existence si je ne l'avais jamais connue ou si je n'avais pas eu le courage de lui proposer le mariage. Quelle sorte de vie serait-ce si je ne pouvais maugréer sur la cafetière introuvable, les fils électriques dangereusement dénudés, les pommes de terre brûlées, la peinture sur le bouton de la porte, les aboiements de *son* chien ou l'heure du train de Londres oubliée ?

Merula, du côté de sa mère, est une Wake, fière héritière de Hereward the Wake, et elle descend, du côté de son père, du Salomon qui fut l'imprésario de Haydn à Londres. A ce qu'on dit, le nom a été changé en Salaman à la fin du XVIIIe siècle par un membre de la famille qui pensait qu'il serait plus facile ainsi d'entrer dans la Marine et réussit en conséquence à participer à la bataille de Trafalgar. Les tantes maternelles de Merula étaient très édouardiennes de comportement, conservatrices et enclines à parler des « gens du peuple », mais sa mère se considérait elle-même comme communiste, tout en se posant en fervente admiratrice de l'empereur Hailé Sélassié. C'était une superbe femme, douée d'un grand charme, sachant merveilleusement s'occuper des jardins et des fleurs, mais fort capable de lancer son plus beau service de porcelaine à la tête de son mari dans un accès de rage.

Quand Merula et moi lui annonçâmes nos fiançailles, elle s'exclama :

— Et la cuisinière qui a donné son congé !

Avant de s'effondrer sur le sol, évanouie.

De même, lorsque Merula dit à Chattie qu'elle était enceinte, elle déchaîna un torrent d'imprécations :

— Comment oses-tu amener un enfant dans ce monde répugnant ? A un moment comme celui-ci ! Avec une guerre en cours !

Elle-même avait mis au monde six enfants. Je me la rappelle, beaucoup plus tard, courbée dans son jardin, le derrière en l'air, plantant, désherbant et s'arrosant elle-même des plus violents insecticides. Elle avait le même don que Merula pour en faire trop, trop assidûment et trop longtemps. Elle avait peu idée de ce qu'était le théâtre, et quand elle m'annonça qu'elle avait écrit une pièce pour moi, je compris aussitôt que j'allais au-devant de graves ennuis. Mes pires craintes n'étaient pas exagérées : elle me tendit un énorme paquet de feuillets écrits à la main qui se révéla être la copie mot pour mot du roman *le Joyeux Lord Quex*.

Humbert Woolf me dit un jour, à propos de mon beau-père :

— On ne peut être à la fois un artiste, un gentilhomme campagnard *et* un Juif.

Et pourtant Michel semblait assez bien réussir dans les trois rôles. Le climat de sa maison pouvait paraître anormalement bon enfant à un étranger intimidé, mais il s'y déroulait des conversations fort intéressantes sur la littérature et la peinture. Les livres étaient partout, ainsi que de fort belles œuvres d'Augustus John, de Gwen John, d'Orpen, de Steer et de Rowlandson, sans parler d'eaux-fortes de Goya. Cela représentait toute une éducation pour quelqu'un comme moi, qui n'avais pu voir de telles choses que dans les musées. De plus, Michel avait, pour la poésie classique, une mémoire qui eût pu rivaliser avec celle de Lord Wavell, et c'est à travers les livres que nous trouvâmes, lui et moi, notre terrain d'entente. Quand je partis servir dans la Marine, il me donna une édition de poche de Thucydide en me disant :

— Cela vous aidera à garder les choses en perspective.

Sur la page de garde, il avait inscrit : « Plus ça change, plus ça le même chose (1). » C'était là un cadeau plus acceptable que l'énorme dinde non plumée qu'il jeta, une veille de Noël, sur la table de cuisine de notre minuscule cottage. S'emparant du canard que nous nous apprêtions à servir, il déclara :

— C'est juste ce qu'il me faut : un canard de plus.

Il partit avec le canard, la dinde ne rentrait pas dans notre four et Merula éclata en sanglots.

Je n'avais pas seulement trouvé une femme ; j'avais acquis une famille.

Depuis qu'il m'était apparu que j'étais un enfant illégitime, j'avais supposé, mais sans raison véritable, que mon père devait avoir été Andrew Geddes, un administrateur de l'Anglo-South American Bank, né, comme je le découvris plus tard, en 1860. Le nom de Guinness porté sur mon acte de naissance constituait un mystère et le constitue toujours. Interroger ma mère à ce sujet eût été pire qu'inutile. Michel Salaman m'expliquait que beaucoup de gens de cette époque demandaient à leur meilleur

(1) *Sic*. En français dans le texte.

ami de donner son nom à un enfant illégitime et qu'il était donc probable que Guinness avait été un ami proche de Geddes, si Geddes était bien mon père.

D'autre part, à « Ruckmans », un jour, je fus amené à parler au téléphone avec une vieille et respectable gouvernante servant chez des amis des Salaman. Elle dit peu après à Merula qu'elle avait été sidérée d'entendre ma voix, car celle-ci était typiquement Guinness, ajoutant qu'elle avait servi avant la guerre de 14-18 dans une famille où un Guinness et un Geddes étaient fréquemment invités pour le week-end. Elle écartait complètement l'idée que je puisse être apparenté au Geddes qu'elle avait connu, car sa voix était tout à fait différente. Le renseignement me passionna mais ne me convainquit pas ; j'en restais à l'hypothèse Geddes.

Andrew Geddes n'apparut dans mon enfance que deux ou trois fois à ma connaissance, et ce très brièvement. Je le vis pour la dernière fois quand j'avais huit ans, avant d'aller à l'école préparatoire à Southbourne. Il vint un après-midi à Bournemouth rendre visite à ma mère ; j'avais été nettoyé, décapé et revêtu de force de mon meilleur costume en flanelle grise. Il arriva, haut-de-forme et cheveux blancs, assis très droit dans une voiture découverte qui s'arrêta devant chez nous. Les voisins durent être impressionnés.

Il s'en alla une demi-heure plus tard et l'on m'enjoignit de me préparer à raccompagner « l'oncle » à la gare. Il devait avoir entendu mes protestations dans la pièce à côté, et il lut probablement dans mes pensées quand je me présentai devant lui, mon petit canotier sur la tête et un sourire de convenance aux lèvres. Je m'étais souvenu en un éclair que, la dernière fois qu'il avait ainsi pris congé, il m'avait glissé un souverain. Rien d'aussi familier qu'un baiser, bien sûr.

Ma mère et moi l'accompagnâmes en silence jusqu'à la gare centrale de Bournemouth et le regardâmes s'installer confortablement dans son compartiment. Pas de souverain en vue. Enfin, juste avant le départ du train, il abaissa la vitre et, fouillant dans son gousset, il dit :

— J'allais oublier.

Et il eut un sourire légèrement cynique en me tendant une demi-couronne.

Voilà le souvenir que j'ai conservé d'Andrew Geddes, et je

crains bien d'avoir pu observer chez moi des réactions très similaires quand je pensais qu'on m'avait blessé ou qu'on cherchait à profiter de moi. Il mourut quand j'avais seize ans. Le *Times* publia un assez long et terne article nécrologique, le représentant, si je me souviens bien, comme un homme travailleur, honnête et consciencieux. Quand, adolescent, je commençai à m'intéresser au théâtre, je lui trouvai une remarquable ressemblance avec Henry Irving.

Peu après mon vingt et unième anniversaire, j'allai voir le notaire, un certain Mr Morris, qui avait eu, au cours des sept années précédentes, la charge de mes dérisoires affaires financières, avait payé mes frais de scolarité et m'avait envoyé ma maigre pension tant que celle-ci avait duré. Je fus reçu par un homme chauve et corpulent, installé derrère une table bien cirée dans un bureau de la City, évoquant fortement Dickens. Des dossiers entourés de rubans roses et des boîtes laquées noires l'environnaient. Sur plusieurs de ces boîtes, je pus lire « A. Geddes » peint en lettres blanches qui tournaient lentement au jaune. Morris semblait s'interroger sur les motifs de ma visite. Je lui dis que je voulais savoir qui était mon père et si, par hasard, ce n'était pas Andrew Geddes.

— Qu'est-ce qui peut bien vous faire penser cela ? demanda-t-il. Pourquoi pas Stiven ? Après tout, votre mère a épousé Stiven et vous avez porté le nom d'Alec Stiven jusqu'à votre départ de l'école préparatoire.

— Stiven ne pouvait être mon père, répondis-je. Un jour, il m'a tenu dans le vide la tête en bas, du haut d'un pont, en menaçant de me laisser tomber dans la rivière en dessous. Et, une autre fois, il a tenu un revolver chargé contre ma tête en disant qu'il allait me tuer et se tuer ensuite, afin d'obtenir ce qu'il voulait de ma mère. Il a fait de notre vie un enfer pendant trois ans. Et puis, à ce que j'ai compris, c'était Geddes qui payait.

— Cela ne veut pas dire qu'il ait été votre père.

— Et que veut dire ce nom de Guinness qui, après tout, figure sur mon acte de naissance ?

— Inutile de me le demander. Je ne sais rien de tout cela. C'était avant mon entrée en fonctions.

Timidement, d'une petite voix, je lui demandai :

— Y a-t-il quelque chose pour moi ? On m'a dit que, lorsque j'aurais vingt et un ans, quelque chose me reviendrait.

— Quelle chose ?

— Je n'en sais rien. Une montre en or, peut-être.

— Une montre en or ? Jamais entendu parler de cela. Une illusion de votre mère, sans doute. Je suis désolé, mais il n'y a rien. Le capital s'est épuisé, comme vous le savez, il y a plus d'un an. Il reste quelques actions d'une société en Terre de Feu que nous sommes en train de vendre et qui, une fois réalisées, pourront vous rapporter quelque sept cents livres. Et c'est tout.

Je pris congé guère plus éclairé, sans la montre dont j'avais rêvé ni même une quelconque lettre explicative. Tout ce que je savais, c'est que je pouvais compter sur un peu d'argent, un jour. Je décidai que, ce jour-là, j'achèterai une montre en or.

Bien des années plus tard, alors que je quittais le Théâtre Royal de Brighton en compagnie de Binkie Beaumont, une dame d'aspect fragile m'arrêta.

— Le nom d'Andrew Geddes vous dit-il quelque chose ? me demanda-t-elle.

Je répondis par l'affirmative.

— Je suis sa plus jeune fille, précisa-t-elle.

Elle devait avoir une vingtaine d'années de plus que moi. Je lui expliquai que je ne pouvais lui parler à ce moment et nous prîmes rendez-vous pour plus tard.

Elle s'appelait Kate Weldon. C'était une personne douce et tranquille, mais elle me parla très librement quand elle vint me voir dans ma loge, au théâtre. Elle me dit qu'elle avait souvent voulu m'écrire ou prendre contact avec moi, mais que ses sœurs aînées lui avaient fait promettre le silence. Celles-ci étant mortes, elle s'était sentie dorénavant libre de venir me voir. Elle me dit ensuite qu'elle était sûre d'être ma demi-sœur, car, alors qu'elle se trouvait à Paris avec son père, en 1913, celui-ci lui avait avoué, en plein désarroi, qu'une personne de sa connaissance en Angleterre attendait un enfant, et qu'il pensait que cet enfant était de lui.

Quand cet enfant fut né, il mit au courant les membres de la famille, et ceux-ci furent si outrés qu'ils interdirent formellement qu'on mentionnât de nouveau le sujet en leur présence. Il avait apparemment, dans la maison, une confidente, une bonne ou une gouvernante qui était à son service depuis de longues années. Ce fut elle qui dit à Kate Weldon qu'après une visite faite à Eastbourne peu avant sa mort, il lui avait déclaré :

— Je pense que j'ai vu le garçon.

Il était devenu très mélancolique, pleurait souvent et gardait le silence pendant de longs moments. Cette confidente raconta également à Kate qu'il avait écrit une lettre devant m'être remise après sa mort, qu'il gardait sous clé dans son bureau. Cette lettre se trouvait dans une volumineuse enveloppe qu'elle affirmait avoir vue.

Selon Kate, Morris était arrivé chez eux dès qu'il avait appris la mort de Geddes et s'était enfermé plusieurs heures dans le bureau. Après son départ, on n'avait pu retrouver la moindre lettre. En écoutant cette histoire, j'avais l'impression de jouer quelque personnage secondaire dans une œuvre de Dickens.

Deux ans plus tard, Kate Weldon mourut d'un cancer. Nous avions déjeuné deux ou trois fois ensemble à Londres, mais elle n'avait plus de renseignements à me communiquer. Durant sa dernière maladie, je lui rendis visite dans une clinique d'Eastbourne tenue par des religieuses brutales et hargneuses — chose très rare, si j'en crois mon expérience — qui voulurent à peine me la laisser voir. Une sorte de dragon en habit ecclésiastique me conduisit au chevet de la malade, me fixa avec impatience pendant une minute et, quand Kate ouvrit les yeux, me siffla à l'oreille :

— Elle ne vous reconnaît pas. Partez.

Comme je protestais contre la brièveté de cette visite, elle me dit d'un ton sec :

— Nous avons beaucoup de travail, ici.

Sur quoi, elle ouvrit la porte d'un geste significatif.

Le problème de ma filiation en serait resté là si je n'avais été amené à traverser l'Atlantique, de New York à Southampton, sur le *Queen Mary* au cours du mois de novembre 1959. Je dînais seul au gril, un livre ouvert devant moi, lorsqu'un steward m'apporta un morceau de papier sur lequel était écrit :

« J'aimerais connaître mon cousin. Se joindrait-il à nous pour le café ? »

Ce billet était signé « Honor Svedjar, née Guinness ». Je répondis par un autre billet disant que je serais ravi de me joindre à ma correspondante, mais que je n'étais malheureusement pas son cousin. Honor, qui était la fille de Lord Iveagh, et son mari Frankie se trouvaient seuls à quelques tables de la mienne, l'air amusé. Ils me firent le meilleur accueil et nous devînmes très rapidement bons amis ; mon amitié avec Honor n'a d'ailleurs pas cessé de croître au fil des ans. En prenant le café, je leur dis tout ce que je savais de mes origines, mais Honor ne cessa pas pour autant de répéter :

— Je persiste à penser que vous êtes mon cousin.

Quand je précisai que ma mère se trouvait à Cowes, dans l'île de Wight, au moment de ma conception, elle affirma :

— Cela résout pratiquement le problème. C'est là qu'était notre yacht pendant l'été 1913.

Sur quoi Frankie et elle se lancèrent dans tout un jeu de suppositions quant aux mauvais sujets pouvant figurer dans la famille. Lord Iveagh fut automatiquement éliminé, bien sûr, ainsi qu'un ou deux autres, mais Honor maintint qu'elle avait ses idées à ce sujet et qu'elle irait au fond des choses. Ce qu'elle ne fit jamais, bien évidemment, ma conviction étant qu'il n'y avait pas de « fond des choses » en l'occurrence. Pauvre Honor ! Elle eût trouvé si amusante la présence d'un bâtard dans sa grandiose famille !

De temps à autre, Honor m'envoyait une photo de l'un ou l'autre de ses oncles, appuyé sur la rambarde d'un yacht ou en train de faire du ski, avec des remarques comme « Il se tient de la même façon que vous », ou « La forme des yeux est semblable », ou encore « Regardez bien la bouche ». Mais les ressemblances qu'elle semblait déceler ne me frappaient guère.

On m'emmena voir, en Irlande, Lord Iveagh, qui fut extrêmement courtois mais réservé, et d'autres membres de la famille, très contents de voir à quoi je ressemblais. Mais, au bout de quelques années, le sujet cessa de m'intéresser, et je pense que ce fut également le cas pour eux. La seule chose qui eût pu établir un lien véritable — mais que je ne parvins pas à déterminer — eût été de savoir si Andrew Geddes s'était trouvé à Cowes en 1913 et s'il avait été invité sur le yacht des Guinness cet été-là. Mon impression était que mon beau-père avait été dans le vrai en suggérant que Geddes pouvait avoir demandé à un Guinness de prêter son nom à un enfant peu désiré.

Je dois reconnaître que la recherche du père a été pour moi une préoccupation constante encore qu'assez mineure pendant cinquante ans. Avec mes cachets de la première semaine de représentations de la pièce d'Eliot, *The Cocktail Party,* je m'achetai une montre de gousset en or que je portais constamment en scène. A l'intérieur, j'avais fait graver : « Le tout est d'être prêt. » Non que je me sois vraiment senti prêt pour quoi que ce soit, mais je suppose que j'ai eu la confuse impression d'être arrivé quelque part, par Dieu sait quelle voie, venant de Dieu sait où.

Peut-être aurais-je dû choisir une citation de T. S. Eliot qui, après Shakespeare et Milton, est mon poète favori. « En mon commencement est ma fin » ou « Un état de totale simplicité, qui ne coûte rien moins que tout ». Ma citation favorite dans le même poème eût été trop longue :

« Nous ne cesserons d'explorer
Et la fin de notre quête
Sera d'arriver au lieu de notre départ
En le connaissant pour la première fois. »

Au risque de paraître prétentieux, je dois dire que, pour moi, la grande aventure pourrait encore venir, si j'avais le courage et la force de volonté de m'y engager : un voyage spirituel au cours duquel toutes les faiblesses, les folies et les intentions mauvaises seraient maîtrisées et jetées par-dessus bord en un véritable élan pour atteindre la totale simplicité. Un simple rêve, j'en ai peur. Je manque de l'humilité suffisante et il est si confortable de rester sur la rive. La mer semble vaste et sombre ; des tempêtes s'y lèvent vite, d'énormes vagues peuvent se faire menaçantes et il y a probablement bien des monstres au fond. Abandonner ses amis doit être triste et dur. Nous en connaissons beaucoup qui sont partis triomphalement avant nous, mais nous restons près d'eux, je le crois, de quelque mystérieuse façon. C'est la seule chose dont je puisse tirer fierté : je n'ai pas conscience d'avoir jamais perdu un ami.

TABLE

En guise d'introduction : Indications scéniques. . 9
I. La dame du rez-de-chaussée 13
II. Les bottines à boutons 22
III. La machine à faire la pluie. 27
IV. Poussière 41
V. Chère Martita 76
VI. Le tout est d'être prêt 94
VII. Les enfants terribles 101
VIII. L'inimitable Cockerell 125
IX. Un coup dur pour la cause alliée 136
X. La grande Edith 187
XI. Des canons toujours braqués 200
XII. Les paroles de Mercure 220
XIII. Par la volonté du Premier ministre. 235
XIV. Boucle-la ! 244
XV. Pleine lune à Connemara. 255
XVI. Vers le rivage. 280

mbre 1985

Milan

ticle de Robert ICHAH

QUARTÉ
JEUDI A
VINCENNES

Bernardet :
quatre quartés
onsécutifs et
iercé de
ns

— N° d'édit. 4793. — N° d'imp. 2284-1459. —
Dépôt légal : Janvier 1986
Imprimé en France